민법(이혼, 상속편) 수록 ! 가사소송법 수록!

이혼,
알고 생각하고 결정하자

편저 : 김 종 석

이혼 Q&A 알아보는 이혼개시부터 결정까지

위자료?

협의이혼?

재판상 이혼?

재산분할?

법문 북스

이혼,
알고 생각하고 결정하자

편저 : 김 종 석

이혼 Q&A 알아보는 이혼개시부터 결정까지

협의이혼?

위자료?

재판상 이혼?

재산분할?

법문북스

머리말

혼인의 자유와 마찬가지로 이혼의 자유 또한 인간의 기본권에 속하는 것으로 보장되고 있습니다. 우리 민법에서는 이혼을 하는 방법에는 크게 협의이혼과 재판상 이혼이 있습니다. 부부가 이혼에 합의한 경우에는 협의이혼을 할 수 있고, 합의가 이루어지지 않는 경우에는 법원에 재판상 이혼을 청구할 수 있습니다.

우리나라는 협의이혼제도를 갖고 있는 소수의 국가로, 당사자 합의로 원만하게 관계를 정리할 수 있다는 장점 때문에 이혼의 80% 이상이 협의이혼을 통해 이루어지고 있습니다. 하지만 자유로운 해소를 중시하여 너무 쉽게 이혼을 인정했다는 반성과 이혼 후 자녀 등의 복리를 고려하여, 협의이혼제도의 개선을 위한 민법 개정이 이루어졌습니다.

2007년 개정 민법에서는 신중하지 못한 이혼을 방지하기 위하여 이혼 숙려(熟廬)기간제와 상담권고제도를 도입하여 협의이혼 당사자는, 양육해야 할 자녀가 있는 경우에는 3개월, 그렇지 않은 경우에는 1개월이 경과한 후 가정법원으로부터 이혼의사를 확인받아야 이혼이 가능하도록 하였고, 자녀가 있는 경우 이혼 가정 자녀의 양육 환경을 개선하기 위하여 자녀양육사항에 대해 협의를 의무화하였습니다. 또 2009년 개정 에서는 협의이혼 시 양육비를 효율적으로 확보하기 위해 양육비의 부담에 대하여 당사자가 협의하여 그 부담내용이 확정된 경우, 가정법원이 그 내용을 확인하는 양육비부담조서를 작성하도록 하였습니다.

이 책에서는 이와 같이 복잡한 민법의 이혼에 관한 내용들을 Q&A를 중점으로 정리하였습니다. 구체적으로는 이혼 개관, 협의이혼, 재판상 이혼, 재산문제, 자녀문제, 형사문제에 관한 Q&A를 다루었고, 각 Q&A마다 관련 판례와 서식을 첨부하여 독자들로 하여금 각 사안에 대해 쉽게 이해할 수 있게끔 하였습니다. 뿐만 아니라 부록으로 민법 중 이혼(제834조~제843조)과 상속(제997조~제1059조)에 관한 부분과 가사소송법을 수록하여 이혼 관련 법령도 함께 볼 수 있도록 하였습니다.

이러한 자료들은 대법원의 최신 판결례와 법제처의 생활법령, 대한법률구조공단의 상담사례 및 서식, 법원의 양식 등을 참고하였으며, 이를 종합적으로 정리, 분석하여 이해하기 쉽게 편집하였습니다.

이 책이 이혼을 신청하려는 분, 억울하게 이혼 소송을 당하신 분, 이혼하면서 복잡한 문제들을 쉽게 해결하고자 하는 분들에게 큰 도움이 되리라 믿으며, 열악한 출판시장임에도 불구하고 흔쾌히 출간에 응해 주신 법문북스 김현호 대표에게 감사를 드립니다.

2020. 3.
편저자 드림

목 차

사실혼 파기

제2부   협의이혼

협의이혼의 요건

협의이혼의 절차

제3부 재판상 이혼

재판상 이혼 요건

재판상 이혼 절차

제4부   재산문제

위자료

재산분할

제5부　자녀문제

친권, 양육권

성과 본

제1부
이혼 개관

- 이혼 방법
- 사실혼
- 사실상 이혼
- 이혼 준비
- 이혼 효과
- 이혼 무효, 취소
- 사실혼 파기

이 혼 방 법

이혼을 하고 싶습니다. 이혼의 방법에는 무엇이 있나요?

이혼하는 방법에는 크게 협의이혼과 재판상 이혼의 두 가지가 있습니다.

1. 이혼의 종류

이혼하는 방법에는 크게 협의이혼과 재판상 이혼의 두 가지가 있습니다.

2. 협의이혼

① 부부 사이에 이혼하려는 의사가 있으면, 법원에 이혼신청을 하고 일정 기간이 지난 후 법원의 확인을 받아 행정관청에 이혼신고를 하면 이혼의 효력이 발생하는데, 이것을 협의이혼이라고 합니다.

② 협의이혼을 할 때 양육할 자녀가 있는 경우에는 자녀의 양육과 친권에 관한 사항을 부부가 합의해서 정하고, 그 협의서를 이혼 확인을 받을 때 법원에 의무적으로 제출해야 합니다. 합의가 이루어지지 않는 경우에는 법원이 직권으로 또는 당사자의 청구에 의해 정하게 됩니다.

③ 위자료나 재산분할에 관한 사항도 부부가 합의해서 정하게 되는데, 합의가 이루어지지 않는 경우에는 법원이 당사자의 청구에 의해 정하게 됩니다.

3. 재판상 이혼

① 협의이혼이 불가능할 때 부부 중 한 사람이 법원에 이혼소송을 제기해서 판결을 받아 이혼할 수 있는데, 이것을 재판상 이혼이라고 합니다. 재판상 이혼이 가능하려면 다음과 같은 사유가 있어야 합니다.
  - 배우자의 부정한 행위가 있었을 때
  - 배우자가 악의로 다른 일방을 유기한 때
  - 배우자 또는 그 직계존속으로부터 심히 부당한 대우를 받았을 때
  - 자기의 직계존속이 배우자로부터 심히 부당한 대우를 받았을 때
  - 배우자의 생사가 3년 이상 분명하지 않은 때
  - 그 밖에 혼인을 계속하기 어려운 중대한 사유가 있을 때
② 이혼소송을 제기하려면 먼저 법원에 이혼조정신청을 해야 하는데, 조정을 신청하지 않고 바로 이혼소송을 제기하면 법원이 직권으로 조정에 회부하게 됩니다. 이 조정단계에서 합의를 하면 재판절차 없이 (조정)이혼이 성립되며, 조정이 성립되지 않으면 재판상 이혼으로 이행됩니다.

4. 그 밖의 혼인 해소 사유

① 사망
  부부 일방이 사망하면 혼인이 해소됩니다.
② 실종선고
  실종선고는 실종자를 사망한 것으로 간주하는 제도로(민법 제28조), 부부 일방이 실종선고를 받으면 실종기간이 만료한 때 사망한 것으로 보아 혼인이 해소됩니다.

[서식] 이혼소송청구서

이 혼 소 송 청 구

원   고   홍 길 동 (전화   )
                    주민등록번호   -
                    주민등록지
                    실제 사는 곳
                    등록기준지
피   고   김 갑 순
                    주민등록번호   -
                    주민등록지
                    실제 사는 곳
                    등록기준지
사 건 본 인   홍 나 라
                    주민등록번호   -
                    주소
                    등록기준지

청 구 취 지

1. 원고와 피고는 이혼한다.
2. 사건본인의 친권자로 원고(피고)를 지정한다.
3. 소송비용은 피고의 부담으로 한다.
라는 판결을 구합니다.

청 구 원 인

(원고와 피고가 이혼을 해야 하는 사유를 구체적으로 기재하십시오.)

첨 부 서 류

1. 가족관계증명서   1통
2. 혼인관계증명서   1통
3. 주민등록등본   1통

2008 . ○. ○.

위 원고 홍 길 동   (인)

○○가정법원 귀중
○○지방법원(지원) 귀중

☞ **유의사항**

소장에는 수입인지 20,000원을 붙여야 합니다.

송달료는 당사자수 ×3,700원(우편료) ×12회분을 송달료취급은행에

납부하고 영수증을 첨부하여야 합니다.

사실혼

사실혼은 무엇이며, 해소의 절차는 어떻게 하나요?

혼인하겠다는 의사의 합치, 혼인적령, 근친혼금지, 중혼금지 등 혼인의 실질적 요건은 갖추었지만, 혼인신고라는 형식적 요건을 갖추지 않은 상태로 혼인생활을 지속하는 것을 사실혼이라고 합니다.

사실혼 부부인 경우에는 부부 사이에 헤어지자는 합의가 있거나 부부 중 일방이 상대방에게 헤어질 것을 통보하면 사실혼 관계를 해소시킬 수 있습니다.

1. 사실혼의 의의와 효과

① 혼인하겠다는 의사의 합치, 혼인적령, 근친혼금지, 중혼금지 등 혼인의 실질적 요건은 갖추었지만, 혼인신고라는 형식적 요건을 갖추지 않은 상태로 혼인생활을 지속하는 것을 사실혼이라고 합니다.

② 사실혼 상태에서도 동거·부양·협조·정조의무, 일상가사채무의 연대책임 등 부부공동생활을 전제로 하는 일반적인 혼인의 효과가 인정되지만, 인척관계의 발생 등 혼인신고를 전제로 하는 혼인의 효과는 인정되지 않습니다.

2. 사실혼의 해소

① 합의 또는 일방적 통보에 의한 해소

법률혼 부부인 경우에는 살아 있는 동안 부부관계를 해소하려면 이혼절차를 거쳐야 합니다. 그러나 사실혼 부부인 경우에는 혼인신고라는 법적 절차를 밟지 않았기 때문에 이혼신고 없이도 부부 사이에 헤어지자는 합의가 있거나 부부 중 일방이 상대방에게 헤어질 것을 통보하면 사실혼 관계를 해소시킬 수 있습니다.

② 사실혼 해소와 관련된 문제

사실혼 부부가 헤어질 때 법률혼 부부와 마찬가지로 부부가 협력해서 모은 재산에 대해 재산분할을 청구할 수 있는지, 사실혼 관계의 일방적 파기에 대해 손해배상을 청구할 수 있는지, 사실혼 관계가 해소된 경우 그 자녀의 양육비를 상대방에게 청구할 수 있는지 등이 문제될 수 있습니다.

■ 사실혼의 성립 요건

사실혼이 성립하기 위하여는 그 당사자 사이에 주관적으로 혼인의사의 합치가 있고, 객관적으로 부부공동생활이라고 인정할 만한 혼인생활의 실체가 존재하여야 한다. 이 사건에서 피고인과 공소외 2 사이의 위 딸의 출산을 전후한 약 2개월 동안의 동거 또는 그 전후의 간헐적인 정교관계만으로는 비록 그들 사이에 자식이 태어났다 하더라도 서로 혼인의사의 합치가 있었다고 보여지지 아니할 뿐더러 혼인생활의 실체가 존재한다고도 보여지지 아니하므로 사실상의 혼인관계가 성립되었다고 볼 수 없다고 판단한 것은 옳고, 거기에 상고이유의 주장과 같은 법리오해나 채증법칙 위배 등의 잘못이 없다(대법원 2001. 1. 30., 선고, 2000도4942, 판결)

사실상 이혼

부부싸움으로 인한 일시적 별거나 가출도 사실상 이혼인가요?

이혼할 것을 전제로 별거하는 경우는 사실상 이혼에 해당되지만, 부부싸움으로 인한 일시적 별거나 가출은 사실상 이혼에 해당되지 않는 것으로 볼 수 있습니다.

1. 사실상 이혼의 의의

혼인신고를 한 부부가 이혼에 합의하고 서로 별거하는 등 실질적으로 부부공동생활의 실체가 소멸되었지만 형식적으로는 이혼신고를 하지 않은 상태를 사실상 이혼이라고 합니다. 따라서 이혼할 것을 전제로 별거하는 경우는 사실상 이혼에 해당되지만, 부부싸움으로 인한 일시적 별거나 가출은 사실상 이혼에 해당되지 않는 것으로 볼 수 있습니다.

2. 사실상 이혼의 효과

① 우리나라 법은 협의이혼인 경우 법원의 확인을 받아 행정관청에 이혼신고를 한 경우에, 재판상 이혼인 경우 법원의 이혼판결을 받은 경우에만 이혼의 효력이 발생하는 것으로 규정하고 있습

니다. 따라서 이러한 절차를 거치지 않는 한 사실상 이혼을 했다고 해서 자동으로 이혼이 성립되지는 않습니다.

② 특히, 재혼과 같이 이혼이 전제되어야 하는 경우에는 사실상 이혼상태라 하더라도 협의이혼 또는 재판상 이혼절차를 밟아 그전 혼인을 해소해야만 재혼이 법적으로 인정될 수 있습니다.

이혼 준비

이혼을 결심했어요. 미리 알아두거나 준비할 사항이 있나요?

협의이혼은 재산, 자녀 등 이혼 관련 문제를 부부가 합의해서 정하는 경우가 많지만, 재판상 이혼은 이런 문제를 대부분 재판으로 해결하므로 아래 사항을 미리 준비해서 대처하는 것이 좋습니다.

1. 사실관계의 정리

① 재판상 이혼, 즉 이혼소송은 배우자 또는 배우자 직계존속의 책임 있는 사유로 혼인파탄에 이르게 된 경우에 이혼을 청구하는 소송이므로 소송을 제기하기 전에 혼인생활 동안 있었던 상황들을 시간의 흐름에 따라 정리해 두는 것이 좋습니다.

② 사실관계를 정리하는 것은 배우자의 행위가 「민법」에서 정한 재판상 이혼사유에 해당하는지를 입증하는 데 도움이 됩니다.

2. 관련 증거의 수집

① 이혼소송을 제기하면 법원은 당사자의 진술과 증거에 기초해서 판결을 내리게 됩니다. 또한, 상대방 명의의 재산 등에 대해 사전처분이나 보전처분을 신청하기 위해서는 증거가 필요합니다.

② 따라서 병원진단서, 부정한 행위를 찍은 사진, 임대차계약서, 차용증 등 관련 증거를 미리 수집해 놓는 것이 좋습니다.

3. 재산상 조치

① 혼인 중 공동으로 형성한 재산은 이혼할 때 분할할 수 있습니다. 그러나 재산이 부부공동명의가 아닌 배우자 단독명의로 되어 있으면 상대방이 재산분할을 피하거나 줄일 목적으로 재산을 임의로 처분할 수 있습니다.

② 따라서 재산상황(부동산의 종류와 가액, 보험금, 예금상황 등)에 대해 정확히 파악하고, 법원에 배우자 명의의 재산에 대해 가압류(부동산가압류, 예금채권가압류, 주식가입류 등) 또는 가처분(부동산처분금지가처분, 부동산점유이전금지가처분 등)을 신청해서 재산에 대한 보전처분을 해 놓는 것을 생각해 볼 수 있습니다(가사소송법 제63조, 민사집행법 제276조 및 제300조).

4. 신분상 조치

① 이혼소송의 상대방인 배우자 또는 배우자의 가족으로부터 폭행을 당해서 생명·신체의 안전을 도모할 필요가 있거나, 이혼소송이 진행되는 기간 동안의 자녀양육사항을 정할 필요가 있는 경우에는 법원에 사전처분이나 보전처분(가처분)을 신청하는 것을 생각해 볼 수 있습니다(가사소송법 제62조제1항 및 제63조제1항).

② 구체적으로 배우자의 폭행에 대해서는 접근금지사전처분, 접근금지가처분을, 자녀의 친권·양육에 대해서는 친권·양육자지정 사전처분, 면접교섭사전처분 등을 신청할 수 있습니다.

5. 이혼 상담기관

- 한국가정법률상담소(http://lawhome.or.kr).
- 한국여성의전화(www.hotline.or.kr)
- 대한가정법률복지상담원(http://lawqa.jinbo.net)
- 위의 기관을 활용하면 가정갈등 해결에 도움을 받을 수 있으며, 이혼에 관한 전반적인 조언을 얻을 수 있습니다.

이혼을 결심했어요. 이혼 시 친권과 양육권은 어떻게 처리되나요?

협의이혼을 할 때 친권자 지정에 관한 합의가 이루어지지 않으면 법원에 친권자 지정을 해 줄 것을 청구할 수 있습니다. 또한, 이혼하면 양육자 및 양육에 관한 사항을 정해야 합니다. 이에 관한 합의가 이루어지지 않으면 법원에 양육사항에 관한 결정을 해줄 것을 청구할 수 있습니다.

1. 친권자

① 친권은 자녀의 보호·교양, 거소 지정, 징계, 재산관리 등 미성년인 자녀의 신분과 재산에 관한 사항을 결정할 수 있는 부모의 권리로서, 혼인 중에는 부부가 공동으로 행사하지만 이혼 시에는 친권을 행사할 부모, 즉 친권자를 정해야 합니다.

② 친권자 지정에 관해 합의가 이루어지지 않으면 법원에 친권자 지정을 청구할 수 있습니다(민법 제909조제4항 및 가사소송법 제2조제1항제2호나목 5).

2. 양육자 및 양육사항

① 양육권은 자녀의 양육에 필요한 사항을 결정할 수 있는 부모의 권리로서, 혼인 중에는 부부가 공동으로 행사하지만 이혼 시에는 양육권을 행사할 부모, 즉 양육자를 정해야 합니다.

② 또한, 양육자 외에 양육비, 면접교섭권 등 양육사항에 관해서도 정해야 하는데, 이에 관한 합의가 이루어지지 않으면 법원에 양육사항에 관한 결정을 청구할 수 있습니다(민법 제837조 및 가사소송법 제2조제1항제2호나목 3).

[서식] 친권자(지정, 변경) 신고서

친권자(□지정□변경)신고서 (년 월 일)		※ 뒷면의 작성방법을 읽고 기재하시되, 선택항목 은 해당번호에 "○"으로 표시하여 주시기 바랍니다.			

① 미성년 자녀	성 명	한글	한자	주민등록번호	-
	등록기준지			출생연월일	
	주 소				
	성 명	한글	한자	주민등록번호	-
	등록기준지			출생연월일	
	주 소				
	성 명	한글	한자	주민등록번호	-
	등록기준지			출생연월일	
	주 소				
② 부	성 명	한글	한자	주민등록번호	-
	등록기준지				
	주 소				
③ 모	성 명	한글	한자	주민등록번호	-
	등록기준지				
	주 소				

④친권자	성 명		미성년자와의 관계	①부②모③부모	
	미성년자 성명				
	①지정일자	년 월 일	① 지정원인	① 협의 ② ( )법원의 결정	
	②변경일자	년 월 일	② 변경원인	( )법원의 결정	
	성 명		미성년자와의 관계	①부②모③부모	
	미성년자 성명				
	①지정일자	년 월 일	① 지정원인	① 협의 ② ( )법원의 결정	
	②변경일자	년 월 일	② 변경원인	( )법원의 결정	

⑤기타사항						

협의의 친권자 지정 신고 시 신고인 쌍방이 모두 출석하였습니까? 예 ( ) 아니오( )

⑥ 신 고 인	성 명	㉑ 또는 서명	주민등록번호	-	자격	①부②모
	주 소			전화		
				이메일		
	성 명	㉑ 또는 서명	주민등록번호	-	자격	①부②모
	주 소			전화		
				이메일		

⑦제출인	성 명		주민등록번호	-

※ 타인의 서명 또는 인장을 도용하여 허위의 신고서를 제출하거나, 허위신고를 하여 가족관계등록부에 부실의 사실을 기록하게 하는 경우에는 형법에 의하여 5년 이하의 징역 또는 1천만원 이하의 벌금에 처해집니다.

작 성 방 법	이혼신고 시 친권자지정신고는 이혼신고서의 양식을 이용합니다.

※ 등록기준지 : 각 란의 해당자가 외국인인 경우에는 그 국적을 기재합니다.
※ 주민등록번호 : 각 란의 해당자가 외국인인 경우에는 외국인등록번호(국내거소신고번호 또는 출생연월일)를 기재합니다.
①란 : 2명 이상의 미성년자에 대해 친권자가 동일하게 지정(변경)된 경우에는 순서대로 기재합니다.
   : 법 제25조제2항에 따라 주민등록번호란에 주민등록번호를 기재한 때에는 출생연월일의 기재를 생략할 수 있습니다.
④란 : 새롭게 친권자로 지정·변경된 자를 의미하며, 지정일자는 협의의 경우에는 협의성립일, 재판의 경우에는 결정 확정된 일자를 기재합니다. 친권자변경에 관한 사항은 재판에 의한 경우에만 기재합니다.
⑤란 : 친권자변경신고의 경우에 종전의 친권자를 기재합니다.
⑦란 : 제출자(신고인 여부 불문)의 성명 및 주민등록번호 기재[접수담당공무원은 신분증과 대조]

첨 부 서 류

1. 법원이 친권자를 지정.변경한 경우
  - 재판서등본 및 확정증명서 각 1부.
  - 조정.화해 성립 : 조정(화해)조서등본 및 송달증명서 각 1부.
2. 부모의 협의에 의하여 친권자를 지정한 경우
  - 부모 중 한쪽이 신고할 경우: 협의사실을 증명하는 서류 1부.
  - 부모가 함께 신고할 경우: 협의사실 증명하는 서류를 첨부할 필요가 없음.
※ **아래 3항은 가족관계등록관서에서 전산으로 그 내용을 확인할 수 있는**
경우 첨부를 생략합니다.
3. 당사자의 가족관계등록부의 기본증명서, 가족관계증명서 각 1통.
4. 신분확인[가족관계등록예규 제23호에 의함]
 ① 재판에 의한 친권자 지정·변경
  - 신고인이 출석한 경우 : 신분증명서
  - 제출인이 출석한 경우 : 제출인의 신분증명서
  - 우편제출의 경우 : 신고인의 신분증명서 사본
 ② 협의에 의한 친권자 지정신고
  - 신고인이 출석한 경우 : 신고인 모두의 신분증명서
  - 신고인 불출석, 제출인 출석의 경우 : 제출인의 신분증명서 및 신고인
    모두의 신분증명서 또는 서명공증 또는 인감증명서(신고인의 신분증명
    서 없이 신고서에 신고인이 서명한 경우 서명공증, 신고서에 인감 날
    인한 경우 인감증명)
  - 우편제출의 경우 : 신고인 모두의 서명공증 또는 인감증명서(신고서에
    서명한 경우 서명공증, 인감을 날인한 경우는 인감증명서)

이혼 효과

이혼하면 저와 자녀와의 신분관계에 변화가 있나요?

이혼 후에도 부모와 자녀 사이의 혈연관계는 변하지 않으므로 자녀와의 신분관계는 변화가 없습니다. 다만 양육권이 없는 부모는 자녀를 만나거나 전화 등으로 자녀와 접촉할 수 있는 권리인 면접교섭권을 가집니다.

1. 면접교섭권의 의의

① 이혼 후 자녀를 직접 양육하지 않는 부모 일방과 자녀는 상호 면접교섭할 수 있는 권리를 가집니다(민법 제837조의2제1항).
② 면접교섭에는 직접적인 만남, 서신교환, 전화통화, 선물교환, 일정기간의 체재(예를 들어 주말동안의 숙박) 등 다양한 방법이 활용될 수 있습니다.
③ 이혼 후 자녀를 직접 양육하지 않는 부모의 직계존속은 그 부모 일방이 사망하였거나 질병, 외국거주, 그 밖에 불가피한 사정으로 자녀를 만나볼 수 없는 경우 가정법원에 자녀와의 면접교섭을 청구할 수 있습니다(민법 제837조의2제2항 전단).
④ 이 경우 가정법원은 자녀의 의사(意思), 면접교섭을 청구한 사람과 자녀와의 관계, 청구의 동기, 그 밖의 사정을 참작해서 결정하게 됩니다(민법 제837조의2제2항 후단).

2. 면접교섭의 제한·배제

① 면접교섭권의 행사는 자녀의 복리를 우선적으로 고려해서 이루어져야 합니다(민법 제912조).

② 따라서 자녀가 부모를 만나기 싫어하거나 부모가 친권상실사유에 해당하는 등 자녀의 복리를 위해 필요한 경우에는 당사자의 청구 또는 가정법원의 직권에 의해 면접교섭이 제한되거나 배제, 변경될 수 있습니다(민법 제837조의2제3항).

3. 면접교섭에 관한 심판청구

면접교섭의 행사방법과 범위에 대해서는 부부가 합의해서 정하고, 합의가 이루어지지 않으면 가정법원에 심판을 청구해서 정할 수 있습니다(민법 제837조제2항제3호, 제843조 및 가사소송법 제2조제1항제2호나목 3).

4. 재혼 후 친양자 입양과 면접교섭권

이혼한 부모가 재혼해서 자녀를 친양자(親養子)로 입양한 경우에는 친생(親生)부모의 면접교섭권이 더 이상 인정되지 않습니다. 친양자는 재혼한 부부의 혼인 중의 출생자로 보아(민법 제908조의3제1항), 입양 전의 친족관계가 종료되기 때문입니다(민법 제908조의3제2항).

5. 면접교섭의무의 이행 강제 방법

1) 가정법원에 이행명령 신청

상대방이 정당한 이유 없이 면접교섭허용의무를 이행하지 않으면 그 의무를 이행할 것을 가정법원에 신청할 수 있습니다(가사소송법 제64조).

2) 이행명령 위반에 대해 과태료 부과 신청

　① 상대방이 가정법원의 이행명령을 받고도 면접교섭을 허용하지 않으면 가정법원이 직권으로 또는 가정법원에 신청해서 상대방에게 1천만원 이하의 과태료를 부과시킬 수 있습니다(가사소송법 제67조제1항).

　② 그러나 위자료·유아인도청구 등의 사건과 달리 가정법원의 이행명령 위반에 대해 상대방을 감치(監置, 붙잡아 가둠)하는 방법으로 이행을 강제하도록 법원에 신청할 수는 없습니다(가사소송법 제68조제1항). 양육자를 감치에 처하면 양육의 공백이 발생하여 자녀의 복리를 해칠 우려가 있기 때문입니다.

■ 면접교섭권의 인정 여부

갑과 을이 이혼하면서 자녀 병과 정의 각 친권자 및 양육자로 지정되었는데, 형제간인 병과 정의 면접교섭을 인정할 것인지 문제 된 사안에서, 민법상 명문으로 형제에 대한 면접교섭권을 인정하고 있지는 아니하나 형제에 대한 면접교섭권은 헌법상 행복추구권 또는 헌법 제36조 제1항에서 규정한 개인의 존엄을 기반으로 하는 가족생활에서 도출되는 헌법상의 권리로서 특별한 사정이 없는 한 부모가 이혼한 전 배우자에 대한 적대적인 감정을 이유로 자녀들이 서로 면접교섭하는 것을 막는 것은 부모의 권리남용이고, 병과 정이 서로를 정기적으로 면접교섭하는 것을 간절히 원하고 있다는 등의 이유로, 병과 정의 면접교섭을 인정한다. (수원지방법원 2013. 6. 28. 자 결정)

면접교섭허가 심판청구서

청 구 인 성 명 :   (☎ :   )
　　　　주민등록번호 :
　　　　주　　　소 :
　　　　송 달 장 소 :

상 대 방 성 명 :
　　　　주민등록번호 :
　　　　주　　　소 :

사건본인(자녀) 성명 :
　　　　주민등록번호 :
　　　　주　　　소 :

청 구 취 지

1. 청구인은 20 . . .부터 사건본인이 성년이 될 때까지 다음과 같이 사건본인을 면접교섭 할 수 있다.
　가. 면접교섭 일정
　　1) 매월 2회, 둘째 주 및 넷째 주 토요일 12:00부터 일요일 12:00까지(숙박 포함)
　　2) 여름 및 겨울 방학기간 동안 : 청구인이 지정하는 각 7일간[다만, 이 기간 동안에는 위 1)중 월 1회는 실시하지 않는다]
　나. 면접교섭 장소 : 청구인이 지정한 장소
　다. 인도방법 : 청구인이 상대방의 주거지로 사건본인을 데리러 가서 상대방으로부터 사건본인을 인도받고, 면접교섭을 마친 후에는 다시 청구인이 상대방의 주거지로 사건본인을 데려다 주면서 상대방에게 사건본인을 인도하는 방법
2. 상대방은 위 1.항과 같은 청구인의 면접교섭이 원만하게 실시될 수 있도록 적극 협조하여야 하며 이를 방해하여서는 안 된다.

청 구 원 인
(청구 사유를 구체적으로 기재)

첨 부 서 류

1. 청구인의 가족관계증명서, 혼인관계증명서, 주민등록표등(초) 본   각 1통
1. 상대방의 가족관계증명서, 혼인관계증명서, 주민등록표등(초) 본   각 1통
1. 사건본인의 가족관계증명서, 기본증명서, 주민등록표등(초)본   각 1통

20   .   .   .

청구인 :   (서명 또는 날인)

서울○○법원 귀중

이혼 시 재산은 어떻게 처리되나요?

이혼 시 재산분할에 관한 합의가 이루어지지 않으면 재산분할청구
소송을 제기해서 재산분할을 받을 수 있습니다. 또한, 재산분할과
는 별도로 혼인을 파탄에 이르게 한 배우자 또는 제3자(시부모,
장인·장모, 배우자의 간통 대상자 등)에게 재산상의 손해배상 외에
도 정신적인 손해배상인 위자료를 청구할 수 있습니다.

1. 재산분할

① 혼인 중 부부가 공동으로 형성한 재산에 대해서는 이혼 시 분
   할 받을 수 있습니다(민법 제839조의2제1항).

② 만일 이혼할 때 재산분할에 관해 합의가 이루어지지 않았다면,
   이혼소송과 함께 또는 단독으로 소송을 제기해 재산을 분할 받
   을 수 있습니다(가사소송법 제2조제1항제2호나목 4 및 제14조
   제1항).

③ 위자료와 달리 재산분할은 이혼에 책임 있는 배우자도 청구할
   수 있습니다.

④ 재산분할청구권은 이혼한 날부터 2년을 경과한 때에 소멸합니
   다(민법 제839조의2제3항).

2. 위자료

① 배우자의 책임 있는 사유로 이혼하는 경우에는 그 배우자에게
   재산상의 손해를 배상받을 수 있을 뿐만 아니라 정신상의 손해
   에 대한 배상, 즉 위자료를 지급받을 수 있습니다(민법 제806조
   및 제 843조).

② 만일 이혼할 때 위자료에 관해 합의가 이루어지지 않았다면, 이
   혼소송과 함께 또는 단독으로 소송을 제기해 위자료를 지급받

을 수 있습니다(가사소송법 제2조제1항제1호다목 2 및 제14조 제1항). 그리고 배우자뿐만 아니라 혼인에 부당하게 간섭해서 혼인을 파탄에 이르게 한 제3자(시부모, 장인·장모, 배우자의 간통대상자 등)에 대해서도 위자료를 청구할 수 있습니다.

③ 위자료청구권은 그 손해 및 가해자를 안 날로부터 3년간 행사하지 않으면 소멸합니다(민법 제766조제1항). 만일 위자료에 관해 합의가 이루어지지 않은 채 이혼했다면, 이혼한 날로부터 3년 이내에 별도로 위자료 청구를 하면 됩니다.

3. 재산분할과 위자료의 관계

① 과거에는 위자료 산정 시 재산분할석 요소를 포함하는 것이 관례였지만,「민법」이 개정되어 재신분할제도가 도입되면서 위자료와 재산분할을 각각 청구할 수 있는 법적 근거가 만들어졌습니다.

② 위자료는 혼인파탄에 원인을 제공한 배우자에게 책임을 묻는 손해배상적 성격을 가지는 반면, 재산분할은 혼인 중 부부가 공동으로 형성한 재산에 대해 본인의 기여도만큼 돌려받는 상환적 성격을 가집니다. 따라서 위자료와 재산분할은 별개의 것으로 각각 청구할 수 있습니다.

■ 재산분할 합의 후 다시 청구

법률상 부부인 갑과 을이 위자료 및 재산분할에 관한 합의서를 작성한 후 협의이혼신고를 마쳤는데, 갑이 을의 폭행 등 귀책사유로 혼인이 파탄되었다고 주장하면서 다시 을을 상대로 위자료 및 재산분할금의 지급을 구한 사안에서, 갑은 을로부터 재산분할을 받고 혼인기간 중 발생한 일에 대해서는 위자료 청구를 하지 않기로 을과 합의하였는바, 위자료 청구는 부제소합의에 위배되는 것으로서 권리보호의 이익이 없어 부적법하고, 협의이혼 경위, 합의서 문언 등에 비추어 보면 합의서 작성 당시 갑과 을 사이에는 앞으로 을이 갑에게 약정 재산분할금을 지급하고 전세보증금 및 시설, 자동차 등을 갑의 소유로 이전하면 갑이 을에게 더 이상의 재산분할을 구하지 않기로 하는 재산분할에 관한 협의가 있었다고 보이며, 위 재산분할 협의는 협의이혼을 조건으로 하는 의사표시로서 이후 갑과 을이 협의이혼을 함으로써 조건이 성취되어 효력을 발생하였으므로, 재산분할 청구는 청구의 이익이 없어 부적법하다.(부산가정법원 2017. 6. 29. 선고 2015드합201193 판결)

[서식] 재산분할심판청구서

재산분할 심판청구

청 구 인 성   명   주민등록번호 :   ☎
           등록기준지
           주   소

상 대 방 성   명   주민등록번호 :   ☎
           등록기준지
           주   소

청 구 취 지

※ 기재 방법을 잘 모르실 경우 뒷장 예시문을 참고하십시오.

청 구 원 인

※ 재산분할을 청구하는 사유를 자세히 기재하십시오.(뒷장 예시문 참고)

첨 부 서 류

1. 청구인의 가족관계증명서, 혼인관계증명서, 주민등록등본 각 1통
1. 상대방의 가족관계증명서, 주민등록등본 각 1통
1. 기 타(위자료 합의서, 전세계약서 등)

201   년   월   일

청구인   (인)

00가정법원 귀중

◎ 청구취지 작성 예시 1

1. 상대방은 청구인에게 금_____원 및 위 금원에 대하여 청구가 송달된 날부터 다 갚는 날까지 연____%의 비율에 의한 금원을 지급하라.

2. 심판비용은 상대방의 부담으로 한다.

3. 위 1항에 한하여 가집행할 수 있다.

라는 심판을 구합니다.

◎ 청구취지 작성 예시 2

1. 상대방은 청구인에게 재산분할로써 금_____원 및 이에 대한 이 판결 확정일부터 다 갚는 날까지 연____%의 비율에 의한 금원을 지급하라.

2. 상대방은 청구인에게 별지목록기재 각 부동산 중 1/2지분에 관하여 이 심판확정일자 재산분할을 원인으로 한 소유권이전등기 절차를 이행하라.

3. 심판비용은 상대방의 부담으로 한다.

4. 위 제 1항은 가집행 할 수 있다.

라는 심판을 구합니다.

◎ 청구원인 작성 예시

1. 협의 이혼 경위

   청구인과 상대방은 중매로 만나.......

2. 재산분할 청구

   가. 재산분할 대상

      청구인과 상대방의 혼인 중 취득한 재산으로 상대방 명의로 된 ○○시 ○○구 ○○동 ○○ ◎◎아파트에 대한 전세보증금 ○○○원의 반환 채권이 있습니다.

   나. 재산형성경위 및 청구인의 기여도

(1)
(2)

  ·
  ·

(5) 위와 같은 사실을 종합해 보면 청구인의 재산형성에 대한 기여도는
    상대방보다 높아 60% 정도로 봄이 상당하므로 청구인은 상대방에게
    재산분할로서 ○○○원을 청구하고자 합니다.

☞ 유책배우자라도 재산분할을 청구할 수 있습니다. 이미 이루어진 재산분
  할에 관한 약정의 이행을 구하는 것은 민사사건입니다. 혼인이 해소되
  기 전에 미리 재산분할청구권을 포기할 수는 없으며, 재산분할청구권은
  이혼한 날로부터 **2년**이 경과하면 소멸합니다(제척기간).

이혼 후 이혼사실이 호적에 남나요?

기존의 호적부는 2008년 1월 1일부터 가족관계등록부로 대체되었습니다. 가족관계등록부는 총 5가지 증명서로 구성되는데, 그 중 이혼 사실은 혼인관계증명서에 남게 됩니다.

1. 가족관계등록부의 의의

기존의 호적부는 2008년 1월 1일부터 가족관계등록부로 대체되었습니다. 그 이유는 2005년 2월 3일 헌법재판소가 호주제는 '혼인과 가족생활은 개인의 존엄과 양성의 평등을 기초로 성립·유지되어야 한다'고 규정한 헌법에 위반된다고 결정하였기 때문입니다. 이에 따라, 2007년 5월 17일 가족관계의 등록 등에 관한 법률이 법률 제8435호로 제정되었습니다. 종전의 호적이 호주 중심으로 가족 단위로 작성되었던 것과는 달리 가족관계등록부는 개인별로 작성됩니다.

2. 가족관계등록부의 구성

- 가족관계증명서 (일반) : 부모, 배우자, 자녀 중 현재 혼인 중의 자녀 혹은 생존한 자녀의 인적사항
- 가족관계증명서(상세) : 부모, 배우자, 모든 자녀의 인적사항
- 기본증명서 (일반) : 본인의 출생, 사망, 국적상실의 사항
- 기본증명서 (상세) : 일반증명서의 내용을 포함하여 그 이외의 친권, 개명, 후견, 국적취득 및 회복 등에 관한 모든사항
- 혼인관계증명서 (일반) : 현재의 배우자의 인적사항, 혼인·이혼에 관한 사항
- 혼인관계증명서 (상세) : 모든 배우자의 인적사항, 혼인·이혼에 관한 사항
- 입양관계증명서 (일반) : 양부모·양자의 인적사항, 현재의 입양·

파양에 관한 사항

- 입양관계증명서 (상세) : 양부모·양자의 인적사항, 모든 입양·파
  양에 관한 사항
- 친양자입양관계증명서 (일반) : 친생부모·양부모·친양자의 인적사
  항, 현재의 입양·파양에 관한 사항
- 친양자입양관계증명서 (상세) : 친생부모·양부모·친양자의 인적사
  항, 모든 입양·파양에 관한 사항

3. 가족관계등록부 발급방법

- 인터넷 대법원 전자가족관계시스템 (가정에 공인인증서, 프린터기
  가 있어야 하고 수수료가 없다)
- 읍면동 행정복지센터 (수수료 1부당 1,000원)
- 무인민원발급기 (수수료 1부당 500원)

이혼 무효, 취소

재판상 이혼은 재판절차를 거쳐 이혼판결이 선고된 것이므로 무효로 되지 않지만, 협의이혼은 부부 간 합의에 기초하므로 이혼에 관한 부부의 합의가 없다면 이혼이 무효로 될 수 있습니다.

1. 이혼의 무효 사유

① 협의이혼은 부부간 이혼의사가 합치하고, 이혼신고 절차를 거치는 경우에 성립합니다.

② 이혼신고가 없다면 외관상 이혼이 성립할 수 없으므로 결국 협의이혼이 무효가 되는 경우는 부부간 이혼의사가 합치하지 않는 경우입니다.

③ 이혼무효 사유의 예시

 - 부부 일방 또는 쌍방이 모르는 사이에 누군가에 의해 이혼신고가 된 경우(민법 제834조)

 - 부부 일방이 모르는 사이에 외국에서 이혼소송이 진행되어 이혼판결이 난 경우

 - 이혼신고가 수리되기 전에 부부 일방 또는 쌍방이 이혼의사를

철회했는데 이혼신고가 수리된 경우
- 심신상실자가 의사능력이 결여된 상태에서 이혼한 경우

2. 이혼무효소송

1) 관할법원

이혼무효소송의 관할법원은 다음에 해당하는 가정법원이 됩니다(가사소송법 제22조).

① 부부가 같은 가정법원의 관할구역 내에 보통재판적이 있는 경우에는 그 가정법원

② 부부가 마지막으로 같은 주소지를 가졌던 가정법원의 관할구역 내에 부부 중 어느 한쪽의보봉새판직이 있는 경우에 는 그 가정법원

2) 소송의 제기권자 및 제소기간

이혼무효 사유가 있는 경우에는 당사자, 법정대리인 또는 4촌 이내의 친족이 언제든지 가정법원에 이혼무효소송을 제기할 수 있습니다(가사소송법 제23조).

3) 소송의 상대방

이혼무효소송의 상대방은 부부 중 허느 한쪽이 소송을 제기한 경우에는 배우자가, 제3자가 소송을 제기한 경우에는 부부가 되며, 소송의 상대방이 될 사람이 사망한 경우에는 검사가 상대방이 됩니다(가사소송법 제24조).

4) 조정절차의 생략

이혼무효소송은 가정법원의 조정절차를 거치지 않습니다(가사소송법 제2조제1항제1호가목 2 및 제50조제1항).

5) 이혼무효판결의 효력

① 이혼무효청구를 인용(認容)하는 확정판결의 효력은 제3자에게도

적용됩니다(가사소송법 제21조제1항).

② 이혼무효청구를 배척하는 판결이 확정된 경우 다른 제소권자는 사실심의 변론종결 전에 참가하지 못한 것에 대해 정당한 사유가 있지 않으면 다시 소송을 제기할 수 없습니다(가사소송법 제21조제2항).

③ 이혼무효판결이 확정되면 그 이혼은 처음부터 없었던 것과 같아지므로 이전의 혼인은 중단 없이 계속된 것으로 됩니다.

6) 이혼무효판결에 대한 불복

① 이혼무효소송에 관한 가정법원의 판결에 대해 불복하는 경우에는 판결정본의 송달 전 또는 판결정본이 송달된 날로부터 14일 이내에 항소할 수 있습니다(가사소송법 제19조제1항).

② 이혼무효소송에 관한 항소법원의 판결에 대해 불복하는 경우에는 판결정본의 송달 전 또는 판결정본이 송달된 날로부터 14일 이내에 대법원에 상고할 수 있습니다(가사소송법 제20조).

이 혼 무 효 확 인 의 소

원 고   홍 길 동 (전화   )
          주민등록번호   -
          주소
          등록기준지
피 고   김 갑 순
          주민등록번호   -
          주소
          등록기준지

청 구 취 지

원고와 피고의 이혼신고(19 ○○년 ○월 ○일 ○○시 ○○구청장 접수)
는 무효임을 확인한다.
라는 판결을 구합니다.

청 구 원 인

1. 원고와 피고는 19 ○○년 ○월 ○일 혼인하여 그후 계속하여 오늘에 이
   르기까지 동거하고 있습니다.
2. 원고는 피고와 협의이혼에 관한 협의를 한 바 없고, 협의이혼을 위하
   여 법원에 다녀온 적도 없습니다.
3. 그런데 원고도 모르는 사이에 피고는 19 ○○년 ○월 ○일 ○○시에
   ○○구청장에게 원고와 피고의 협의이혼신고를 하였습니다.
4. 원고와 피고의 협의이혼은 원고가 전혀 모르는 사실이고 또한 원고는
   이혼할 의사가 없기 때문에 위 협의이혼은 무효이므로 이건 청구에
   이른 것입니다.

첨 부 서 류

    1. 혼인관계증명서(부의 것, 처의 것)　　　　　　각 1통
    2. 주민등록등본(부의 것, 처의 것)　　　　　　　각 1통

20 . . .

위 원고 홍 길 동 (인)

○○**가정법원 귀중**
○○**지방법원(지원) 귀중**

☞ **유의사항**

소장에는 수입인지 20,000원을 붙여야 합니다.

송달료는 당사자수 ×3,700원(우편료) ×12회분을 송달료취급은행에
납부하고 영수증을 첨부하여야 합니다.

이혼이 취소될 수 있나요?

재판상 이혼은 재판절차를 거쳐 이혼판결이 선고된 것이므로 취소될 수 없지만, 협의이혼은 부부간 자유로운 의사에 따른 합의에 기초하므로 사기 또는 강박(强迫)으로 인해 이혼의 의사표시를 했다면 이혼이 취소될 수 있습니다.

1. 이혼취소 사유

이혼합의는 부부의 자유로운 의사에 근거해서 이루어져야 하므로, 사기 또는 강박(强迫)으로 인해 이혼의 의사표시를 한 경우는 이혼취소 사유에 해당합니다(민법 제838조).

2. 이혼취소소송

1) 관할법원

이혼취소소송의 관할법원은 다음에 해당하는 가정법원이 됩니다(가사소송법 제22조).

① 부부가 같은 가정법원의 관할구역 내에 보통재판적이 있는 경우에는 그 가정법원

② 부부가 마지막으로 같은 주소지를 가졌던 가정법원의 관할구역 내에 부부 중 어느 한쪽의 보통재판적이 있는 경우에는 그 가정법원

③ 위 1.과 2.에 해당되지 않는 경우로서 부부 중 어느 한쪽이 다른 한쪽을 상대로 하는 경우에는 상대방의 보통재판적소재지이 있는 곳의 가정법원, 부부의 모두를 상대로 하는 경우에는 부부 중 어느 한쪽의 보통재판적이 있는 곳의 가정법원

④ 부부 중 어느 한쪽이 사망한 경우에는 생존한 다른 한쪽의 보통재판적이 있는 곳의 가정법원

⑤ 부부가 모두 사망한 경우에는 부부 중 어느 한쪽의 마지막 주소지의 가정법원

2) 소송의 제기권자 및 제소기간

사기 또는 강박(强迫)으로 인해 이혼의 의사표시를 한 사람은 가정 법원에 이혼취소소송을 제기할 수 있습니다(민법 제838조). 다만, 사기를 안 날 또는 강박을 면한 날부터 3개월이 경과하면 소송을 제기할 수 없습니다(민법 제823조 및 839조).

3) 소송의 상대방

이혼취소소송의 상대방은 부부 중 어느 한쪽이 소송을 제기한 경우에는 배우자가, 제3자가 소송을 제기한 경우에는 부부가 되며, 소송의 상대방이 될 사람이 사망한 경우에는 검사가 상대방이 됩니다(가사소송법 제24조).

4) 조정의 신청

이혼취소소송을 제기하려면 우선 가정법원의 조정절차를 거쳐야 합니다(가사소송법 제2조제1항제1호나목 3 및 제50조제1항).

5) 이혼취소판결의 효과

① 이혼취소청구를 인용(認容)하는 확정판결의 효력은 제3자에게도 적용됩니다(가사소송법 제21조제1항). 따라서 이혼취소사유를 제공한 사람이 제3자인 경우에는 그 사람에게 재산상·정신상 손해에 대한 배상을 청구할 수 있습니다.

② 이혼취소판결이 확정되면 그 이혼은 처음부터 없었던 것과 같아지므로 취소판결 전에 다른 일방이 재혼을 했다면 그 재혼은 중혼(重婚)이 됩니다.

6) 이혼취소판결에 대한 불복

① 이혼취소소송에 관한 가정법원의 판결에 대해 불복하는 경우에는 판결정본의 송달 전 또는 판결정본이 송달된 날로부터 14일 이내에 항소할 수 있습니다(가사소송법 제19조제1항).

② 이혼취소소송에 관한 항소법원의 판결에 대해 불복하는 경우에는 판결정본의 송달 전 또는 판결정본이 송달된 날로부터 14일 이내에 대법원에 상고할 수 있습니다(가사소송법 제20조).

사실혼 파기

> **동거 중인데 헤어지기로 합의했어요. 둘 사이에 아이가 있는데 헤어진 후 아이의 아빠에게 양육비를 받을 수 있나요?**

> 사실혼 부부 사이에서 태어난 자녀는 '혼인 외의 출생자'로서 아버지와 법적 관계가 없기 때문에 사실혼 관계가 해소되면 아버지에게 자녀의 양육비를 청구할 수 없습니다.

1. 사실혼의 해소에 따른 자녀문제

① 사실혼 부부 사이에서 출생한 자녀는 '혼인 외의 출생자'가 됩니다. 다만, 아버지가 친자식임을 인지(認知)한 경우에는 자녀에 대한 친권과 양육권을 부부가 공동으로 행사하게 되며, 사실혼 관계가 해소된 경우에는 부부가 합의해서 자녀의 친권, 양육자 및 양육사항을 정하고, 합의가 이루어지지 않으면 법원에 그 지정을 청구할 수 있습니다(민법 제837조, 제837조의2, 제843조, 제864조의2 및 제909조제4항).

② 그러나 인지가 되지 않았다면 혼인 외의 출생자와 아버지는 법적인 부자관계(父子關係)가 아니므로 아버지(남편)를 상대로 또는 아버지(남편) 본인이 자녀의 친권, 양육자 지정 및 양육사항

을 정하는 것에 관한 청구를 할 수 없습니다. 따라서 이러한 청구를 하려면 인지청구소송을 먼저 해야 합니다(민법 제863조 및 가사소송법 제2조제1항제1호나목 9).

2. 인지청구소송

1) 의의

인지청구소송은 부모가 혼인 외의 출생자를 자신의 자녀로 인지하지 않는 경우에 그 혼인 외의 출생자를 친생자(親生子)로 인지해 줄 것을 법원에 청구하는 것을 말합니다.

2) 소송의 제기권자

인지청구소송은 자녀와 그 직계비속 또는 그 법정대리인이 제기할 수 있습니다(민법 제863조). 인지청구소송은 언제든지 제기할 수 있지만, 부(父) 또는 모(母)가 사망한 경우에는 그 사망을 안 날로부터 2년이 지나면 소송을 제기할 수 없습니다(민법 제864조).

3) 소송의 상대방

인지청구소송의 상대방은 부(父) 또는 모(母)가 되며(민법 제863조), 부(父) 또는 모(母)가 사망한 경우에는 검사가 됩니다(민법 제864조).

4) 제소기간

인지청구소송은 언제든지 제기할 수 있지만, 부(父) 또는 모(母)가 사망한 경우에는 그 사망을 안 날로부터 2년이 지나면 소송을 제기할 수 없습니다(민법 제864조).

5) 관할법원

인지청구소송은 소송 상대방의 보통재판적이 있는 곳의 가정법원의 전속관할로 하고, 상대방이 모두 사망한 경우에는 그 중 1명의 마지막 주소지의 가정법원에 제기할 수 있습니다(가사소송법 제26조제2항).

6) 인지신고

　인지의 재판이 확정되면 재판의 확정일부터 1개월 이내에 재판서의 등본 및 확정증명서를 첨부해서 시·읍·면에 인지신고해야 합니다(가족관계의 등록 등에 관한 법률 제58조).

7) 인지청구소송의 효과

　인지청구를 인용하는 판결이 확정되면 그 자녀가 출생한 때부터 친자관계가 있는 것으로 보아(민법 제860조), 자녀의 양육책임을 부담하고, 면접교섭권이 인정됩니다(민법 제864조의2).

8) 인지에 대한 이의소송

　인지에 대해 이의가 있는 경우에 자녀 또는 그 밖의 이해관계인은 인지신고가 있음을 안 날로부터 1년 이내에 인지에 대한 이의소송을 제기할 수 있습니다(민법 제862조).

인지청구의 소

원 고   홍 길 동 (전화   )
　　　　주민등록번호   -
　　　　주소
　　　　등록기준지
　　　　위 원고는 미성년자이므로 그 법정대리인
　　　　친권자(모) ○ ○ ○
　　　　주민등록번호   -
　　　　주소 및 등록기준지 위와 같은 곳

피 고   ○○지방검찰청 검사

청 구 취 지

원고는 소외 망 ○○○(본적   시   구   동   번지, 19 년 월 일생)
의 자임을 인지한다.
라는 판결을 구합니다.

청 구 원 인

소외 망 ○○○(20 ○○년 ○월 ○일 사망)는 19 ○○년 ○월 ○일경부
터 19 ○○년 ○월 ○일까지 소외 ○○○와 동거하는 동안 19 ○○년
○월 ○일 원고를 출산하였으나 인지를 하지 아니하고 사망하였으므로
검사를 상대로 하여 본건 청구를 하기에 이르렀습니다.

첨 부 서 류

　　　　1. 가족관계증명서　　　　　　　　　　1통
　　　　2. 주민등록등본　　　　　　　　　　　1통
　　　　3. 기본증명서(소외 망 ○○○)　　　　　1통
　　　　4. 출산증명서　　　　　　　　　　　　1통

20   .   .   .

위 원고   홍 길 동
위 원고는 미성년자이므로   법정대리인
친권자(모) ○   ○   ○   (인)

○○가정법원 귀중
○○지방법원(지원) 귀중

☞ **유의사항**

소장에는 수입인지 20,000원을 붙여야 합니다.

송달료는 당사자수 ×3,020원(우편료) ×12회분을 송달료취급은행에 납부하고 영수증을 첨부하여야 합니다.

관할법원은 상대방(상대방이 수인일 때에는 그 중 1인)의 주소지 관할법원의 전속 관할입니다.

동거 중인데 갑자기 헤어지자는 통보를 받았어요. 사실혼인 경우에도 위자료를 받을 수 있나요?

정당한 사유 없이 일방적으로 사실혼을 파기한 배우자 또는 사실혼 파탄의 원인을 제공한 제3자에게 위자료를 청구할 수 있습니다.

1. 사실혼 파기에 대한 위자료 청구

① 사실혼은 부부간 합의 또는 부부 일방의 일방적인 파기에 의해 해소될 수 있습니다. 이 때 정당한 사유(민법 제840조에 준하는 사유) 없이 일방적으로 사실혼을 파기한 배우자는 상대방에게 사실혼 파기로 인해 입은 정신적 고통을 배상할 책임을 집니다(민법 제750조 및 제751조).

② 만일 위자료에 관해 부부의 합의가 이루어지지 않으면 법원에 그 배상을 청구할 수 있습니다(가사소송법 제2조제1항제1호다목 1).

③ 한편, 사실혼 파탄의 원인이 배우자가 아닌 제3자(예를 들어 배우자의 부모 등)에게 있는 경우에는 그 제3자에 대해서도 위자료를 청구할 수 있습니다(가사소송법 제2조제1항제1호다목 1).

2. 판례상 사실혼 파기의 정당한 사유

- 사실혼 배우자가 부정한 행위를 한 경우(대법원 1967. 1. 24. 선고 66므39 판결)
- 사실혼 배우자가 악의로 다른 일방을 유기한 경우(대법원 1998. 8. 21. 선고 97므544,551 판결)
- 사실혼 배우자 또는 그 직계존속으로부터 심히 부당한 대우를 받은 경우(대법원 1983. 9. 27. 선고 83므26 판결)

사실혼이 성립하기 위하여는 그 당사자 사이에 주관적으로 혼인의사의 합치가 있고, 객관적으로 부부공동생활이라고 인정할 만한 혼인생활의 실체가 존재하여야 한다. 이 사건에서 피고인과 공소외 2 사이의 위 딸의 출산을 전후한 약 2개월 동안의 동거 또는 그 전후의 간헐적인 정교관계만으로는 비록 그들 사이에 자식이 태어났다 하더라도 서로 혼인의사의 합치가 있었다고 보여지지 아니할 뿐더러 혼인생활의 실체가 존재한다고도 보여지지 아니하므로 사실상의 혼인관계가 성립되었다고 볼 수 없다고 판단한 것은 옳고, 거기에 상고이유의 주장과 같은 법리오해나 채증법칙 위배 등의 잘못이 없다(대법원 2001. 1. 30., 선고, 2000도4942, 판결)

> 2년 넘게 동거해 오고 있는데 헤어지자는 이야기를 들었어
> 요. 그 동안 둘이 모은 재산이 꽤 되는데 헤어지면 재산분
> 할을 받을 수 있나요?

재산을 분할 받을 수 있습니다.

1. 사실혼 부부간 재산분할 청구

① 판례는 사실혼 관계를 유지하는 동안 부부가 공동으로 재산을
형성하고, 재산의 유지·증식에 기여했다면 그 재산은 부부의 공
동소유로 보아 사실혼이 해소되는 경우에 재산분할을 청구할
수 있는 것으로 보고 있습니다(대법원 1995. 3. 10. 선고 94므
1379,1386 판결).

② 재산분할의 청구는 위자료와 달리 사실혼 해소에 책임이 있는
배우자도 할 수 있습니다(대법원 1993. 5. 11. 자 93스6 결정).

③ 한편, 판례는 법률혼 부부가 장기간 별거하는 등의 이유로 사실
상 이혼상태에 있으면서 부부 일방이 제3자와 혼인할 의사로
실질적인 혼인생활을 하고 있더라도, 특별한 사정이 없는 한 이
를 사실혼으로 인정해서 법률혼에 준하는 보호를 허용할 수는
없다고 보아 중혼적(重婚的) 관계에 있는 사실혼 배우자는 사실
혼 관계의 해소에 따른 재산분할 청구를 할 수 없다고 보고 있
습니다(대법원 1995. 9. 26. 선고 94므1638 판결, 대법원
1996. 9. 20. 선고 96므530 판결).

◼ 중혼적 사실혼의 보호

[1] 법률상의 혼인을 한 부부의 어느 한 쪽이 집을 나가 장기간 돌아오지
아니하고 있는 상태에서 부부의 다른 한 쪽이 제3자와 혼인의 의사로 실질
적인 혼인생활을 하고 있다고 하더라도, 특별한 사정이 없는 한 이를 사실

혼으로 인정하여 법률혼에 준하는 보호를 허여할 수는 없다.

[2] 남편 갑이 법률상의 처 을이 자식들을 두고 가출하여 행방불명이 된 채 계속 귀가하지 아니한 상태에서 조만간 을과의 혼인관계를 정리할 의도로 병과 동거생활을 시작하였으나, 그 후 갑의 부정행위 및 폭행으로 혼인생활이 파탄에 이르게 될 때까지도 갑과 을 사이의 혼인이 해소되지 아니하였다면, 갑과 병 사이에는 법률상 보호받을 수 있는 적법한 사실혼관계가 성립되었다고 볼 수는 없고, 따라서 병의 갑에 대한 사실혼관계 해소에 따른 손해배상 청구나 재산분할 청구는 허용될 수 없다고 한 사례.

> 저는 과거 甲과 혼인하였으나 혼인신고는 하지 않은 채 10여 년 이상 동거를 하다가, 작년에 甲이 지병으로 인하여 사망하였습니다. 이러한 경우에 저는 배우자로서 상속권이 인정될 수 있는지요?

> 甲의 사실혼 배우자인 귀하로서는 甲의 상속인으로 인정받을 수 없을 것으로 보여 집니다.

1. 상속순위

① 우리 민법상 상속인에는 혈족상속인과 배우자의 2종이 있으며, 후자는 언제나 상속인이고, 전자는 직계비속, 직계존속, 형제자매 순으로 상속인이 됩니다.

② 따라서 양자를 합해서 말할 때에는 제1순위는 직계비속과 배우자, 제2순위는 직계존속과 배우자, 제3순위는 형제자매, 제4순위는 4촌 이내의 방계혈족(1990년 개정전에는 8촌 이내의 방계혈족)이라고 하게 됩니다. 상속순위에서 특히 문제가 발생하는 것은 혈족상속인에 관한 경우입니다.

2. 배우자

① 배우자는 그 직계비속과 동순위로 공동상속인이 되고, 직계비속이 없는 경우에는 피상속인의 직계존속과 동순위로 공동상속인이 되며 피상속인의 직계비속도 직계존속도 없는 경우에는 단독 상속인이 된다.

② 여기서 부와 처란 혼인신고를 한 법률상의 배우자를 말한다. 그러나 법률상의 배우자라 할지라도 사망한 배우자와의 혼인이 무효가 된 경우에는 상속권을 잃는다. 부부 일방의 사망 후에 혼인이 취소된 경우에 생존배우자는 상속권을 잃게 되는가의

문제가 있는데, 판례는 혼인의 취소의 효력이 기왕에 소급하지 않는다는 민법 제824조를 근거로 하여 상속권을 잃지 않는다고 판시하였다(대판 1996. 12. 23. 95다48308).

③ 사실상의 이혼 중의 당사자 일방이 사망한 경우에도 다른 일방은 배우자로서의 상속권이 있다고 보는 것이 판례의 태도이다(대판 1969. 7. 8. 69다427).

3. 헌법재판소의 판단

사실혼 배우자에게 상속권을 인정하지 않는 위 민법 조항이 사실혼 배우자의 평등권을 침해하는지, "혼인과 가족생활은 개인의 존엄과 양성의 평등을 기초로 성립되고 유지되어야 하며, 국가는 이를 보장한다."라고 규정하고 있는 헌법 제36조 제1항에 위배되지는 않는지 여부에 관하여 헌법소원이 있었습니다.

헌법재판소는 2014. 8. 28. 자 2013헌바119 결정에서, 다음과 같이 판시하였습니다.

① "사실혼 배우자에게 상속권을 인정하지 아니하는 것은 상속인에 해당하는지 여부를 객관적인 기준에 의하여 파악할 수 있도록 함으로써 상속을 둘러싼 분쟁을 방지하고, 상속으로 인한 법률관계를 조속히 확정시키며, 거래의 안전을 도모하기 위한 것이다. 사실혼 배우자는 혼인신고를 함으로써 상속권을 가질 수 있고, 증여나 유증을 받는 방법으로 상속에 준하는 효과를 얻을 수 있으며, 근로기준법, 국민연금법 등에 근거한 급여를 받을 권리 등이 인정된다. 따라서 민법 제1003조 제1항 중 '배우자' 부분은 사실혼 배우자의 상속권을 침해하지 않는다."

② "법률혼주의를 채택한 취지에 비추어 볼 때 제3자에게 영향을 미쳐 명확성과 획일성이 요청되는 상속과 같은 법률관계에서는 사실혼을 법률혼과 동일하게 취급할 수 없으므로, 이 사건 법률

조항이 사실혼 배우자의 평등권을 침해한다고 보기 어렵다."

③"법적으로 승인되지 아니한 사실혼은 헌법 제36조 제1항 의 보호범위에 포함되지 아니하므로, 이 사건 법률조항은 헌법 제36조 제1항 에 위반되지 않는다."

따라서 위 헌법재판소의 결정취지에 비추어 보았을 때, 甲의 사실혼 배우자인 귀하로서는 甲의 상속인으로 인정받을 수 없을 것으로 보여 집니다.

저는 중국국적을 가진 조선족 여자 甲과 혼인신고는 하지 않은 채, 국내에서 1년 동안 동거하면서 甲의 중국가족에게는 3,000만원을 보내주기도 하였습니다. 그런데 甲은 집을 나가 1주일 이상씩 들어오지 않는 경우가 많아지더니 동거생활을 정리하자고 합니다. 이 경우 저는 甲에게 위 3,000만원과 위자료를 청구할 수 있나요? 그리고 한국법과 甲의 본국법인 중국법 중 어느 나라의 법이 적용되는지요?

귀하는 불법행위발생지인 대한민국의 법률에 따라 손해배상을 청구할 수 있습니다.

1. 불법행위로 인한 손해배상청구

사실혼관계에서도 사실혼관계의 일방이 사실혼관계를 부당하게 파기하는 경우 다른 일방은 사실혼관계를 파기한 자에 대하여 「민법」 제750조에 근거하여 불법행위로 인한 손해배상을 청구할 수 있고, 그 손해배상에는 재산적 손해와 정신적 손해가 모두 포함되어 있습니다. 특히 재산적 손해의 범위는 사실혼관계의 성립·유지와 인과관계에 있는 모든 손해가 포함된다고 할 것입니다(대법원 1989. 2. 14. 선고 88므146 판결). 위 사례의 경우 혼인의사와 부부공동생활의 실체가 있었다고 보여 지므로 사실혼관계에 있다고 할 것이고, 상대방의 잦은 가출로 인하여 혼인생활을 지속하기 어려운 상태에 이르렀으므로 甲이 사실혼을 부당하게 파기하였다고 할 것입니다.

2. 불법행위의 준거법

「국제사법」 제32조는 "① 불법행위는 그 행위가 행하여진 곳의 법에 의한다. ② 불법행위가 행하여진 당시 동일한 국가 안에 가해자와 피해자의 상거소가 있는 경우에는 제1항의 규정에 불구하고 그 국가의 법에 의한다. ③ 가해자와 피해자간에 존재하는 법률관계가 불법행위에 의하여 침해되는 경우에는 제1항 및 제2항의 규정에 불구하고 그 법률관계의 준거법에 의한다. ④ 제1항 내지 제3항의 규정에 의하여 외국법이 적용되는 경우에 불법행위로 인한 손해배상청구권은 그 성질이 명백히 피해자의 적절한 배상을 위한 것이 아니거나 또는 그 범위가 본질적으로 피해자의 적절한 배상을 위하여 필요한 정도를 넘는 때에는 이를 인정하지 아니한다."라고 규정하고 있고, 같은 법 제33조는 "당사자는 제30조 내지 제32조의 규정에 불구하고 사무관리·부당이득·불법행위가 발생한 후 합의에 의하여 대한민국 법을 그 준거법으로 선택할 수 있다. 다만, 그로 인하여 제3자의 권리에 영향을 미치지 아니한다."라고 규정하고 있습니다.

따라서 귀하는 불법행위발생지인 대한민국의 법률에 따라 손해배상을 청구할 수 있을 것입니다. 판례도 "외국의 국적을 가진 자와 사실혼관계에 있다가 그 사실혼이 상대방의 귀책사유로 인하여 파탄에 이르게 되었다 하여 그 부당파기로 말미암아 입게 된 정신적 손해의 배상을 구하는 위자료청구는 불법행위로 인한 손해의 배상을 구하는 것으로서 구 섭외사법 제13조 제1항(현행 국제사법 제32조 제1항)의 규정에 따라 그 불법행위의 발생지인 우리나라의 민법이 적용된다."라고 하였습니다(대법원 1994. 11. 4. 선고 94므1133 판결).

제2부
협의이혼

■협의이혼의 요건
■협의이혼의 절차

협의이혼의 요건

협의이혼을 하고 싶습니다. 협의이혼은 어떻게 하는 것인가요?

▎협의이혼은 실질적 요건과 형식적 요건을 갖추어야 성립됩니다.

1. 협의이혼의 의의

협의이혼이란 부부가 서로 합의해서 이혼하는 것을 말합니다. 협의이혼은 부부가 이혼과 자녀의 친권·양육 등에 관해 합의해서 법원으로부터 이혼의사확인을 받아 행정관청에 이혼신고를 하는 방식으로 이루어집니다.

2. 협의이혼의 성립요건

1) 실질적 요건

(1) 진정한 이혼의사의 합치(合致)가 있을 것

① 부부가 협의이혼을 하려면 진정한 의사로 이혼할 것에 합의해야 합니다. 이 때 협의이혼은 부부가 자유로운 의사에 따라 합의한 것으로 충분하며 이혼사유(예를 들어 성격불일치, 불화, 금전문제 등)는 묻지 않습니다.

② 이혼의사는 가정법원에 이혼의사확인을 신청할 때는 물론이고 이혼신고서가 수리될 때에도 존재해야 합니다. 예를 들어, 가정법원으로부터 협의이혼의사를 확인받았더라도 이혼신고서가 수리되기 전에 이혼의사를 철회한 경우에는 이혼이 성립되지 않습니다.

(2) 의사능력이 있을 것

이혼의사의 합치에는 의사능력이 있어야 합니다. 따라서 피성년후견인도 의사능력이 있으면 부모나 후견인의 동의를 받아 이혼할 수 있습니다(민법 제808조제2항 및 제835조).

※ 미성년자가 혼인할 경우에는 부모 또는 후견인의 동의가 있어야 하지만, 혼인하면 성년으로 간주되므로(민법 제826조의2) 이혼할 경우 부모 등의 동의 없이 자유롭게 할 수 있습니다.

(3) 이혼에 관한 안내를 받을 것

협의이혼의사확인을 신청한 부부는 가정법원이 제공하는 이혼에 관한 안내를 받아야 하고, 가정법원은 필요한 경우 당사자에게 상담에 관한 전문적인 지식과 경험을 갖춘 전문상담인의 상담을 받을 것을 권고할 수 있습니다(민법제836조의2제1항).

(4) 이혼숙려기간이 경과한 후 이혼의사확인을 받을 것

법원으로부터 이혼에 관한 안내를 받은 부부는 안내를 받은 날부터 다음의 이혼숙려기간이 지난 후에 이혼의사를 확인받을 수 있습니다(민법 제836조의2제2항). 다만, 폭력으로 인해 부부 일방에게 참을 수 없는 고통이 예상되는 등 이혼을 해야 할 급박한 사정이 있는 경우에는 이 기간이 단축되거나 면제될 수 있습니다(민법 제836조의2제3항).

① 양육해야 할 자녀(임신 중인 자녀를 포함. 이하 같음)가 있는 경우 : 3개월

② 양육해야 할 자녀가 없는 경우 : 1개월

(5) 자녀의 친권과 양육에 관한 합의서 등을 제출할 것

① 양육해야 할 자녀(이혼숙려기간 이내에 성년에 도달하는 자녀
는 제외)가 있는 경우에는 협의이혼의사확인을 신청할 때 또는
이혼의사확인기일까지 그 자녀의 친권과 양육에 관한 협의서
또는 가정법원의 심판정본을 제출해야 합니다(민법 제836조의
2제4항 및 가족관계의 등록 등에 관한 규칙 제73조제4항).

② 협의이혼하려는 부부가 양육비용의 부담에 대해 합의한 경우,
가정법원은 그 내용을 확인하는 양육비부담조서를 작성하여야
합니다. 이는 이혼 시 양육비를 효율적으로 확보하기 위한 것
으로, 이때의 양육비부담조서는 채무명의로서의 효력을 갖습니
다(민법 제836조의2제5항, 가사소송법 제41조).

③ 자녀의 친권과 양육에 관해 부부간 합의가 이루어지지 않는 경
우에는 가정법원이 직권으로 이를 결정할 수도 있습니다(민법
제837조제4항 및 제909조제4항).

2) 형식적 요건(이혼신고)

① 위의 실질적 요건을 갖추었더라도 이혼신고를 하지 않으면 협의
이혼이 성립하지 않습니다(민법 제836조제1항). 즉, 부부가 이
혼에 합의했지만 이혼신고를 하지 않은 경우에는 장기간 별거
해서 사실상 이혼상태라고 하더라도 법적으로는 부부관계가 지
속됩니다.

② 이혼신고는 부부 중 어느 한 쪽이 가정법원으로부터 확인서 등
본을 교부 또는 송달받은 날부터 3개월 이내에 그 등본을 첨부
해서 등록기준지 또는 주소지 관할 시청·구청·읍사무소 또는 면
사무소에 신고해야 하며, 이 기간이 경과하면 가정법원의 확인
은 효력을 잃습니다(가족관계의 등록 등에 관한 법률 제75조
및 가족관계의 등록 등에 관한 규칙 제79조).

> **이혼을 하려고 합니다. 이혼에 관한 안내는 어디서 받나요? 그리고 이혼의사확인은 어디서 받나요?**

> 협의이혼의사확인을 신청한 부부는 가정법원이 제공하는 이혼에 관한 안내를 받아야 하고, 법원으로부터 이혼에 관한 안내를 받은 부부는 안내를 받은 날부터 다음의 이혼숙려기간이 지난 후에 이혼의사를 확인받을 수 있습니다(「민법」 제836조의2제2항).

1. 이혼 안내

협의이혼의사확인을 신청한 부부는 가정법원이 제공하는 이혼에 관한 안내를 받아야 하며, 가정법원은 필요한 경우 당사자에게 전문적인 지식과 경험을 갖춘 전문상담인의 상담을 받을 것을 권고할 수 있습니다(민법 제836조의2제1항).

2. 이혼숙려기간

가정법원의 이혼 안내를 받은 날부터 양육해야 할 자녀가 있는 경우에는 3개월, 그렇지 않은 경우에는 1개월의 이혼숙려기간이 지난 후에 이혼의사의 확인을 받을 수 있습니다(민법 제836조의2제2항). 다만, 폭력으로 인해 당사자 일방에게 참을 수 없는 고통이 예상되는 등 이혼을 해야 할 급박한 사정이 있는 경우에는 이 기간이 단축되거나 면제될 수 있습니다(민법 제836조의2제3항).

3. 이혼의사 등의 확인

부부 양쪽은 이혼에 관한 안내를 받은 날부터 이혼숙려기간이 지난 후 가정법원에 함께 출석해서 진술을 하고 이혼의사의 유무 및 부부 사이에 미성년인 자녀가 있는지 여부와 미성년인 자녀가 있는 경우 그 자녀에 대한 양육과 친권자결정에 관한 협의서 또는 가정 법원의 심판정본 및 확정증명서(이하, 이혼의사 등 이라 함)를 확인 받게 됩니다(가족관계의 등록 등에 관한 규칙 제74조제1항).

이혼 숙려기간 면제(단축) 사유서

20   호   협의이혼의사확인신청

당사자   ○○○ (주민등록번호   -   )
주 소

위 사건에 관하여 20   .   .   .   :   로 이혼의사 확인기일이
지정되었으나 다음과 같은 사유로 이혼의사 확인까지 필요한 기간을 면
제(단축)하여 주시기 바랍니다.

다 음

사유 : 1. 가정 폭력으로 인하여 당사자 일방에게 참을 수 없는 고통이
         예상됨( )
       2. 기타 이혼을 하여야 할 급박한 사정이 있는 경우(상세히 적을 것)

첨 부 서 류

1.

20   .   .   .
위 당사자   (날인 또는 서명)
(연락처 :   )
(상대 배우자 연락처 :   )

○○지방법원   귀중

◇유의사항◇

※ 연락처란에는 언제든지 연락 가능한 전화번호나 휴대전화번호를 기재하고,
  그 밖에 팩스번호, 이메일 주소 등이 있으면 함께 기재하기 바랍니다.
※ 사유서 제출 후 7일 이내에 확인기일의 재지정 연락이 없으면 최초에 지
  정한 확인기일이 유지되며, 이에 대하여는 이의를 제기할 수 없습니다.

> 부부가 실제로는 이혼할 의사가 없으면서 채무회피, 해외이민 등의 목적으로 일시적으로 이혼하기로 합의한 경우 이혼은 유효한가요?

당사자간의 합의 하에 협의이혼신고를 한 것이라면 그 이혼은 유효합니다.

1. 가장이혼의 의의

실제 이혼할 의사는 없지만 채무회피, 해외이민 등의 목적으로 이혼을 하는 경우 가장이혼이라고 합니다. 일명 위장이혼이라고도 부릅니다. 이 경우 당사자의 동기가 어떠하든 이혼신고 할 의사는 실제로 존재하는 것이기 때문에, 이혼은 유효합니다.

2. 가장혼인과의 차이

가장이혼과 같이 가장혼인도 실제 혼인할 의사는 없지만 특정 목적을 이유로 혼인을 하는 경우를 말합니다. 둘의 공통점은 의사합치와 신고로 성립된다는 점인데, 구체적으로 살펴보면 차이가 있습니다. 대법원 판례에 따르면 혼인의 경우는 '혼인할 의사'가 중요하게 다루어집니다. 혼인할 의사라 함은 말 그대로 부부관계 성립에 대한 의사의 합치를 말하는데, 부부관계는 부양, 협조, 동거, 정조의무, 일상가사대리 및 연대책임 등 그 효과가 광범위하고 포괄적입니다. 따라서 이혼의 경우보다 신중하게 접근할 필요가 있습니다. 그래서 다수설과 판례는 '실질적 의사설'에 따라 혼인여부를 판단하고 있습니다. 그러므로 가장혼인은 실질적인 의사가 없다고 보아 무효인 것입니다. 반면, 가장이혼은 실질적인 의사보다는 형식에 치중을 두어 '형식적 의사설'을 따르고 있습니다. 따라서 형식적인 의사만 있다면 이혼은 성립하게 됩니다.

▣ 가장이혼 성립 여부

이혼신고의 중대성에 비추어 그 가장이혼이 누구나 납득할 수 있을 정도로 부부 사이에 진정한 이혼의사의 합치 없이 이루어진 것이라는 증거를 제시해야 무효가 되고, 그렇지 않고 일시적으로나마 법률상 부부관계를 해소하려는 당사자간의 합의 하에 협의이혼신고를 한 것이라면 그 이혼은 유효한 것이다(대법원 1993. 6. 11. 선고 93므171 판결).

자녀의 양육사항 및 친권자지정에 관한 합의 없이도 협의 이혼이 가능한가요?

자녀의 양육사항 및 친권자에 관해 정하지 않은 상태에서는 협의 이혼이 이루어질 수 없습니다.

1. 협의이혼과 자녀문제 합의

① 구 「민법」(2007.12.21, 법률 제8720호로 개정되기 이전의 것)이 자녀의 양육사항 및 친권자지정에 관한 합의 없이도 협의이혼 이 가능하도록 해 자녀의 양육환경이 부당하게 침해되는 문제 가 발생하자, 이를 방지하고 자녀의 복리를 우선시하기 위해 현 행 민법은 협의이혼을 할 때 자녀의 양육사항 및 친권자에 관 해 정하지 않은 상태에서는 협의이혼이 이루어질 수 없도록 규 정하고 있습니다.

② 즉, 협의이혼하려는 부부는 가정법원에 이혼의사확인을 신청할 때 양육자의 결정, 양육비용의 부담, 면접교섭권의 행사 여부 등이 기재된 양육사항과 친권자 지정에 관한 합의서를 제출해 야 하며, 부부가 이러한 사항에 대해 합의하지 못한 경우에는 법원에 그 결정을 청구해서 심판을 받은 다음 그 심판정본을 제출하도록 의무화하고 있습니다(민법 제836조의2제4항 및 제 837조제1항·제2항·제4항).

③ 협의이혼하려는 부부가 양육비용의 부담에 대해 합의한 경우, 가정법원은 그 내용을 확인하는 양육비부담조서를 작성하여야 합니다. 이는 이혼 시 양육비를 효율적으로 확보하기 위한 것으 로, 이때의 양육비부담조서는 채무명의로서의 효력을 갖습니다 (민법 제836조의2제5항 및 가사소송법 제41조).

자의 양육과 친권자결정에 관한 협의서

사　건　　　호　협의이혼의사확인신청

당사자　부　성　　　명
　　　　　　주민등록번호　　　　　　-

　　　　　모　성　　　　명
　　　　　　주민등록번호　　　　　　-

협 의 내 용

1. 친권자 및 양육자의 결정 (□에 ✔표시를 하거나 해당 사항을 기재하십시오).

자녀 이름	성별	생년월일(주민등록번호)	친권자	양육자
	□ 남 □ 여	년　월　일 (　　-　　)	□ 부 □ 모 □ 부모공동	□ 부 □ 모 □ 부모공동
	□ 남 □ 여	년　월　일 (　　-　　)	□ 부 □ 모 □ 부모공동	□ 부 □ 모 □ 부모공동
	□ 남 □ 여	년　월　일 (　　-　　)	□ 부 □ 모 □ 부모공동	□ 부 □ 모 □ 부모공동
	□ 남 □ 여	년　월　일 (　　-　　)	□ 부 □ 모 □ 부모공동	□ 부 □ 모 □ 부모공동

2. 양육비용의 부담 (□에 ✔표시를 하거나 해당 사항을 기재하십시오.)

지급인	□ 부　　□ 모	지급받는 사람	□ 부　　□ 모
지급 방식	□ 정기금		□ 일시금
지급액	이혼신고 다음날부터 자녀들이	이혼신고 다음날부터 자녀들이

	각 성년에 이르기 전날까지 미성년자 1인당 매월 금 ____ 원 (한글병기: ____ 원)	각 성년에 이르기 전날까지의 양육비에 관하여 금 ____ 원 (한글병기: ____ 원)
지급일	매월 ____ 일	____ 년 ____ 월 ____ 일
기타		
지급받는 계좌	(____) 은행 예금주 : ____	계좌번호 : ____

3. 면접교섭권의 행사 여부 및 그 방법 (□에 ✔표시를 하거나 해당 사항을 기재하십시오.)

일 자	시 간	인도 장소	면접 장소	기타(면접교섭시 주의사항)
□매월 ____째 주 ____요일	____시 ____분부터 ____시 ____분까지			
□매주 ____요일	____시 ____분부터 ____시 ____분까지			
□ 기타				

첨 부 서 류

1. 근로소득세 원천징수영수증, 사업자등록증 및 사업자소득금액 증명원 등
   소득금액을 증명하기 위한 자료 - 부, 모별로 각 1통
2. 위 1항의 소명자료를 첨부할 수 없는 경우에는 부·모 소유 부동산등기
   부등본 또는 부·모 명의의 임대차계약서, 재산세 납세영수증(증명)
3. 위자료나 재산분할에 관한 합의서가 있는 경우 그 합의서 사본 1통
4. 자의 양육과 친권자결정에 관한 협의서 사본 2통

협의일자 ·   년   월   일

부 :   (인/서명)   모 :   (인/서명)

○ ○ 가정(지방)법원	판사 확인인	
확인 일자	· · ·	

<자(子)의 양육과 친권자결정에 관한 협의서 작성요령>

※ 미성년인 자녀(임신 중인 자를 포함하되, 이혼에 관한 안내를 받은 날부터 3개월 또는 법원이 별도로 정한 기간 내에 성년이 되는 자는 제외)가 있는 부부가 협의이혼을 할 때는 자녀의 **양육과 친권자결정**에 관한 협의서를 확인기일 1개월 전까지 제출하여야 합니다.

※ 이혼의사확인신청후 양육과 친권자결정에 관한 협의가 원활하게 이루어지지 않는 경우에는 신속하게 가정법원에 그 심판을 청구하여야 합니다.

※ 확인기일까지 협의서를 제출하지 아니한 경우 이혼의사확인이 지연되거나 불확인 처리될 수 있고, 협의한 내용이 **자녀의 복리**에 반하는 경우 가정법원은 보정을 명할 수 있으며 보정에 응하지 않는 경우 불확인 처리됩니다.

※ 이혼신고일 다음날부터 미성년인 자녀들이 각 성년에 이르기 전날까지의 기간에 해당하는 양육비에 관하여는 양육비부담조서가 작성되며, 이혼 후 양육비부담조서에 따른 양육비를 지급하지 않으면 **양육비부담조서**에 의하여 강제집행할 수 있습니다. 그 외 협의사항은 '**별도의 재판절차**'를 통하여 과태료, 감치 등의 제재를 받을 수 있고, 강제집행을 할 수 있습니다.

※ 협의서 작성 전에 가정법원의 상담위원의 상담을 먼저 받아 보실 것을 권고합니다.

1. 친권자 및 양육자의 결정

친권자는 자녀의 재산관리권, 법률행위대리권 등이 있고, **양육자**는 자녀와 공동생활을 하며 각종의 위험으로부터 자녀를 보호하는 역할을 합니다. 협의이혼시 친권자 및 양육자는 자의 복리를 우선적으로 고려하여 부 또는 모 일방, 부모 공동으로 지정할 수도 있으며, 친권자와 양육자를 분리하여 지정할 수도 있습니다(**공동친권, 공동양육의 경우는 이혼 후에도 부모 사이에 원만한 협의가 가능한 경우**에만 바람직하며, 각자의 권리·의무, 역할, 동거기간 등을 별도로 명확히 정해 두는 것이 장래의 분쟁을 예방할 수 있습니다).

임신 중인 자의 특정은 자녀이름란에 '모가 임신 중인 자'로 기재하고 생년월일란에 '임신 ○개월'로 기재함으로 하고, 성별란은 기재할 필요가 없습니다.

2. 양육비용의 부담

자녀에 대한 양육의무는 친권자나 양육자가 아니어도 부모로서 부담하여야 할 법률상 의무입니다. 양육비는 자녀의 연령, 자녀의 수, 부모의 재산상황 등을 고려하여 적정한 금액을 협의하여야 합니다. 경제적 능력이 전혀 없는 경우에는 협의에 의해 양육비를 부담하지 않을 수 있습니다. 이혼신고 전 양육비 또는 성년이후의 교육비 등은 부모가 협의하여 "기타"란에 기재할 수 있으나, 양육비부담조서에 기재되지 않으므로, 강제집행을 위하여는 별도의 재판절차가 필요합니다.

3. 면접교섭권의 행사 여부 및 그 방법

「민법」 제837조의2 규정에 따라 이혼 후 자녀를 직접 양육하지 않는 부모(비양육친)의 일방과 자녀는 서로를 만날 **권리**가 있고, 면접교섭은 자녀가 양쪽 부모의 사랑을 받고 올바르게 자랄 수 있기 위해 꼭 필요합니다. 면접교섭 일시는 자녀의 일정을 고려하여 **정기적·규칙적**으로 정하는 것이 자녀의 안정적인 생활에 도움이 되고, 자녀의 인도장소 및 시간, 면접교십 장소, 면접교섭 시 주의사항(기타 란에 기재) 등을 자세하게 정해야 장래의 분쟁을 방지할 수 있습니다.

4. 첨부서류

협의서가 자녀의 복리에 부합하는지 여부를 판단하기 위해 부, 모의 월 소득액과 재산에 관한 자료 등이 필요하므로 증빙서류를 제출합니다.

5. 기타 유의사항

법원은 협의서원본을 2년간 보존한 후 폐기하므로, 법원으로부터 교부받은 협의서등본을 이혼신고 전에 사본하여 보관하시기 바랍니다.

협의이혼 시 위자료에 관해 합의되지 않더라도 이혼하는 것이 가능한가요?

가능합니다.

1. 위자료의 청구

① 배우자의 책임 있는 사유로 이혼에 이른 경우에 그로 인해 입은 정신적 고통에 대한 배상, 즉 위자료를 상대 배우자에게 청구할 수 있습니다(민법 제806조 및 제843조).

② 협의이혼을 할 때 부부간 재산문제 합의 여부는 법원의 확인사항이 아니므로 협의이혼 시 위자료에 관해 합의되지 않더라도 이혼하는 것이 가능하며, 이혼 후 법원에 위자료청구소송을 제기해서 위자료 문제를 다툴 수 있습니다(가사소송법 제2조제1항 제1호다목 2).

③ 이혼 시 위자료 외에도 재산분할, 자녀양육 등에 관해 합의되지 않은 사항이 있다면 이를 함께 청구(가사소송법 제14조제1항)하는 것이 소송경제상 유리할 것입니다.

④ 이 위자료청구권은 그 손해 또는 가해자를 안 날로부터(통상 이혼한 때부터) 3년 이내에 행사하지 않으면 시효로 인해 소멸합니다(민법 제766조제1항).

저는 혼인한지 10년 만에 남편 甲과 합의이혼을 하기로 하고 법원에 출석하여 〈협의이혼의사확인서등본〉을 교부받았습니다. 그러나 쌍방 모두 이혼신고를 하지 않은 채 3개월이 지났는데, 이 경우 위 협의이혼의사확인의 효력이 없어진 것인가요?

이혼의사확인은 3개월이 경과하도록 신고를 하지 않는 경우에는 그 효력을 상실하게 될 것이며, 만약 계속 이혼할 의사가 있다면 다시 법원의 협의이혼의사 확인을 받아야 할 것입니다.

1. 협의상 이혼의 확인

협의상 이혼을 하고사 하는 사람은 등록기준지 또는 주소지를 관할하는 가정법원의 확인을 받아 신고하여야 합니다. 그리고 이 신고는 협의상 이혼을 하고자 하는 사람이 가정법원으로부터 확인서등본을 교부 또는 송달받은 날부터 3개월 이내에 그 등본을 첨부하여 행하여야 합니다. 따라서 신고기간이 경과한 때에는 그 가정법원의 확인은 효력을 상실하게 되고, 다시 확인을 받아야 합니다.

2. 이혼의사확인의 절차

협의이혼을 하기 위해서는 실질적 요건과 형식적 요건을 갖추어야 합니다. 실질적 요건 중 하나는 가정법원으로부터 이혼의사확인을 받는 것입니다. 이혼의사확인은 이혼숙려기간이 지난 후에 받을 수 있습니다. 협의이혼의사확인을 신청한 부부는 먼저 가정법원이 제공하는 이혼에 관한 안내를 받아야 하고 이혼숙려기간이 지난 후에 이혼의사확인을 받으면 됩니다.

▣ 협의이혼의사 확인의 법적 효력

협의이혼의사의 확인은 어디까지나 당사자들의 합의를 근간으로 하는 것이고 법원의 역할은 그들의 의사를 확인하여 증명해 주는데 그치는 것이며 법원의 확인에 소송법상의 특별한 효력이 주어지는 것도 아니다. 따라서 이혼협의의 효력은 민법상의 원칙에 의하여 결정되어야 할 것이고 이혼의사표시가 사기, 강박에 의하여 이루어졌다면 민법 제838조에 의하여 취소할 수 있다고 하지 않으면 안 된다. 법원의 확인을 거친 협의이혼의사는 취소될 수 없다고 하는 소론은 채택할 수 없다(대법원 1987. 1. 20., 선고, 86므86, 판결).

협의이혼의 절차

협의이혼을 하려고 합니다. 협의이혼의 절차는 어떻게 되나요?

협의이혼은 [부부의 이혼합의 → 가정법원에 협의이혼의사확인의 신청 → 가정법원의 이혼안내 및 이혼숙려기간의 진행 → 가정법원의 이혼의사·양육 및 친권에 관한 사항의 확인 및 확인서 등의 작성·교부 → 가정법원의 이혼의사확인서 등본을 교부·송달받은 날로부터 3개월 이내에 등록기준지 또는 주소지 관할 시청·구청·읍사무소 또는 면사무소에 이혼신고(부부 중 일방이 신고함)]의 순으로 진행됩니다.

1. 가정법원에 협의이혼의사확인 신청

① 이혼은 부부라는 법률관계를 해소시키는 것으로 부부의 합의가 있다는 것만으로는 이혼되지 않고, 법원으로부터 부부 사이에 이혼의사가 합치함을 공식적으로 확인받는 절차가 필요합니다.

② 따라서 협의이혼을 하려는 부부는 먼저 관할 가정법원에 협의이혼의사확인을 신청해서 협의이혼의사를 확인받아야 합니다.

2. 관할법원

협의이혼의사확인의 신청은 부부의 등록기준지 또는 주소지를 관할하는 가정법원에 부부가 함께 출석해서 협의이혼의사확인신청서를 제출하면 됩니다(가족관계의 등록등에 관한 법률 제75조제1항 및 가족관계의 등록등에 관한 규칙 제73조제1항).

3. 신청에 필요한 서류

1) 협의이혼의사확인을 신청할 때에는 다음의 서류를 갖추어서 제출해야 합니다(가족관계의 등록 등에 관한 규칙 제73조제4항).
   - 협의이혼의사확인신청서 1통
     ※ 협의이혼의사확인신청서에는 부부 쌍방과 성년자인 증인 2명의 서명·날인이 필요합니다(민법 제836조제2항).
   - 부부 각자의 가족관계증명서 각 1통
   - 부부 각자의 혼인관계증명서 각 1통
   - 미성년인 자녀[임신 중인 자녀를 포함하되, 이혼숙려기간(민법 제836조의2제2항 및 제3항에서 정한 기간) 이내에 성년에 도달하는 자녀는 제외]가 있는 경우에는 그 자녀의 양육과 친권자결정에 관한 협의서 1통과 그 사본 2통 또는 가정법원의 심판정본 및 확정증명서 각 3통

2) 위 서류 이외에 추가제출서류가 필요한 경우 및 해당 서류
   - 주소지 관할 법원에 이혼의사확인신청을 하는 경우에는 주민등록등본 1통도 제출해야 합니다.
   - 부부 중 일방이 외국에 있으면 재외국민등록부등본 1통이 필요하고, 송달료 2회분(구체적인 금액은 접수담당자에게 문의)도 납부해야 합니다.

4. 이혼안내 및 이혼숙려기간의 진행

1) 이혼 안내

협의이혼의사확인을 신청한 부부는 가정법원이 제공하는 이혼에 관한 안내를 받아야 하며, 가정법원은 필요한 경우 당사자에게 전문적인 지식과 경험을 갖춘 전문상담인의 상담을 받을 것을 권고할 수 있습니다(민법 제836조의2제1항).

2) 이혼숙려기간

가정법원의 이혼 안내를 받은 날부터 양육해야 할 자녀가 있는 경우에는 3개월, 그렇지 않은 경우에는 1개월의 이혼숙려기간이 지난 후에 이혼의사의 확인을 받을 수 있습니다(민법 제836조의2제2항). 다만, 폭력으로 인해 당사자 일방에게 참을 수 없는 고통이 예상되는 등 이혼을 해야 할 급박한 사정이 있는 경우에는 이 기간이 단축되거나 면제될 수 있습니다(민법 제836조의2제3항).

5. 이혼의사 등의 확인 및 확인서 등의 작성·교부

1) 이혼의사 등의 확인

부부 양쪽은 이혼에 관한 안내를 받은 날부터 이혼숙려기간이 지난 후 가정법원에 함께 출석해서 진술을 하고 이혼의사의 유무 및 부부 사이에 미성년인 자녀가 있는지 여부와 미성년인 자녀가 있는 경우 그 자녀에 대한 양육과 친권자결정에 관한 협의서 또는 가정법원의 심판정본 및 확정증명서(이하, 이혼의사 등 이라 함)를 확인받게 됩니다(가족관계의 등록 등에 관한 규칙 제74조제1항).

2) 확인서 작성·교부

① 가정법원은 부부 양쪽의 이혼의사 등을 확인하면 확인서를 작성하고, 미성년인 자녀의 양육과 친권자결정에 관한 협의를 확인하면 그 양육비부담조서도 함께 작성합니다(가족관계의 등록 등에 관한 규칙 제78조제1항 본문).

② 다만, 미성년인 자녀의 양육과 친권자결정에 관한 협의가 자녀의 복리에 반할 경우 가정법원은 그 보정을 명할 수 있고, 부부 양쪽이 이에 불응할 경우 가정법원은 확인서 및 양육비부담조서를 작성하지 않습니다(가족관계의 등록 등에 관한 규칙 제78조제1항 단서).

③ 법원사무관등은 이혼의사 등의 확인서가 작성된 경우 지체 없이 확인서등본과 미성년인 자녀가 있는 경우 협의서등본 및 양육비부담조서정본 또는 심판정본 및 확정증명서를 부부 양쪽에게 교부하거나 송달합니다(가족관계의 등록 등에 관한 규칙 제78조제4항 본문).

3) 협의이혼의사확인 신청의 취하

협의이혼의사확인 신청은 가정법원의 확인을 받기 전까지 취하할 수 있으며, 부부 일방 또는 쌍방이 출석통지를 받고도 2회에 걸쳐 출석하지 않는 경우에도 취하한 것으로 봅니다(가족관계의 등록 등에 관한 규칙 제77조).

6. 협의이혼 의사의 철회

1) 이혼신고서 미제출

① 가정법원으로부터 협의이혼의사를 확인받으면 그 확인서를 첨부해서 3개월 이내에 행정관청에 이혼신고를 해야 비로소 이혼의 효력이 발생합니다(민법 제836조제1항 및 가족관계의 등록 등에 관한 법률 제75조제2항). 이 3개월의 기간이 지나면 이혼의사확인의 효력이 상실되므로(가족관계의 등록 등에 관한 법률 제75조제3항), 이혼을 하려면 법원의 협의이혼의사확인 절차를 다시 거쳐야 합니다.

② 따라서 이혼신고를 하기 전에 이혼의사가 없어진 경우에는 이혼신고서를 제출하지 않는 방법으로 이혼이 성립되는 것을 막을 수 있습니다.

2) 이혼의사철회서 제출

① 이혼신고서가 수리되기 전에 이혼의사확인서 등본을 첨부한 이혼의사철회서를 등록기준지 또는 주소지 관할 시청·구청·읍사무소 또는 면사무소에 제출하면 이혼의사가 철회됩니다(가족관계의 등록 등에 관한 규칙 제80조제1항 본문).

② 그러나 본인의 이혼의사철회서보다 배우자의 이혼신고서가 먼저 제출된 경우에는 이혼이 이미 성립되었기 때문에 철회서를 제출하더라도 그 효력이 발생하지 않습니다(가족관계의 등록 등에 관한 규칙 제80조제2항).

[서식] 협의이혼의사확인신청서

협의이혼의사확인신청서

당사자　부 ○○○　(주민등록번호:　　　　　-　　　　　　)
　　　　　등록기준지: 주 소:
　　　　　전화번호(핸드폰/집전화):
　　　　　처 ○○○　(주민등록번호:　　　　　-　　　　　　)
　　　　　등록기준지: 주 소:
　　　　　전화번호(핸드폰/집전화):

신청의 취지

위 당사자 사이에는 진의에 따라 서로 이혼하기로 합의하였다.
위와 같이 이혼의사가 확인되었다.
라는 확인을 구함.

첨부서류

1. 남편의 혼인관계증명서와 가족관계증명서 각 1통.
　　처의 혼인관계증명서와 가족관계증명서 각 1통.
2. 미성년자가 있는 경우 양육 및 친권자결정에 관한 협의서 1통과 사본
　　2통 또는 가정법원의 심판정본 및 확정증명서 각 3통 (제출__, 미제출__)
3. 주민등록표등본(주소지 관할법원에 신청하는 경우)1통.
4. 진술요지서(재외공관에 접수한 경우) 1통.　　끝.

년　　　월　　　일

확인기일				담당자
1회	년 월 일	시		법원주사(보)
2회	년 월 일	시		○○○ ㊞

확인서등본 및 양육 비부담조서정본 교부		교부일
부 ○○○	㊞	
처 ○○○	㊞	

신청인　부　○　○　○　㊞
　　　　　처　○　○　○　㊞

○ ○ 가 정 법 원　귀 중

[서식] 협의이혼의사철회서

협 의 이 혼 의 사 철 회 서

당사자 부 ○ ○ ○
　　　　19○○년 ○월 ○일생
　　　　등록기준지 ○○시 ○○구 ○○길 ○○
　　　　주소 ○○시 ○○구 ○○길 ○○(우편번호)
　　　　전화 ○○○ - ○○○○

　　　　처 ○ ○ ○
　　　　19○○년 ○월 ○일생
　　　　등록기준지 ○○시 ○○구 ○○길 ○○
　　　　주소 ○○시 ○○구 ○○길 ○○(우편번호)
　　　　전화 ○○○ - ○○○○

　위 당사자간 ○○가정법원에서 200○. ○. ○. 200○호 제○○○○호 협의이혼의사확인서 등본을 발급받았으나, 위 합의에 이의가 있으므로 이혼의사를 철회하고자 협의이혼의사확인서 등본을 첨부하여 가족관계등록 등에 관한 규칙 제80조에 따라서 이혼의사철회신고를 합니다.

첨 부 서 류

　　1. 협의이혼확인서등본　　　　　　　1통

200○. ○. ○○.
위 신청인 부(또는 처) ○ ○ ○ (인)

○ ○ 시 장 　 귀 하

남편이 외국에 있는데 협의이혼을 진행할 수 있나요?

이 경우 협의이혼의사확인은 국내에 있는 배우자가 신청할 수도 있고, 외국에 있는 배우자가 신청할 수도 있습니다.

1. 부부 양쪽이 외국에 있는 경우

1) 재외공관의 장에게 협의이혼의사확인 신청

① 부부 양쪽이 외국에 거주하는 경우 협의이혼을 하려면 부부의 거주지를 관할하는 재외공관(대한민국 대사관·총영사관·영사관·분관 또는 출장소를 말하며, 그 지역을 관할하는 재외공관이 없는 경우에는 인접지역을 관할하는 재외공관을 말하고, 부부의 거주국가가 다른 경우에는 부부 중 어느 한 쪽의 거주지를 관할하는 재외공관을 말함. 이하 같음)의 장에게 협의이혼의사확인을 신청할 수 있습니다(가족관계의 등록 등에 관한 규칙 제75조제1항 및 제3항).

② 협의이혼의사확인을 신청 받은 재외공관의 장은 신청서를 제출한 당사자에게 이혼에 관한 안내서면을 교부한 후, 부부의 이혼의사 유무와 미성년인 자녀가 있는지 여부 및 미성년인 자녀가 있는 경우에는 그 자녀에 대한 양육과 친권자결정에 관한 협의서 1통 또는 가정법원의 심판정본 및 확정증명서(이하 "이혼사항"이라 함) 3통을 제출받아 확인하고 그 요지를 기재한 서면(이하 "진술요지서"라 함)을 작성해서 기명날인한 후 제출받은 협의이혼의사확인신청서를 첨부하여 지체없이 서울가정법원으로 송부합니다(가족관계의 등록 등에 관한 규칙 제75조제4항).

2) 서울가정법원의 협의이혼의사확인

① 서울가정법원은 재외공관으로부터 송달받은 진술요지서 및 첨부서류에 의하여 이혼확인신청 당사자의 이혼의사 등을 확인하고,

부부 양쪽이 이혼에 관한 안내를 받은 날부터 일정기간(양육해야 할 자녀가 있는 경우에는 3개월, 그렇지 않은 경우에는 1개월)이 지난 후 이혼의사 등을 확인합니다.

② 다만, 폭력으로 인해 당사자 일방에게 참을 수 없는 고통이 예상되는 등 이혼을 해야 할 급박한 사정이 있는 경우에는 그 기간이 단축되거나 면제될 수 있습니다(민법 제836조의2제2항·제3항, 가족관계의 등록 등에 관한 법률 제75조제1항 및 가족관계의 등록 등에 관한 규칙 제76조제1항·제4항).

③ 부부의 거주국가가 다른 경우 서울가정법원은 이혼확인신청 당사자가 아닌 상대방의 관할 재외공관에 촉탁해서 이혼사항을 확인할 수 있습니다(가족관계의 등록 등에 관한 규칙 제76조제3항).

④ 서울가정법원이 이혼의사 등을 확인한 후 법원사무관등은 협의이혼의사확인서등본, 미성년인 자녀가 있는 경우 양육과 친권자 결정에 관한 협의서등본 및 양육비부담조서정본 또는 심판정본 및 확정증명서를 재외공관의 장에게 송부하고, 재외공관의 장은 이를 부부에게 교부 또는 송달하게 됩니다(가족관계의 등록 등에 관한 규칙 제78조제4항).

3) 재외공관에 이혼신고

부부 중 어느 한 쪽이 협의이혼의사확인서등본을 교부·송달받은 날로부터 3개월 이내에 그 확인서등본을 첨부한 이혼신고서를 관할 재외공관에 제출하면 이혼의 효력이 발생합니다(민법 제836조제1항, 가족관계의 등록 등에 관한 법률 제34조, 제75조 및 가족관계의 등록 등에 관한 규칙 제79조).

2. 부부 중 한쪽이 외국에 있는 경우

1) 국내에 있는 배우자가 신청하는 경우

(1) 가정법원에 협의이혼의사확인 신청

부부 중 한쪽이 외국에 있고 국내에 있는 배우자가 협의이혼의사
확인을 신청하는 경우에는 등록기준 또는 주소지를 관할하는 가정
법원에 출석해서 협의이혼의사확인서를 제출하고, 이혼에 관한 안
내(외국에 있는 배우자는 이혼에 관한 안내서면)를 받아야 합니다
(가족관계의 등록 등에 관한 법률 제75조제1항 및 가족관계의 등
록 등에 관한 규칙 제73조제2항).

(2) 가정법원의 협의이혼의사확인

① 가정법원은 이혼의사확인 신청자가 아닌 상대방 관할 재외공관
에 촉탁해서 이혼사항을 확인하고, 부부중 한쪽인 재외국민이
이혼에 관한 안내를 받은 날부터 일정기간(양육해야 할 자녀가
있는 경우에는 3개월, 그렇지 않은 경우에는 1개월)이 지난 후
에 이혼확인 신청자를 출석시켜 이혼의사 등을 확인합니다. 다
만, 폭력으로 인해 당사자 일방에게 참을 수 없는 고통이 예상
되는 등 이혼을 해야 할 급박한 사정이 있는 경우에는 그 기
간이 단축되거나 면제될 수 있습니다(민법 제836조의2제2항·
제3항, 가족관계의 등록 등에 관한 법률 제75조제1항 및 가족
관계의 등록 등에 관한 규칙 제74조제2항).

② 가정법원이 이혼의사 등을 확인한 후 법원사무관등은 협의이혼
의사확인서등본, 미성년인 자녀가 있는 경우 양육과 친권자 결
정에 관한 협의서등본 및 양육비부담조서정본 또는 심판정본
및 확정증명서를 이혼확인 신청자에게 교부하거나 송달하고,
외국에 있는 상대방에게는 재외공관의 장을 통해 교부 또는 송
달하게 됩니다(가족관계의 등록 등에 관한 규칙 제78조제4항).

(3) 행정관청 또는 재외공관에 이혼신고
협의이혼의사확인서 등본을 교부·송달받은 날로부터 3개월 이내에
이혼확인 신청자가 자신의 등록기준지 또는 주소지를 관할하는 시
청·구청·읍사무소 또는 면사무소에 이혼신고서를 제출하거나, 외국

에 있는 상대방이 관할 재외공관에 이혼신고서를 제출하면 이혼의 효력이 발생합니다(민법 제836조제1항, 가족관계의 등록 등에 관한 법률 제34조, 제75조 및 가족관계의 등록 등에 관한 규칙 제79조).

2) 외국에 있는 배우자가 신청하는 경우

(1) 재외공관에 협의이혼의사확인 신청

① 외국에 있는 배우자가 협의이혼의사확인을 신청하는 경우에는 그 거주지를 관할하는 재외공관의 장에게 협의이혼의사확인서를 제출하면 됩니다(가족관계의 등록 등에 관한 규칙 제75조 제2항).

② 협의이혼의사확인을 신청 받은 재외공관의 장은 신청서를 제출한 당사자에게 이혼에 관한 안내서면을 교부한 후 이혼사항을 확인하고 진술요지서를 작성해서 기명날인한 후 제출받은 협의이혼의사확인신청서를 첨부하여 지체없이 서울가정법원으로 송부합니다(가족관계의 등록 등에 관한 규칙 제75조제4항).

(2) 서울가정법원의 협의이혼의사확인

① 서울가정법원은 재외공관으로부터 서류를 송달받으면 국내에 있는 이혼의사확인신청 상대방을 출석시켜 이혼에 관한 안내를 한 후 이혼사항을 확인하고, 부부 양쪽이 이혼에 관한 안내를 받은 날부터 일정기간(양육해야 할 자녀가 있는 경우에는 3개월, 그렇지 않은 경우에는 1개월)이 지난 후 이혼의사 등을 확인합니다. 다만, 폭력으로 인해 당사자 일방에게 참을 수 없는 고통이 예상되는 등 이혼을 해야 할 급박한 사정이 있는 경우에는 그 기간이 단축되거나 면제될 수 있습니다(민법 제836조의2제2항·제3항, 가족관계의 등록 등에 관한 법률 제75조제1항 및 가족관계의 등록 등에 관한 규칙 제76조제2항·제4항).

② 서울가정법원이 이혼의사 등을 확인한 후 법원사무관등은 협의이혼의사확인서등본, 미성년인 자녀가 있는 경우 양육과 친권

자결정에 관한 협의서등본 및 양육비부담조서정본 또는 심판정본 및 확정증명서를 재외공관의 장을 통해 이혼확인 신청자에게 교부 또는 송달하고, 국내에 있는 상대방에게는 직접 교부하거나 송달하게 됩니다(가족관계의 등록 등에 관한 규칙 제78조제4항).

(3) 재외공관 또는 행정관청에 이혼신고

협의이혼의사확인서 등본을 교부·송달받은 날로부터 3개월 이내에, 이혼확인 신청자가 관할 재외공관에 이혼신고서를 제출하거나, 국내에 있는 상대방이 자신의 등록기준지 또는 주소지를 관할하는 시청·구청·읍사무소 또는 면사무소에 이혼신고서를 제출하면 이혼의 효력이 발생합니다(민법 제836조제1항, 가족관계의 등록 등에 관한 법률 제34조, 제75조 및 가족관계의 등록 등에 관한 규칙 제79조).

협의이혼 절차를 진행 중인데 이혼하지 않기로 합의했어요. 진행 중인 협의이혼을 철회할 수 있나요?

네. 할 수 있습니다.

1. 가정법원에서

가정법원에 협의이혼의사확인 신청을 한 이후에 이혼의사가 없어졌다면 가정법원으로부터 이혼의사와 친권·양육권에 관한 사항 등을 확인받기 전까지 협의이혼의사확인 신청을 취하하면 됩니다. 부부일방 또는 쌍방이 출석통지를 받고도 2회에 걸쳐 출석하지 않는 경우에도 협의이혼의사확인 신청을 취하한 것으로 봅니다.

2. 시청·읍·면사무소에서

가정법원으로부터 협의이혼의사확인을 받은 이후에 이혼의사가 없어졌다면 ①행정관청에 이혼신고서를 제출하지 않거나, ②이혼신고서가 수리되기 전에 이혼의사확인서 등본을 첨부한 이혼의사철회서를 시청·읍·면사무소에 제출하면 이혼의사가 철회됩니다. 그러나 본인의 이혼의사철회서보다 배우자의 이혼신고서가 먼저 제출된 경우에는 이혼이 이미 성립되었기 때문에 철회서를 제출하더라도 이혼이 철회되지 않습니다.

[서식] 협의이혼의사철회서

협 의 이 혼 의 사 철 회 서

당사자 부 ○ ○ ○
19○○년 ○월 ○일생
등록기준지 ○○시 ○○구 ○○길 ○○
주소 ○○시 ○○구 ○○길 ○○(우편번호)
전화 ○○○ - ○○○○

처 ○ ○ ○
19○○년 ○월 ○일생
등록기준지 ○○시 ○○구 ○○길 ○○
주소 ○○시 ○○구 ○○길 ○○(우편번호)
전화 ○○○ - ○○○○

위 당사자간 ○○가정법원에서 200○. ○. ○. 200○호 제○○○○호 협의이혼의사확인서 등본을 발급받았으나, 위 합의에 이의가 있으므로 이혼의사를 철회하고자 협의이혼의사확인서 등본을 첨부하여 가족관계 등록 등에 관한 규칙 제80조에 따라서 이혼의사철회신고를 합니다.

첨 부 서 류

1. 협의이혼확인서등본   1통

200○. ○. ○○.
위 신청인 부(또는 처) ○ ○ ○ (인)

○ ○ 시 장 귀 하

저는 남편과 협의이혼을 하기로 합의하였습니다. 그런데 이혼을 하기로 협의한 남편이 제출서류를 모두 구비해 줄 것이니 알아서 가족관계등록부를 정리하라고 하면서 법원에는 출석하지 못하겠다고 합니다. 이 경우 협의이혼의사의 확인을 받으려면 당사자 본인이 반드시 법원에 출석해야 하는지요?

협의이혼은 부부가 함께 법원에 출석하여 협의이혼의사확인신청서를 제출하여야 하고, 또한 법원의 출석기일에 부부 양쪽이 출석하여 협의이혼의사확인을 받은 후 시(구)·읍·면의 장에게 이혼신고를 함으로써 성립됩니다.

1. 협의이혼 성립요건

협의상 이혼의 확인에 관하여 「가족관계의 등록 등에 관한 법률」 제75조 제1항은 "협의상 이혼을 하고자 하는 사람은 등록기준지 또는 주소지를 관할하는 가정법원의 확인을 받아 신고하여야 한다. 다만, 국내에 거주하지 아니하는 경우에는 그 확인은 서울가정법원의 관할로 한다."라고 규정하고 있습니다. 따라서 협의상 이혼을 하고자 하는 당사자는 함께 가정법원의 확인을 받고, 이후 신고를 하여야 합니다.

2. 예외

「가족관계의 등록 등에 관한 규칙」 제73조 제2항은 "②부부 중 한쪽이 재외국민이거나 수감자로서 출석하기 어려운 경우에는 다른 쪽이 출석하여 협의이혼의사확인신청서를 제출하고 이혼에 관한 안내를 받아야 한다. 재외국민이나 수감자로서 출석이 어려운 자는 서면으로 안내를 받을 수 있다."라고 규정하고 있으며, 같은 규칙 제74조 제2항은 "② 부부 중 한쪽이 재외국민이거나 수감자로서 출석하기 어려워 다른 한쪽이 출석하여 신청한 경우에는 관할 재외공관이나 교도소(구치소)의 장에게 이혼의사 등의 확인을 촉탁하여 그 회보서의 기재로써 그 당사자의 출석·진술을 갈음할 수 있다. 이 경우 가정법원은 부부 중 한쪽인 재외국민 또는 수감자가 이혼에 관한 안내를 받은 날부터 「민법」 제836조의2제2항 또는 제3항에서 정한 기간이 지난 후에 신청한 사람을 출석시켜 이혼의사 등을 확인하여야 한다."고 규정하고 있습니다. 그러므로 재외국민이거나 수감자의 경우 협의이혼확인신청을 함에 있어서는 다른 일방이 출석하여 제출할 수 있고, 협의이혼의사확인을 받음에 있어서는 법원이 관할재외공관이나 교도소(구치소)의 장에게 협의이혼의사확인을 촉탁하여 그 회보서의 기재로써 당사자의 출석·진술에 갈음할 수 있다고 할 것입니다.

저는 과거에 甲과 혼인하여 작년까지 함께 생활하다가, 올해 초 협의이혼을 하게 되었습니다. 법원으로부터 협의이혼의사 확인을 받고, 甲이 구청에 신고를 하였으나, 협의이혼신고서에 기재된 증인 중 한 명의 인장이 甲에 의해 위조된 것을 알게 되었습니다. 이러한 경우 협의이혼신고의 효력에 영향이 있는지요?

위 사안의 경우 귀하의 협의이혼신고서는 비록 위조되었다 할지라도 일단 수리되었으므로 신고의 효력에는 영향이 없다고 보여 집니다.

1. 원칙

민법 제836조 제1항에서는, "협의상 이혼은 가정법원의 확인을 받아「가족관계의 등록 등에 관한 법률」의 정한 바에 의하여 신고함으로써 그 효력이 생긴다."고 규정하고 있으며, 제2항에서는 "전항의 신고는 당사자 쌍방과 성년자인 증인 2인의 연서한 서면으로 하여야 한다."고 규정하고 있습니다. 그런데 여기서 연서한 서면이 위조된 것일 경우에 대해서는 달리 설명된 것이 없기 때문에, 이 문제는 법원의 판단에 맡겨야 할 것입니다.

2. 판례의 태도

이와 관련하여 대법원은 1962. 11. 15. 선고 62다610 판결에서, 다음과 같은 내용의 판시를 한 바 있습니다. "협의이혼에 있어서 그 신고는 증인이 연서한 서면으로 하는 것이며, 증인의 연서가 위조된 것이라면 그 신고를 수리할 수 없는 것이나 일단 수리된 이상 그 신고의 효력에 영향이 없다 할 것이다." 결국 연서한 서면이 위조되었을지라도, 일단 수리된 이상 신고는 유효한 것으로 보아야 합니다.

저는 과거에 甲과 혼인하여 작년까지 함께 생활하다가, 법원으로부터 협의이혼의사의 확인을 받으려고 합니다. 그 전제로서 이혼숙려기간이 존재한다고 들었으나, 저는 남편의 폭력적인 성향 때문에 하루빨리 협의이혼을 하고 싶습니다. 이러한 경우에 숙려기간을 단축하거나 면제받을 수 있나요?

위의 경우는 이혼숙려기간이 단축 내지는 면제될 수 있는 경우입니다.

1. 이혼숙려기간

가정법원의 이혼 안내를 받은 날부터 양육해야 할 자녀가 있는 경우에는 3개월, 그렇지 않은 경우에는 1개월의 이혼숙려기간이 지난 후에 이혼의사의 확인을 받을 수 있습니다(민법 제836조의2제2항)

2. 예외

민법 제836조의2 제3항에서는 "가정법원은 폭력으로 인하여 당사자 일방에게 참을 수 없는 고통이 예상되는 등 이혼을 하여야 할 급박한 사정이 있는 경우에는 제2항의 기간을 단축 또는 면제할 수 있다."고 하여 숙려기간을 단축해야 할 사유가 있을 경우 이혼숙려기간을 단축하거나 면제할 수 있다고 규정하고 있습니다.

3. 숙려기간 단축, 면제 사유

구체적인 숙려기간 단축, 면제 사유는 다음과 같습니다.
① 가정폭력으로 인하여 당사자 일방에게 참을 수 없는 고통이 예상되는 경우
② 부부 일방이 해외 장기 체류를 목적으로 즉시 출국하여야 하는 사정이 있는 경우

③ 부부 쌍방 또는 일방이 재외국민이므로 이혼의사 확인에 기간이 오래 걸릴 것으로 예상이 되는 경우
④ 신청 당시 1년 이내에 이혼의사 확인 신청을 하여 민법 제836조의 2 제22항의 기간 경과 후 이혼의사 불확인을 받은 사정이 있는 경우

4. 숙려기간 단축, 면제 신청방법

숙려기간 단축이나 면제를 원하는 부부가 있다면 서울가정법원의 상담위원의 상담을 받은 후에 숙려기간 면제 혹은 단축 사유서를 제출하도록 하고 있으며, 그 후 담당판사가 상담위원의 의견과 소명자료를 참고하여 단축과 면제에 대해 결정하게 됩니다. 숙려기간 단축이나 면제의 결정에는 정해진 방식이 따로 있는 것이 아니며 이혼의사 확인기일을 조기에 정하고 그 확인기일을 당사자에게 전화 등을 통해 통보를 하고 있습니다.

> 배우자와 이혼하기로 합의하여 협의이혼신청을 한 후 법원에 가서 이혼의사확인까지 받은 경우임에도, 이혼신고가 되어 있지 않은 상황에서 이혼의 의사를 번복하고 싶은데, 되돌릴 방법이 있을까요?

법원에 가서 이혼의사확인을 받아 확인서 등본까지 교부받았다 하더라도 이혼신고를 하지 않으면 협의이혼은 무효가 됩니다. 따라서 이혼신고를 하지 않으면 됩니다.

1. 이혼의 형식적 요건

① 협의이혼은 이혼의 실질적 요건을 갖추었더라도 이혼신고를 하지 않으면 협의이혼이 성립하지 않습니다(민법 제836조제1항). 즉, 부부가 이혼에 합의했지만 이혼신고를 하지 않은 경우에는 장기간 별거해서 사실상 이혼상태라고 하더라도 법적으로는 부부관계가 지속됩니다.

② 이혼신고는 부부 중 어느 한 쪽이 가정법원으로부터 확인서 등본을 교부 또는 송달받은 날부터 3개월 이내에 그 등본을 첨부해서 등록기준지 또는 주소지 관할 시청·구청·읍사무소 또는 면사무소에 신고해야 하며, 이 기간이 경과하면 가정법원의 확인은 효력을 잃습니다(가족관계의 등록 등에 관한 법률 제75조 및 가족관계의 등록 등에 관한 규칙 제79조).

2. 이혼의사의 철회

① 혹은 상대방이 이혼신고를 할 것으로 예상되는 경우에는 이혼신고서가 수리되기 전에 이혼의사확인서 등본을 첨부한 이혼의사철회서를 등록기준지 또는 주소지 관할 시청·구청·읍사무소 또는 면사무소에 제출하면 이혼의사가 철회됩니다(가족관계의 등

록 등에 관한 규칙 제80조제1항 본문).

② 그러나 본인의 이혼의사철회서보다 배우자의 이혼신고서가 먼저 제출된 경우에는 이혼이 이미 성립되었기 때문에 철회서를 제출하더라도 그 효력이 발생하지 않습니다(가족관계의 등록 등에 관한 규칙 제80조제2항).

3. 판례의 태도

대법원 1994. 2. 8. 선고 93도2869 판결에서도 '부부가 이혼하기로 협의하고 가정법원의 협의이혼의사 확인을 받았다고 하더라도 호적법에 정한 바에 의하여 신고함으로써 협의이혼의 효력이 생기기전에는 부부의 일방이 언제든지 협의이혼의사를 철회할 수 있는 것이어서, 협의이혼신고서가 수리되기 전에 협의이혼의사의 철회신고서가 제출되면 협의이혼신고서는 수리할 수 없는 것이므로, 설사 호적공무원이 착오로 협의이혼의사 철회신고서가 제출된 사실을 간과한 나머지 그 후에 제출된 협의이혼신고서를 수리하였다고 하더라도 협의상 이혼의 효력이 생길 수 없다.'고 판시하고 있어, 철회서 제출로서 이혼의사를 번복할 수 있는 것으로 볼 수 있습니다.

[서식] 협의이혼의사철회서

협 의 이 혼 의 사 철 회 서

당사자 부 ○ ○ ○
         19○○년 ○월 ○일생
         등록기준지 ○○시 ○○구 ○○길 ○○
         주소 ○○시 ○○구 ○○길 ○○(우편번호)
         전화 ○○○ - ○○○○

         처 ○ ○ ○
         19○○년 ○월 ○일생
         등록기준지 ○○시 ○○구 ○○길 ○○
         주소 ○○시 ○○구 ○○길 ○○(우편번호)
         전화 ○○○ - ○○○○

위 당사자간 ○○가정법원에서 200○. ○. ○. 200○호 제○○○○호 협의이혼의사확인서 등본을 발급받았으나, 위 합의에 이의가 있으므로 이혼의사를 철회하고자 협의이혼의사확인서 등본을 첨부하여 가족관계 등록 등에 관한 규칙 제80조에 따라서 이혼의사철회신고를 합니다.

첨 부 서 류

1. 협의이혼확인서등본   1통

200○. ○. ○○.
위 신청인 부(또는 처) ○ ○ ○ (인)

○ ○ 시 장 귀 하

甲과 乙은 협의이혼하기로 하면서 甲은 乙로부터 2천만 원을 지급받기로 합의하였고, 실제로 2천만 원을 지급받았습니다. 그러면서 이후 일체의 이의를 제기하지 않기로 하는 합의이혼서약서를 작성하였습니다. 그럼에도 이후 사정으로 협의이혼에 이르지 못하고 甲은 乙의 유책사유를 이유로 재판상 이혼을 청구하였는데요, 2천만 원을 미리 지급받았음에도 불구하고 이혼 청구와 동시에 위자료도 청구할 수 있나요?

네. 위자료도 청구할 수 있습니다. 甲은 乙의 유책사유로 인한 재판상 이혼을 청구하면서 위자료를 청구할 수 있으나, 다만 위자료 액수에 있어 기존에 지급받은 금원이 감안될 것이라 보여집니다.

1. 재판상 이혼 사유

1) 협의이혼이 불가능할 때 부부 중 한 사람이 법원에 이혼소송을 제기해서 판결을 받아 이혼할 수 있는데, 이것을 재판상 이혼이라고 합니다. 재판상 이혼이 가능하려면 다음과 같은 사유가 있어야 합니다.
   ① 배우자의 부정한 행위가 있었을 때
   ② 배우자가 악의로 다른 일방을 유기한 때
   ③ 배우자 또는 그 직계존속으로부터 심히 부당한 대우를 받았을 때
   ④ 자기의 직계존속이 배우자로부터 심히 부당한 대우를 받았을 때
   ⑤ 배우자의 생사가 3년 이상 분명하지 않은 때
   ⑥ 그 밖에 혼인을 계속하기 어려운 중대한 사유가 있을 때

2) 이혼소송을 제기하려면 먼저 법원에 이혼조정신청을 해야 하는데, 조정을 신청하지 않고 바로 이혼소송을 제기하면 법원이 직권으로 조정에 회부하게 됩니다. 이 조정단계에서 합의를 하면 재판절차 없이 (조정)이혼이 성립되며, 조정이 성립되지 않으면 재판상 이혼으로 이행됩니다.

2. 판례의 태도

협의이혼을 하기로 하면서 일정 금원을 수령하고 이후 어떠한 이의도 제기하지 않기로 약정하였으나 협의이혼이 이루어지지 않고 재판상 이혼에 이르게 된 경우, 그와 같은 약정은 특별한 사정이 없는 한 협의이혼이 이루어질 것을 전제로 하여 한 조건부 의사표시로서 협의이혼이 이루어지지 않은 이상 그 합의는 조건의 불성취로 인하여 효력이 발생되지 아니하므로, 이로써 재판상 이혼함으로 인하여 발생하는 위자료 청구권 및 재산분할 청구권이 당연히 소멸된다고 할 수 없다(서울가정법원 1997. 4. 3. 선고 96드27609 판결).

> 저와 제 아내인 甲은 법률상 혼인관계에 있었다가, 저의 외박으로 인해 큰 다툼이 생겨 흥분상태에서 서로 이혼하기로 합의하여, 가정법원에서 협의이혼의사확인을 받았습니다. 그러나 그 후 甲과 화해를 하여 협의이혼을 하고 싶지 않은데, 되돌릴 방법이 있는가요?

> 이혼의사를 철회하면 됩니다. 상대방이 먼저 이혼신고를 하게 되면 이혼이 되므로 신속하게 등록기준지 또는 주소지 사무소에 가서 이혼의사 철회서를 제출하면 됩니다.

1. 이혼의사

부부가 협의이혼을 하려면 진정한 의사로 이혼할 것에 합의해야 합니다. 이 때 협의이혼은 부부가 자유로운 의사에 따라 합의한 것으로 충분하며 이혼사유(예를 들어 성격불일치, 불화, 금전문제 등)는 묻지 않습니다. 이혼의사는 가정법원에 이혼의사확인을 신청할 때는 물론이고 이혼신고서가 수리될 때에도 존재해야 합니다. 예를 들어, 가정법원으로부터 협의이혼의사를 확인받았더라도 이혼신고서가 수리되기 전에 이혼의사를 철회한 경우에는 이혼이 성립되지 않습니다.

2. 이혼의사 철회서 제출

아내인 甲과의 사이에서 협의이혼 의사확인을 받았다는 사실만으로는 재판상 이혼사유를 구성할 수 없으므로, 甲을 상대로 위 사유만을 가지고 재판상 이혼을 청구할 수는 없다고 보입니다. 따라서 상대방이 이혼신고를 하게 되면 이혼이 되는 것이므로 그 전에 신속하게 등록기준지 또는 주소지 사무소에 가서 이혼의사 철회서를 제출하는 것이 필요합니다. 귀하의 경우 아직 이혼신고를 하지 않았으므로 이혼이 된 것이 아닙니다. 따라서 3개월 동안 이혼신고를 하지 않으면 됩니다. 다만 상대방이 이혼신고를 하게 되면 이혼이 되는 것이므로 그 전에 신속하게 등록기준지 또는 주소지 사무소에 가서 이혼의사 철회서를 제출하여야 합니다.

저는 피성년후견인으로서 부모의 동의를 받아 아내인 甲과 혼인을 한 사실이 있습니다. 그러나 이후에 甲과 성격차이로 협의상 이혼을 하기로 합의하였는바, 이러한 경우에 어떠한 절차에 따라 진행하여야 하는지요?

부모 또는 성년후견인의 동의를 받아 甲과 협의이혼을 할 수 있습니다.

1. 피성년후견인의 혼인

민법 제808조에서는 미성년자의 혼인뿐만 아니라 피성년후견인의 혼인에 대해서도 규정해놓고 있습니다. 이 경우에 미싱년자니 피성년후견인은 부모나 후견인의 동의를 받아야 혼인을 할 수 있습니다. 피성년후견인의 경우는 성년후견인의 동의를 받아야 합니다.

2. 피성년후견인의 이혼

민법 제835조에서는 피성년후견인의 협의상 이혼에 관하여는 제808조제2항을 준용한다고 규정하고 있습니다. 제808조 제2항에서는 피성년후견인이 부모나 성년후견인의 동의를 받아 혼인을 할 수 있다고 규정하고 있는 바, 협의이혼의 경우에도 부모나 성년후견인의 동의를 받아 할 수 있다고 보여집니다. 그 이후의 절차는 협의이혼의 절차에 따릅니다.

3. 협의이혼 절차

부부의 이혼합의 → 가정법원에 협의이혼의사확인의 신청 → 가정법원의 이혼안내 및 이혼숙려기간의 진행 → 가정법원의 이혼의사·양육 및 친권에 관한 사항의 확인 및 확인서 등의 작성·교부 → 가정법원의 이혼의사확인서 등본을 교부·송달받은 날로부터 3개월 이내에 등록기준지 또는 주소지 관할 시청·구청·읍사무소 또는 면사무소에 이혼신고(부부 중 일방이 신고함)]의 순으로 진행됩니다.

> 저는 甲과 법률상 혼인관계를 지속하다가, 성격차이로 협의
> 이혼하기로 합의한 사실이 있습니다. 그러나 협의이혼을 할
> 당시까지 자녀의 양육사항이나 친권자가 정해져야 하는 것
> 으로 알고 있는데, 만약 위 사항에 관하여 쌍방 당사자 간
> 에 합의가 이루어지지 않으면 어떻게 해결하여야 하나요?

> 친권자 및 양육권자 지정을 가정법원에 청구하셔서 위 사항에 관
> 한 심판을 받으셔야 할 것으로 보입니다.

1. 협의이혼의 요건

협의이혼의 요건 중 하나는 자녀의 친권과 양육에 관한 합의서를 제
출하는 것입니다. 만약 부부 쌍방이 이에 대한 합의를 이루지 못한
다면 협의이혼은 성립하지 않습니다. 양육해야 할 자녀(이혼숙려기간
이내에 성년에 도달하는 자녀는 제외)가 있는 경우에는 협의이혼의
사확인을 신청할 때 또는 이혼의사확인기일까지 그 자녀의 친권과
양육에 관한 협의서 또는 가정법원의 심판정본을 제출해야 합니다
(민법 제836조의2제4항 및 가족관계의 등록 등에 관한 규칙 제73조
제4항). 협의이혼하려는 부부가 양육비용의 부담에 대해 합의한 경
우, 가정법원은 그 내용을 확인하는 양육비부담조서를 작성하여야
합니다. 이는 이혼 시 양육비를 효율적으로 확보하기 위한 것으로,
이 때의 양육비부담조서는 채무명의로서의 효력을 갖습니다(민법 제
836조의2제5항, 가사소송법 제41조). 자녀의 친권과 양육에 관해 부
부간 합의가 이루어지지 않는 경우에는 가정법원이 직권으로 이를
결정할 수도 있습니다(민법 제837조제4항 및 제909조제4항).

2. 친권자 지정 청구

협의이혼하려는 부부는 가정법원에 이혼의사확인을 신청할 때 양육

자의 결정, 양육비용의 부담, 면접교섭권의 행사 여부 등이 기재된 양육사항과 친권자 지정에 관한 합의서를 제출해야 하며, 부부가 이러한 사항에 대해 합의하지 못한 경우에는 법원에 그 결정을 청구해서 심판을 받은 다음 그 심판정본을 제출하도록 의무화하고 있습니다(민법 제836조의2제4항 및 제837조제1항·제2항·제4항).

저는 甲과 법률상 혼인관계를 지속하다가, 성격차이로 협의 이혼하기로 합의한 사실이 있습니다. 그러나 협의이혼을 할 당시까지 위자료, 재산분할 등 재산문제가 전혀 합의되지 않은 상황입니다. 만약 위 사항에 관하여 쌍방 당사자 간에 합의가 이루어지지 않으면 어떻게 해결하여야 하나요?

상대방과 사이에서 협의이혼을 하실 때에 재산문제에 관하여 합의를 하지 않더라도 이러한 부분은 추후에 청구가 가능하므로 걱정하지 않으셔도 무방할 것으로 보입니다.

1. 위자료 청구

위자료의 청구에 관하여 살펴보면, 배우자의 책임 있는 사유로 이혼에 이른 경우에 그로 인해 입은 정신적 고통에 대한 배상, 즉 위자료를 상대 배우자에게 청구할 수 있습니다(민법 제843조 및 제806조). 협의이혼을 할 때 부부간 재산문제 합의 여부는 법원의 확인사항이 아니므로 협의이혼 시 위자료에 관해 합의되지 않더라도 이혼하는 것이 가능하며, 이혼 후 법원에 위자료청구소송을 제기해서 위자료 문제를 다툴 수 있습니다(가사소송법 제2조 제1항 제1호 다목 2). 이혼 시 위자료 외에도 재산분할, 자녀양육 등에 관해 합의되지 않은 사항이 있다면 이를 함께 청구(가사소송법 제14조 제1항)하는 것이 소송경제상 유리할 것입니다. 이 위자료청구권은 그 손해 또는 가해자를 안 날로부터(통상 이혼한 때부터) 3년 이내에 행사하지 않으면 시효로 인해 소멸합니다(민법 제766조 제1항).

2. 재산분할 청구

재산분할청구에 관하여 살펴보면, 이혼으로 인해 부부공동생활이 해소되는 경우에 혼인 중 부부가 공동으로 형성한 재산에 대한 분할을 청구할 수 있습니다(민법 제839조의2). 협의이혼을 할 때 부부간 재산문제 합의 여부는 법원의 확인사항이 아니므로 협의이혼 시 재산분할에 관해 합의되지 않더라도 이혼하는 것이 가능하며, 이혼 후 법원에 재산분할청구심판을 청구해서 재산분할 문제를 다툴 수 있습니다(가사소송법 제2조 제1항 제2호 나목 4). 이혼 시 재산분할 외에도 위자료, 자녀양육 등에 관해 합의되지 않은 사항이 있다면 이를 함께 청구(가사소송법 제14조 제1항)하는 것이 소송경제상 유리할 것입니다. 이 재산분할청구권은 이혼한 날로부터 2년을 경과하면 소멸합니다(민법 제839조의2 제3항).

제3부
재판상 이혼

- ■ 재판상 이혼 요건
- ■ 재판상 이혼 절차

재판상 이혼 요건

남편이 아들을 매일 때려서 피멍이 가실 날이 없어요. 아들을 위해서라도 이혼하고 싶은데 가능할까요?

자기의 직계비속(딸, 아들 등)이 배우자로부터 심히 부당한 대우를 받았다면 재판상 이혼을 청구할 수 있습니다.

1. 재판상 이혼 사유

민법 제840조는 재판상 이혼 사유에 대해 규정하고 있습니다. 부부의 일방은 다음 각 호의 사유가 있는 경우에는 가정법원에 이혼을 청구할 수 있습니다.

① 배우자에 부정한 행위가 있었을 때

② 배우자가 악의로 다른 일방을 유기한 때

③ 배우자 또는 그 직계존속으로부터 심히 부당한 대우를 받았을 때

④ 자기의 직계존속이 배우자로부터 심히 부당한 대우를 받았을 때

⑤ 배우자의 생사가 3년 이상 분명하지 아니한 때

⑥ 기타 혼인을 계속하기 어려운 중대한 사유가 있을 때

2. 심히 부당한 대우

제4호에 규정되어 있는 "자기의 직계존속이 배우자로부터 심히 부당한 대우를 받았을 때"란, 혼인관계를 지속하는 것이 고통스러울 정도로 자기의 직계존속이 배우자에게 폭행, 학대 또는 모욕을 당하는 것을 말합니다(대법원 1986. 5. 27. 선고 86므14 판결).

▣ 심히 부당한 대우라고 본 판례

피청구인이 청구인과 혼인을 한 이후, 청구인이 지참금을 가지고 오지 아니하였다는 이유로 불만을 품고 계속 구타하여 상처를 입힌 일이 있을 뿐 아니라 청구인의 친가 아버지에게까지 행패를 부린 행위는 배우자 및 그 직계존속을 심히 부당하게 대우한 경우에 해낭안다(대법원 1986. 5. 27. 선고 86므14 판결).

▣ 심히 부당한 대우로 보지 않은 판례

시모에 대한 다소 불손한 행위가 있었다 하더라도 피청구인의 귀책사유로 비롯되었다고 볼 수 없어 이혼사유에 해당하지 않는다고 판단한 사례(대법원 1986. 2. 11. 선고 85므37 판결)

> 남편이 툭하면 집을 나가 몇 달씩 안 들어옵니다. 남편을
> 상대로 이혼을 청구할 수 있나요?

> 배우자가 악의(惡意)로 다른 일방을 유기(遺棄)한 때에는 재판상
> 이혼을 청구할 수 있습니다.

1. 법률상 선의와 악의의 의미

일상생활에서 선(善)과 악(惡)은 도덕적인 의미로 구분을 합니다. 그러나 법률관계에서는 특정 사실에 대해 '알지 못함'과 '알고 있음'을 의미합니다. 즉 선의라는 것은 어떤 사람이 특정 사실에 대해 알지 못했다는 것을 의미하는 것이고, 악의라는 것은 특정 사실에 대해 알고 있었다(고의)는 것을 의미하는 것입니다.

2. 재판상 이혼 사유

민법 제840조는 재판상 이혼 사유에 대해 규정하고 있습니다. 부부의 일방은 다음 각 호의 사유가 있는 경우에는 가정법원에 이혼을 청구할 수 있습니다.
① 배우자에 부정한 행위가 있었을 때
② 배우자가 악의로 다른 일방을 유기한 때
③ 배우자 또는 그 직계존속으로부터 심히 부당한 대우를 받았을 때
④ 자기의 직계존속이 배우자로부터 심히 부당한 대우를 받았을 때
⑤ 배우자의 생사가 3년 이상 분명하지 아니한 때
⑥ 기타 혼인을 계속하기 어려운 중대한 사유가 있을 때

3. 배우자의 악의의 유기

배우자의 악의의 유기란 배우자가 정당한 이유 없이 부부의 의무인 동거·부양·협조의무를 이행하지 않는 것을 말합니다.

민법 제840조 제2호 소정의 배우자가 악의로 다른 일방을 유기한 때라 함은 배우자가 정당한 이유 없이 서로 동거, 부양, 협조하여야 할 부부로서의 의무를 포기하고 다른 일방을 버린 경우를 뜻한다 할 것인바(대법원 1986. 5. 27. 선고 86므26 판결), 이 사건에 있어 원심이 인정한 바와 같이 피고 B가 1970. 11.경 이래 피고 C와 부첩(夫妾)관계를 맺고 서울에서 동서(同棲)생활을 하면서 이 사건 이혼청구 당시까지 20년 이상 원고로 하여금 홀로 경기 포천군 D 소재 집이나 출가한 딸들의 집 등에서 기거하게 한 이상, 설사 피고 B가 원고의 생활을 위하여 맏사위와 딸의 공동명의로 주택을 마련해 주었다 하더라도 피고 B의 위와 같은 축첩행위 자체가 부당하게 동거의무를 불이행한 것으로서 악의의 유기에 해당함에 충분하다고 할 것이다(대법원 1998. 4. 10. 선고 96므 1434 판결).

배우자로부터 심히 부당한 대우를 받았을 때라 함은 혼인관계의 지속을 강요하는 것이 참으로 가혹하다고 여겨질 정도의 폭행이나 학대 또는 모욕을 받았을 경우를 말하고 가정불화의 와중에서 서로 격한 감정에서 오고간 몇 차례의 폭행 및 모욕적인 언사는 그것이 비교적 경미한 것이라면 이는

> 남편이 상습적으로 도박을 해요. 끊겠다고 각서를 썼는데도 도박을 하더니 얼마 전에는 저 몰래 통장에 든 돈을 다 가져갔어요. 이제 도저히 참을 수 없는데 재판상 이혼을 할 수 있나요?

혼인을 계속하기 어려운 중대한 사유가 있을 때에는 재판상 이혼을 청구할 수 있습니다.

1. 재판상 이혼 사유

민법 제840조는 재판상 이혼 사유에 대해 규정하고 있습니다. 부부의 일방은 다음 각 호의 사유가 있는 경우에는 가정법원에 이혼을 청구할 수 있습니다.

① 배우자에 부정한 행위가 있었을 때
② 배우자가 악의로 다른 일방을 유기한 때
③ 배우자 또는 그 직계존속으로부터 심히 부당한 대우를 받았을 때
④ 자기의 직계존속이 배우자로부터 심히 부당한 대우를 받았을 때
⑤ 배우자의 생사가 3년 이상 분명하지 아니한 때
⑥ 기타 혼인을 계속하기 어려운 중대한 사유가 있을 때

2. 혼인을 계속하기 어려운 중대한 사유

혼인을 계속하기 어려운 중대한 사유란 혼인의 본질인 원만한 부부 공동생활 관계가 회복할 수 없을 정도로 파탄되어 그 혼인생활의 계속을 강제하는 것이 일방 배우자에게 참을 수 없는 고통이 되는 것을 말합니다(대법원 2005. 12. 23. 선고 2005므1689 판결). 혼인을 계속하기 어려운 중대한 사유가 있는지는 혼인파탄의 정도, 혼인계속의사의 유무, 혼인생활의 기간, 당사자의 책임유무, 당사자의 연령, 이혼 후의 생활보장이나 그 밖에 혼인관계의 여러 가지

사정을 고려해서 판단됩니다(대법원 2000. 9. 5. 선고 99므1886 판결). 배우자가 지속적으로 도박하는 것이 혼인을 계속하기 어려운 중대한 사유에 해당된다고 판단되면 재판상 이혼을 청구할 수 있습니다. 혼인을 계속하기 어려운 중대한 사유로 인한 이혼청구는 그 사유를 안 날부터 6개월, 그 사유가 있은 날부터 2년이 지나면 할 수 없습니다. 다만, 이 사유가 이혼청구 당시까지 계속되고 있는 경우에는 언제든지 이혼을 청구할 수 있습니다.

시어머니를 모시고 살고 있어요. 그런데 시어머니가 혼수를 적게 해왔다면서 매일 화를 내고 친정부모님을 욕하세요. 남편은 좋은 사람이지만 이렇게는 못 살 것 같아요. 이런 경우에도 이혼할 수 있나요?

배우자 또는 그 직계존속(시부모, 장인·장모 등)으로부터 심히 부당한 대우를 받았다면 재판상 이혼을 청구할 수 있습니다.

1. 재판상 이혼 사유

민법 제840조는 재판상 이혼 사유에 대해 규정하고 있습니다. 부부의 일방은 다음 각 호의 사유가 있는 경우에는 가정법원에 이혼을 청구할 수 있습니다.

① 배우자에 부정한 행위가 있었을 때
② 배우자가 악의로 다른 일방을 유기한 때
③ 배우자 또는 그 직계존속으로부터 심히 부당한 대우를 받았을 때
④ 자기의 직계존속이 배우자로부터 심히 부당한 대우를 받았을 때
⑤ 배우자의 생사가 3년 이상 분명하지 아니한 때
⑥ 기타 혼인을 계속하기 어려운 중대한 사유가 있을 때

2. 배우자 또는 그 직계존속으로부터 심히 부당한 대우

배우자 또는 그 직계존속의 심히 부당한 대우란 혼인관계의 지속을 강요하는 것이 가혹하다고 여겨질 정도로 배우자 또는 직계존속으로부터 폭행, 학대 또는 모욕을 당하는 것을 말합니다(대법원 2004. 2. 27. 선고 2003므1890 판결).

▣ 심히 부당한 대우로 본 판례

남편이 혼인초부터 처가 아기를 낳을 수 없다는 트집을 잡아 학대를 하고 이혼을 요구하여 왔고 이에 응하지 아니하면 자살하겠다고 하면서 실제로 두 차례에 걸쳐 자살한다고 농약을 마시는 소동을 벌여 이에 견디다 못한 처가 집을 나와 친정에 복귀함으로써 부부 사이가 파탄에 빠졌다면, 이는 재판상 이혼사유인 배우자로부터 심히 부당한 대우를 받은 경우에 해당한다 (대법원 2004. 2. 27. 선고 2003므1890 판결).

▣ 심히 부당한 대우로 보지 않은 판례

비록 피고가 원고에게 생활비를 적게 주어 원고로 하여금 경제적으로 어려운 생활을 하도록 하고 가부장석 권위로 원고를 대해 오는 한편 고령이 되어 원고를 이유 없이 의심하는 언행을 보인 적은 있으나, 피고 스스로도 절약하는 생활을 하여 현재 약 18억 원에 상당하는 재산을 모은 점, 피고가 원고를 의심하는 언행을 하거나 알몸으로 집안을 돌아다니기도 한 것은 고령으로 인하여 생긴 정신장애 증상에 기인하며 원고는 위와 같은 정신장애 증상이 있는 피고를 돌보고 부양하여야 할 의무가 있는 점, 현재 원고는 만 75세이고, 피고는 만 83세에 이르는 고령인 점 및 혼인기간, 혼인 당시의 가치기준과 남녀관계 등을 종합하면, 위 인정 사실만으로 피고가 원고에게 혼인의 지속을 강요하는 것이 가혹하다고 여겨질 정도로 심히 부당한 대우를 하였다거나 원고와 피고의 혼인관계가 이미 회복할 수 없을 정도로 파탄에 이르렀다고는 보이지 아니하고 달리 이를 인정할 만한 증거가 없다고 판단된다(대법원 1999. 11. 26. 선고 99므180 판결).

아내가 바람을 피웠어요. 아내도 이혼을 원하고 저도 이혼하고 싶은 마음을 굴뚝같지만 이혼해 주면 바람난 상대방하고 재혼할까봐 이혼을 못하겠다고 했더니 아내가 재판으로 이혼하자고 해요. 아내가 재판상 이혼을 청구할 자격이 되나요?

원칙적으로 유책배우자는 스스로 이혼청구를 할 수 없습니다. 그러나 특정한 경우 이혼청구를 인정하는 경우도 있습니다.

1. 원칙

판례에 따르면 혼인파탄에 대해 주된 책임이 있는 배우자(이하 "유책배우자"라 함)는 그 파탄을 이유로 스스로 이혼청구를 할 수 없는 것이 원칙입니다. 혼인파탄을 자초한 사람이 이혼을 청구하는 것은 도덕성에 근본적으로 배치되고 배우자 일방에 의한 이혼 또는 축출(逐出)이혼이 될 수 있기 때문입니다(대법원 1999. 2. 12. 선고 97므612 판결, 대법원 1987. 4. 14. 선고 86므28 판결 등).

2. 예외

그러나 다음의 예시와 같은 특수한 사정이 있는 경우 판례는 예외적으로 유책배우자의 이혼청구를 인정하고 있습니다.

① 상대방도 혼인을 지속할 의사가 없음이 객관적으로 명백함에도 불구하고 오기나 보복적 감정에서 이혼에 불응하는 등의 특별한 사정이 있는 경우(대법원 2004. 9. 24. 선고 2004므1033 판결)

② 유책배우자의 이혼청구에 대해 상대방이 반소(反訴)로 이혼청구를 하는 경우(대법원 1987. 12. 8. 선고 87므44,45 판결). 다만, 유책배우자의 이혼청구에 대해 상대방이 그 주장사실을 다투면서 오히려 다른 사실을 내세워 반소로 이혼청구를 하더라도 그 사정만으로 곧바로 상대방은 혼인을 계속할 의사가 없으

면서도 오기나 보복적 감정에서 유책배우자의 이혼청구에 응하
지 않는 것이라고 단정할 수는 없습니다(대법원 1998. 6. 23.
선고 98므15,22 판결).

③ 부부 쌍방의 책임이 동등하거나 경중(輕重)을 가리기 어려운 경
우(대법원 1997. 5. 16. 선고 97므155 판결, 대법원 1994. 5.
27. 선고 94므130 판결)

아내가 집을 나가서 연락이 끊긴지 4년이 넘었어요. 아내를 상대로 재판상 이혼을 청구할 수 있나요?

배우자의 생사가 3년 이상 분명하지 않을 때에는 재판상 이혼을 청구할 수 있습니다.

1. 재판상 이혼 사유

민법 제840조는 재판상 이혼 사유에 대해 규정하고 있습니다. 부부의 일방은 다음 각 호의 사유가 있는 경우에는 가정법원에 이혼을 청구할 수 있습니다.
① 배우자에 부정한 행위가 있었을 때
② 배우자가 악의로 다른 일방을 유기한 때
③ 배우자 또는 그 직계존속으로부터 심히 부당한 대우를 받았을 때
④ 자기의 직계존속이 배우자로부터 심히 부당한 대우를 받았을 때
⑤ 배우자의 생사가 3년 이상 분명하지 아니한 때
⑥ 기타 혼인을 계속하기 어려운 중대한 사유가 있을 때

2. 생사불명의 의미

배우자의 생사불명이란 배우자가 살아있는지 여부를 전혀 증명할 수 없는 상태가 이혼 청구 당시까지 3년 이상 계속되는 것을 말합니다.

3. 실종선고와 구별

배우자의 생사불명으로 인한 이혼은 실종선고(민법 제27조)에 의한 혼인해소와는 관계가 없습니다. 즉, 실종선고에 의해 혼인이 해소되면 배우자가 살아 돌아온 경우에 실종선고 취소를 통해 종전의 혼인이 부활하지만(민법 제29조제1항), 생사불명을 이유로 이혼판결이 확정된 경우에는 배우자가 살아 돌아오더라도 종전의 혼인이 당연히 부활하는 것은 아닙니다.

> 남편이 바람을 피웠어요. 이혼해 달랬더니 이혼은 절대 안 된
> 다며 완강히 거부합니다. 전 정말 이혼할 수 없는 건가요?

> 배우자에게 부정(不貞)한 행위가 있다면 재판상 이혼을 청구할 수
> 있습니다.

1. 재판상 이혼 사유

민법 제840조는 재판상 이혼 사유에 대해 규정하고 있습니다. 부
부의 일방은 다음 각 호의 사유가 있는 경우에는 가정법원에 이혼
을 청구할 수 있습니다.

① 배우자에 부정한 행위가 있었을 때
② 배우자가 악의로 다른 일방을 유기한 때
③ 배우자 또는 그 직계존속으로부터 심히 부당한 대우를 받았을 때
④ 자기의 직계존속이 배우자로부터 심히 부당한 대우를 받았을 때
⑤ 배우자의 생사가 3년 이상 분명하지 아니한 때
⑥ 기타 혼인을 계속하기 어려운 중대한 사유가 있을 때

2. 부정한 행위

배우자의 부정행위란 혼인한 이후에 부부 일방이 자유로운 의사로
부부의 정조의무(貞操義務), 성적 순결의무를 충실히 하지 않은 일
체의 행위를 말하는 것으로 성관계를 전제로 하는 간통보다 넓은
개념입니다(대법원 1992. 11. 10. 선고 92므68 판결). 부정행위인
지 여부는 개개의 구체적인 사안에 따라 그 정도와 상황을 참작해
서 평가됩니다. 배우자의 부정행위를 안 날로부터 6개월, 그 부정
행위가 있은 날로부터 2년이 지나면 부정행위를 이유로 이혼을 청
구하지 못합니다. 또한, 배우자의 부정행위를 사전에 동의했거나
사후에 용서한 경우에는 이혼을 청구하지 못합니다(민법841조).

■ 부정행위로 본 판례

민법 제840조 제1호 소정의 "부정한 행위"라 함은 배우자로서의 정조의무에 충실치 못한 일체의 행위를 포함하며 이른바 간통보다는 넓은 개념으로서 부정한 행위인지의 여부는 각 구체적 사안에 따라 그 정도와 상황을 참작하여 평가하여야 할 것이다. 고령이고 중풍으로 정교능력이 없어 실제로 정교를 갖지는 못하였다 하더라도 배우자 아닌 자와 동거한 행위는 배우자로서의 정조의무에 충실치 못한 것으로서 "부정한 행위"에 해당한다고 한 사례(대법원 1992. 11. 10. 선고 92므68 판결).

■ 부정행위로 보지 않은 판례

민법 제840조 제1호 소정의 재판상 이혼사유인 배우자에 부정한 행위가 있었을 때라 함은 혼인한 부부간의 일방이 부정한 행위를 한 때를 말하는 것이므로 혼인 전 약혼단계에서 부정한 행위를 한 때에는 위 제1호의 이혼사유에 해당한다고 할 수는 없다. 약혼기간 중 다른 남자와 정교하여 임신하고는 그 혼인 후 남편의 자인양 속여 출생신고를 한 것이 그 혼인생활의 경과 등에 비추어 혼인을 계속할 수 없는 중대한 사유가 된다고 하기 어렵다고 한 사례(대법원 1991. 9.13. 선고 91므85).

> 저는 甲과 혼인하여 남매를 두고 있는데 가정불화가 심해져 3개월 전 이혼하기로 합의하면서 5,000만원을 위자료로 지급받아 별거에 들어갔습니다. 그러나 자녀들을 생각하면 참고 살아야 할 것 같아 甲에게 재결합할 것을 요구하였으나, 甲은 거부하면서 위 합의사실만으로도 이혼사유가 된다며 이혼을 요구하고 있습니다. 甲의 말이 맞는지요?

> 단순히 위와 같은 사유만으로 재판상 이혼사유가 된다고 할 수는 없을 듯하며, 귀하와 甲 중 누구에게 어떠한 귀책사유가 있느냐를 구체적으로 검토해 보아야 재판상 이혼사유 해당 여부가 결정될 것입니다.

1. 재판상 이혼 사유

민법 제840조는 재판상 이혼 사유에 대해 규정하고 있습니다. 부부의 일방은 다음 각 호의 사유가 있는 경우에는 가정법원에 이혼을 청구할 수 있습니다.

① 배우자에 부정한 행위가 있었을 때
② 배우자가 악의로 다른 일방을 유기한 때
③ 배우자 또는 그 직계존속으로부터 심히 부당한 대우를 받았을 때
④ 자기의 직계존속이 배우자로부터 심히 부당한 대우를 받았을 때
⑤ 배우자의 생사가 3년 이상 분명하지 아니한 때
⑥ 기타 혼인을 계속하기 어려운 중대한 사유가 있을 때

2. 판례의 태도

이와 관하여 판례는 "혼인생활 중 부부가 일시 이혼에 합의하고 위자료 명목의 금전을 지급하거나 재산분배를 하였다고 하더라도, 그것으로 인하여 부부관계가 돌이킬 수 없을 정도로 파탄되어 부부 쌍방이 이혼의사로 사실상 부부관계의 실체를 해소한 채 생활하여

왔다는 등의 특별한 사정이 없다면, 그러한 이혼합의 사실의 존재만으로는 이를 민법 제840조 제6호의 재판상 이혼사유인 혼인을 계속할 수 없는 중대한 사유에 해당한다고 할 수 없는 것이다."라고 하였습니다(대법원 1996. 4. 26. 선고 96므226 판결).

甲의 남편 乙은 혼인한 이후 甲에게 계속적으로 폭력을 행사하고 불륜행위를 하는 등 수차에 걸쳐 각종 범죄행위를 저질러 4년 6월의 징역형을 선고받고 현재 복역 중에 있어 정상적인 혼인관계를 유지할 수 없으므로 〈혼인을 계속할 수 없는 중대한 사유〉가 있음을 이유로 한 이혼청구소송을 하려고 합니다. 그런데 甲의 각종 범죄행위가 있었던 때로부터 2년이 훨씬 경과되었는데도 이혼소송을 제기할 수 있는지요?

甲은 지금이라도 이혼청구소송을 제기할 수 있습니다.

1. 제소기간

그 밖에 혼인을 계속하기 어려운 중대한 사유로 이혼하는 경우 그 사유를 안 날로부터 6개월, 그 사유가 있은 날로부터 2년이 지나면 이혼을 청구하지 못합니다(민법 제842조). 다만, 그 밖에 혼인을 계속하기 어려운 중대한 사유가 이혼청구 당시까지 계속되고 있는 경우에는 이 기간이 적용되지 않으므로(대법원 2001. 2. 23. 선고 2000므1561 판결, 대법원 1996. 11. 8. 선고 96므1243 판결), 언제든지 이혼을 청구할 수 있습니다.

2. 판례의 태도

그런데 같은 법 제842조의 제소기간의 적용범위에 관하여 판례는 "민법 제840조 제6호 소정의 '기타 혼인을 계속하기 어려운 중대한 사유'가 이혼청구 당시까지도 계속 존재하는 것으로 보아야 할 경우에는 이혼청구권의 제척기간에 관한 민법 제842조가 적용되지 아니한다."라고 하였습니다(대법원 1996. 11. 8. 선고 96므1243 판결, 2001. 2. 23. 선고 2000므1561 판결). 위 사안에 있어서 甲이 남편 乙의 불륜행위를 용서하였을 뿐만 아니라, 甲의 불륜행위나 각종 범죄행위가 있었던 때로부터 2년이 훨씬 경과한 뒤에야 이혼청구의 소를 제기하였다고 하여도, 甲의 이혼소송은 乙이 혼인 이후 甲에게 폭력을 행사하고 계속적으로 수차에 걸쳐 각종 범죄행위를 저질러 4년여의 징역형을 선고받고 복역 중에 있음으로 인하여 현재도 정상적인 혼인관계를 유지할 수 없음을 이유로 청구한 것이므로 「민법」 제840조 제6호 소정의 '기타 혼인을 계속할 수 없는 중대한 사유'가 현재까지도 계속 존재하는 것으로 보아야 할 것이고, 이와 같은 경우에는 이혼청구권의 제척기간에 관한 같은 법 제842조의 '제840조 제6호의 사유는 다른 일방이 이를 안 날로부터 6월, 그 사유 있은 날로부터 2년을 경과하면 이혼을 청구하지 못한다.'라는 규정이 적용되지 않을 것으로 보이므로, 甲은 지금이라도 이혼청구소송을 제기할 수 있을 것으로 보입니다.

甲과 乙은 혼인신고 이후 7년 이상의 장기간에 걸친 성관계 부존재 등의 사유로 불화를 겪다가 별거생활을 시작하였습니다. 당시 甲에게는 경미한 성기능의 장애가 있었으나 전문적인 치료와 조력을 받으면 정상적인 성생활이 가능할 수 있었음에도 불구하고 이를 이유로 乙은 甲과의 성관계를 거부하였는데, 이 경우 甲은 성관계 거부 등을 이유로 재판상 이혼을 청구할 수 있나요?

부부간의 성관계는 혼인의 본질적인 요소임을 감안할 때 이는 '혼인을 계속하기 어려운 중대한 사유'가 될 수 있습니다.

1. 재판상 이혼 사유

민법 제840조는 재판상 이혼 사유에 대해 규정하고 있습니다. 부부의 일방은 다음 각 호의 사유가 있는 경우에는 가정법원에 이혼을 청구할 수 있습니다.

① 배우자에 부정한 행위가 있었을 때
② 배우자가 악의로 다른 일방을 유기한 때
③ 배우자 또는 그 직계존속으로부터 심히 부당한 대우를 받았을 때
④ 자기의 직계존속이 배우자로부터 심히 부당한 대우를 받았을 때
⑤ 배우자의 생사가 3년 이상 분명하지 아니한 때
⑥ 기타 혼인을 계속하기 어려운 중대한 사유가 있을 때

2. 혼인을 계속하기 어려운 중대한 사유

혼인을 계속하기 어려운 중대한 사유란 혼인의 본질인 원만한 부부 공동생활 관계가 회복할 수 없을 정도로 파탄되어 그 혼인생활의 계속을 강제하는 것이 일방 배우자에게 참을 수 없는 고통이 되는 것을 말합니다(대법원 2005. 12. 23. 선고 2005므1689 판결). 혼인을 계속하기 어려운 중대한 사유가 있는지는 혼인파탄의 정도, 혼

인계속의사의 유무, 혼인생활의 기간, 당사자의 책임유무, 당사자의 연령, 이혼 후의 생활보장이나 그 밖에 혼인관계의 여러 가지 사정을 고려해서 판단됩니다(대법원 2000. 9. 5. 선고 99므1886 판결).

3. 판례의 태도

대법원은 "부부 중에 성기능의 장애가 있거나 부부 간의 성적인 접촉이 부존재하더라도 부부가 합심하여 전문적인 치료와 조력을 받으면 정상적인 생활로 돌아갈 가능성이 있는 경우에는 그러한 사정은 일시적이거나 단기간에 그치는 것이므로 '혼인을 계속하기 어려운 중대한 사유'가 될 수 없다."(2010. 7. 15. 선고 대법원 2010므1140 판결 등)고 판단하였습니다. 따라서 대법원의 기존 입장은 부부간의 성관계가 회복될 여지가 있다면 '혼인을 계속하기 어려운 중대한 사유'가 될 수 없다는 것입니다. 그러나 ① 정당한 이유없이 성교를 거부하는 경우, ② 성적기능의 불완전으로 정상적인 성생활이 불가능한 경우, ③ 그 밖에 부부 상호 간의 성적욕구의 정상적인 충족을 저해하는 사실이 존재하는 경우에는 이혼사유가 될 수 있다고 보았습니다.

甲은 북한지역을 이탈하여 남한에 건너온 사람입니다. 그러나 甲은 북한지역에서 乙과 혼인하여 결혼생활을 영위하였으나, 이탈 당시 甲혼자 이탈을 하여 현재 乙의 생사조차 알 수 없는 상황입니다. 이 경우 甲은 남한법원에 乙에 대한 재판상 이혼청구가 가능할까요?

가능합니다.

1. 북한이탈주민의 보호 및 정착지원에 관한 법률

북한이탈주민의 보호 및 정착지원에 관한 법률 제 19조의2에서는 이혼에 관한 특례를 규정하고 있습니다. 그 내용은 다음과 같습니다.

① 제19조에 따라 가족관계 등록을 창설한 사람 중 북한에 배우자를 둔 사람은 그 배우자가 남한에 거주하는지 불명확한 경우 이혼을 청구할 수 있다.

② 제19조에 따라 가족관계 등록을 창설한 사람의 가족관계등록부에 배우자로 기록된 사람은 재판상 이혼의 당사자가 될 수 있다.

③ 제1항에 따라 이혼을 청구하려는 사람은 배우자가 보호대상자에 해당하지 아니함을 증명하는 통일부장관의 서면을 첨부하여 서울가정법원에 재판상 이혼청구를 하여야 한다.

④ 서울가정법원이 제2항에 따른 재판상 이혼의 당사자에게 송달을 할 때에는 「민사소송법」 제195조에 따른 공시송달(公示送達)로 할 수 있다. 이 경우 첫 공시송달은 실시한 날부터 2개월이 지나야 효력이 생긴다. 다만, 같은 당사자에게 첫 공시송달 후에 하는 공시송달은 실시한 다음 날부터 효력이 생긴다.

⑤ 제4항의 기간은 줄일 수 없다.

따라서 북한지역에 배우자가 있는 사람은 남한법원에 이혼을 청구할 수 있습니다.

2. 판례의 태도

북한이탈주민보호법의 규정 취지, 앞서 인정한 바와 같은 경위로
원, 피고의 혼인생활이 이미 북한에서도 파탄에 이르렀고, 그 후
원고가 북한을 이탈하게 된 점, 현재 피고가 남한에 거주하는지 여
부가 불명확한 점, 대한민국이 군사분계선을 기준으로 나뉘어 남·
북한주민 사이의 왕래나 서신교환이 자유롭지 못한 현재의 상태가
가까운 장래에 해소될 개연성이 그리 크지 않은 점 등의 사정을
종합하여 보면, 결국 원, 피고 사이에 혼인관계를 계속하기 어려운
중대한 사유가 있다고 할 것이므로 이는 민법 제840조 제6호 소정
의 재판상 이혼사유에 해당한다(서울가정법원 2007. 6. 22. 선고
2004드단77721 판결).

> 甲(미국인)은 미국 미주리 주에 법률상 주소를 두고 있는 자인데, 乙(한국인)과 대한민국에서 혼인하였습니다. 甲과 乙은 대한민국에서 거주하다 甲이 乙을 상대로 재판상 이혼을 청구한 경우 대한민국 법원에 재판권이 있는가요?

> 甲은 乙을 상대로 대한민국 법원에 재판상 이혼청구를 할 수 있을 것으로 보입니다.

1. 이혼의 준거법

이혼소송의 당사자(부부)가 대한민국 국민인 경우 외국에 거주하고 있더라도 이혼, 양육권 등에 관한 판단에 있어서 대한민국 법이 적용됩니다(국제사법 제37조제1호 및 제39조).

2. 재판관할

대한민국 법원에 소송을 제기하기 위해서는 대한민국 법원이 해당 이혼사건에 대해 국제재판관할권을 가지고 있어야 합니다. 이에 대해 판례는 원칙적으로 피고주소지주의를 채택하고 있으며(대법원 2006. 5. 26. 선고 2005므884 판결), 「국제사법」 제2조에서는 당사자 또는 분쟁이 된 사안이 대한민국과 실질적 관련이 있는 경우에 우리나라 법원이 국제재판관할권을 가진다고 규정하고 있습니다.

3. 대한민국 가정법원에 이혼소송을 제기하는 경우

1) 소송방법

변론기일, 심리기일, 또는 조정기일에 소환을 받은 때에는 소송 당사자 또는 법정대리인이 출석하여야 합니다. 그러나 외국에 있는 자가 국내에서 이혼소송을 하는 경우와 같이 특별한 사정이 있는 경우에는 재판장, 조정장, 조정담당판사의 허가를 받아 대리인을 출석하게 할 수 있습니다(가사소송법 제7조).

2) 재외공관 또는 대한민국 행정관청에 이혼신고

이혼소송을 통해 이혼판결이 확정되면 부부 중 어느 한 쪽이 조정 성립 또는 재판 확정일로부터 1개월 이내에 이혼신고서에 재판서의 등본 및 확정증명서를 첨부해서 재외공관(대한민국 대사관·총영사관·영사관·분관 또는 출장소를 말하며, 그 지역을 관할하는 재외공관이 없는 경우에는 인접지역을 관할하는 재외공관을 말함. 이하 같음) 또는 국내의 등록기준지 또는 주소지를 관할하는 시청·구청·읍사무소 또는 면사무소에 이혼신고를 해야 합니다(가족관계의 등록 등에 관한 법률 제 34조, 제58조 및 제78조).

> **부부의 일방이 정신병적 증세를 보인다 하여 곧바로 이혼청구가 가능한가요?**
>
> 상대방이 불치의 정신병에 걸렸다면 상대방에게 사회상규상 지나치게 무거운 부담을 지울 수 없는 사정 등을 고려하여 제한적으로 민법 제 840조 제6호 사유에 해당되는지를 판단하는 것으로 보입니다.

1. 재판상 이혼 사유

민법 제840조는 재판상 이혼 사유에 대해 규정하고 있습니다. 부부의 일방은 다음 각 호의 사유가 있는 경우에는 가정법원에 이혼을 청구할 수 있습니다.

① 배우자에 부정한 행위가 있었을 때
② 배우자가 악의로 다른 일방을 유기한 때
③ 배우자 또는 그 직계존속으로부터 심히 부당한 대우를 받았을 때
④ 자기의 직계존속이 배우자로부터 심히 부당한 대우를 받았을 때
⑤ 배우자의 생사가 3년 이상 분명하지 아니한 때
⑥ 기타 혼인을 계속하기 어려운 중대한 사유가 있을 때

2. 판례의 태도

대법원 2004. 9. 13. 선고 2004므740 판결에서는 "부부의 일방이 정신병적 증세를 보여 혼인관계를 유지하는 데 어려움이 있다고 하더라도 그 증상이 가벼운 정도에 그치는 경우라든가, 회복이 가능한 경우인 때에는 그 상대방 배우자는 사랑과 희생으로 그 병의 치료를 위하여 진력을 다하여야 할 의무가 있는 것이고, 이러한 노력을 제대로 하여 보지 않고 정신병 증세로 인하여 혼인관계를 계속하기 어렵다고 주장하여 곧 이혼청구를 할 수는 없다."고 판시하고 있으나, 한편 "부부 중 일방이 불치의 정신병에 이환되었고, 그 질

환이 단순히 애정과 정성으로 간호되거나 예후가 예측될 수 있는 것이 아니고 그 가정의 구성원 전체에게 끊임없는 정신적·육체적 희생을 요구하는 것이며, 경제적 형편에 비추어 많은 재정적 지출을 요하고 그로 인한 다른 가족들의 고통이 언제 끝날지 모르는 상태에 이르렀다면, 온 가족이 헤어날 수 없는 고통을 받더라도 타방 배우자는 배우자 간의 애정에 터 잡은 의무에 따라 한정 없이 참고 살아가라고 강요할 수는 없는 것이므로, 이러한 경우는 민법 제840조 제6호 소정의 재판상 이혼사유에 해당한다."고 하여 상대방이 불치의 정신병에 걸렸고, 그것이 타방 당사자에게 끊임없는 정신적, 육체적 고통을 수반시키는 것이라면, 재판상 이혼사유로 인정할 수 있다는 취지의 판시를 하고 있습니다.

저와 제 아내인 甲은 법률상 혼인관계를 맺어 현재까지 함께 생활해오고 있었습니다. 그러나 저는 甲이 바람을 피우는 장면을 우연히 목격하여 현재 재판상 이혼을 준비하고 있는 상황입니다. 甲은 위 사건 이후에 집을 나가 수 개월이 지난 상황으로 현재 거주지나 근무장소를 전혀 알고 있지 못한 채 외국에 나가 있다는 소문만 듣고 있습니다. 이러한 경우 공시송달에 의한 이혼이 가능한지요?

귀하께서는 소송을 제기하는 단계에서 공시송달신청을 하시거나, 신청을 하지 않으시더라도 소송단계에서 직권에 의해 공시송달절차로 진행이 될 것으로 보입니다.

1. 송달의 의의

소송이 제기되면 소송 상대방에게 소송이 제기된 사실을 알리고 이에 대한 방어기회를 주기 위해 법원이 직권으로(민사소송법 제174조) 소송 상대방에게 소송 관련 서류를 보내는데, 이를 송달이라고 합니다.

2. 송달의 방법

송달의 방법은 송달 받을 사람에게 직접 서류를 교부하는 교부송달을 원칙으로 합니다(민사소송법 제178조). 그러나 이러한 교부송달이 불가능한 경우에는 보충(대리)송달(민사소송법 제186조 제1항 및 제3항), 유치(留置)송달(민사소송법 제186조제3항), 우편(발송)송달(민사소송법 제187조), 송달함(送達函)송달(민사소송법 제188조), 전화에 의한 송달(민사소송규칙 제46조제1항) 또는 공시(公示)송달(민사소송법 제195조)의 방법으로 송달할 수 있습니다.

3. 공시송달에 의한 이혼

공시송달이란 상대방의 주소 또는 근무장소를 알 수 없는 등의 이유로 상대방에게 통상의 방법으로 서류를 송달할 수 없을 경우에 당사자의 신청 또는 법원이 직권으로 행하는 것으로서 법원사무관 등이 송달할 서류를 보관하고 그 사유를 ① 법원게시판에 게시하거나 ② 관보·공보 또는 신문에 게재하거나 ③ 전자통신매체를 이용해 공시하는 방법으로 상대방이 언제라도 송달받을 수 있게 하는 송달방법입니다(민사소송법 제194조, 제195조 및 민사소송규칙 제54조제1항).

4. 신청에 의한 공시송달

이혼소송 상대방의 주소를 몰라 법원에 공시송달을 신청하려면 다음의 서류를 갖추어서 이혼소송을 제기한 가정법원에 제출하면 됩니다.
① 공시송달 신청서
② 말소된 주민등록 등본, 최후 주소지 통·반장의 불거주확인서, 상대방의 친족(부모, 형제, 자매 등)이 작성한 소재불명확인서 등 상대방의 현주소를 알 수 없음을 밝히는 자료

5. 법원의 직권에 의한 공시송달

법원은 당사자의 공시송달 신청을 기대할 수 없거나 소송지연을 방지할 필요가 있는 경우에 직권으로 공시송달하게 됩니다.

6. 공시송달 효력 발생

공시송달은 소장부본 전달, 출석통지 등 소송진행 과정에 따라 여러 차례 할 수도 있습니다. 이 때 첫 번째 공시송달은 공시송달한 날부터 2주가 지나면 효력이 발생하고, 같은 당사자에게 하는 그 뒤의 공시송달은 공시송달을 실시한 다음 날부터 효력이 발생해서(민사소송법 제196조), 재판절차가 진행됩니다.

[서식] 공시송달신청서

공 시 송 달 신 청

사 건   20○○드단 ○○○호 이혼 등
원 고   ○ ○ ○
피 고   △ △ △

　위 사건에 관하여 피고는 19○○년경 집을 나가 지금까지 소재불명으로 주민등록지에도 거주하지 않고 있어 통상의 방법으로는 피고에 대한 이 건 소장 부본 및 변론기일 소환장의 송달이 불가능하므로 공시송달의 방법으로 송달하여 줄 것을 신청합니다.

첨 부 서 류

1. 피고 주민등록등본   1통
1. 통장 불거주확인서 및 통장 위촉장   각 1통
1. 친족 소재불명확인서 및 인감증명   각 1통
1. 가족관계증명서(피고와 위 친족과의 친족관계 입증) 1통

20○○년 ○월 ○일
위 원 고   ○   ○   ○ (인)

○ ○ 가 정 법 원(가사○단독) 귀 중

> 저와 제 아내인 甲은 최근에 혼인신고를 하여 법률상의 부부가 되었습니다. 그러나 결혼을 할 당시 甲의 혼수도 빈약하고, 게다가 결정적으로 甲은 임신불능의 사정이 있습니다. 이러한 경우 저는 재판상 이혼을 청구할 수 있는지요?

▌ 할 수 없습니다.

1. 재판상 이혼 사유

민법 제840조는 재판상 이혼 사유에 대해 규정하고 있습니다. 부부의 일방은 다음 각 호의 사유가 있는 경우에는 가정법원에 이혼을 청구할 수 있습니다.

① 배우자에 부정한 행위가 있었을 때
② 배우자가 악의로 다른 일방을 유기한 때
③ 배우자 또는 그 직계존속으로부터 심히 부당한 대우를 받았을 때
④ 자기의 직계존속이 배우자로부터 심히 부당한 대우를 받았을 때
⑤ 배우자의 생사가 3년 이상 분명하지 아니한 때
⑥ 기타 혼인을 계속하기 어려운 중대한 사유가 있을 때

2. 판례의 태도

「기타 혼인을 계속하기 어려운 중대한 사유가 있을 때」란 혼인관계가 심각하게 파탄되어 다시는 부부생활을 회복하기 힘든 경우로 혼인생활의 계속을 강요하는 것이 고통이 되는 정도여야 합니다. 따라서 혼수가 빈약하거나 지참금이 없다는 이유만으로 이혼할 수는 없습니다. 비록 결혼 전 약속이 있었다하더라도, 그 후 약속을 이행하지 않는 이유로 이혼을 요구할 수는 없습니다. 또한 혼인은 부부생활을 목적으로 하는 남자와 여자의 결합을 말하는 것이고, 자손 번식은 그 결과에 불과한 것이기 때문에 여자가 임신불능이라고 하여 이혼할 수는 없습니다. 이와 관련하여 대법원은 1991. 2.

26. 선고 89므365 판결에서 "처가 전자궁적출술의 수술결과 임신불능이 되자, 남편이 종가의 종손임을 이유로 이혼을 주장하여 혼인 관계가 파탄에 이르렀다면, 그와 같이 된 데에는 출산불능이 법률상의 이혼사유로 되지 아니하는 이상 남편 측에게 보다 더 큰 책임이 있다고 하여 남편의 이혼심판청구를 기각하고 처의 반심판청구를 인용" 하였습니다. 따라서 혼수부족이나 임신불능 등의 사유는 민법 제840조의 재판상 이혼사유 중「기타 혼인을 계속하기 어려운 중대한 사유가 있는 때」라고 보기 어렵습니다.

저의 아내인 甲은 결혼 약 3년 후부터 소위 사이비 종교에 열심히 다니더니, 이제는 아주 빠져서 교회에서 살다시피 하면서 가정에는 소홀히 하고 있습니다. 이런 생활이 5년 넘게 계속되다 보니 이제는 저도 지쳐서 이혼을 하고자 합니다. 이혼이 가능할까요?

▌사실관계에 따라 다르나, 종교생활의 경우 그것이 너무나 과도하여 혼인관계가 파탄이 되었다면 이혼사유가 될 수 있습니다.

1. 재판상 이혼 사유

민법 제840조는 재판상 이혼 사유에 대해 규정하고 있습니다. 부부의 일방은 다음 각 호의 사유가 있는 경우에는 가정법원에 이혼을 청구할 수 있습니다.

① 배우자에 부정한 행위가 있었을 때
② 배우자가 악의로 다른 일방을 유기한 때
③ 배우자 또는 그 직계존속으로부터 심히 부당한 대우를 받았을 때
④ 자기의 직계존속이 배우자로부터 심히 부당한 대우를 받았을 때
⑤ 배우자의 생사가 3년 이상 분명하지 아니한 때
⑥ 기타 혼인을 계속하기 어려운 중대한 사유가 있을 때

2. 판례의 태도

이와 관련하여 상반되는 취지의 대법원의 판례가 존재합니다.

대법원 1996. 11. 15. 선고 96므851 판결은 "신앙의 자유는 부부라고 하더라도 이를 침해할 수 없는 것이지만, 부부 사이에는 서로 협력하여 원만한 부부생활을 유지하여야 할 의무가 있으므로 그 신앙의 자유에는 일정한 한계가 있다 할 것인 바, 처가 신앙생활에만 전념하면서 가사와 육아를 소홀히 한 탓에 혼인이 파탄에 이르게 되었다면 그 파탄의 주된 책임은 처에게 있다" 라고 판시하여 이혼

청구를 받아들였습니다.

그러나 대법원 1981. 7. 14. 선고 81므26 판결은 "신앙생활과 가정생활이 양립할 수 없는 객관적 상황이 아님에도 상대방 배우자가 부당하게 양자택일을 강요하기 때문에 부득이 신앙생활을 택하여 혼인관계가 파탄에 이르렀다면 그 파탄의 주된 책임은 양자택일을 강요한 상대방에게 있다고 할 것이므로 이 배우자의 이혼청구는 허용할 수 없건"라고 판시하여 이혼을 인정하지 않았습니다.

따라서 이러한 대법원의 상반된 판시취지에 따를 때, 비록 사실관계에 따라 다르나, 종교생활의 경우 그것이 너무나 과도하여 혼인관계가 파탄이 되었다면 이혼사유가 될 수 있습니다.

재판상 이혼 절차

재판상 이혼 절차는 어떻게 되나요?

이혼소송은 [부부 쌍방의 변론 -> 법원의 판결 -> 재판의 확정일로부터 1개월 이내에 등록기준지 또는 주소지 관할 시청·구청·읍사무소 또는 면사무소에 이혼신고(부부 중 일방이 신고함)]의 순으로 진행됩니다.

1. 조정에 의한 이혼

1) 가정법원에 조정신청

① 조정전치주의(調停前置主義)

재판상 이혼을 하려면 먼저 가정법원의 조정을 거쳐야 합니다. 즉, 이혼소송을 제기하기 전에 먼저 가정법원에 조정을 신청해야 하며, 조정신청 없이 이혼소송을 제기한 경우에는 가정법원이 그 사건을 직권으로 조정에 회부합니다. 다만, 다음의 경우에는 조정절차를 거치지 않고 바로 소송절차가 진행됩니다(가사소송법 제2조제1항제1호나목 4 및 제50조).

- 공시송달(公示送達)에 의하지 않고는 부부 일방 또는 쌍방을 소환할 수 없는 경우

- 이혼사건이 조정에 회부되더라도 조정이 성립될 수 없다고 인정되는 경우
  ※ 이혼조정을 신청하는 경우에는 재산분할, 위자료, 양육사항 및 친권자지정 등 부부 간 합의되지 않은 사항이 있다면 이를 함께 신청해서 조정 받을 수 있습니다(가사소송법 제 57조).
② 관할법원
  이혼조정 신청은 다음의 가정법원에 조정신청서를 제출하면 됩니다(가사소송법 제22조 및 제51조).
  - 부부가 같은 가정법원의 관할구역 내에 보통재판적이 있는 경우에는 그 가정법원
  - 부부가 마지막으로 같은 주소지를 가졌던 가정법원의 관할구역 내에 부부 중 어느 한쪽의 보통재판적이 있는 경우에는 그 가정법원
  - 위 1.과 2.에 해당되지 않는 경우로서 부부 중 한쪽이 다른 한쪽을 상대로 하는 경우에는 상대방의 보통재판적이 있는 곳의 가정법원
  - 부부가 합의로 정한 가정법원
③ 신청에 필요한 서류
  이혼조정을 신청할 때에는 다음의 서류를 갖추어서 제출해야 합니다.
  - 이혼소장 또는 이혼조정신청서 각 1통
  - 부부 각자의 혼인관계증명서 각 1통
  - 부부 각자의 주민등록등본 각 1통
  - 부부 각자의 가족관계증명서 각 1통
  - 미성년인 자녀[임신 중인 자녀를 포함하되, 이혼숙려기간(민법 제836조의2제2항 및 제3항에서 정한 기간) 이내에 성년에 도달하는 자녀는 제외]가 있는 경우에는 그 자녀 각자의

기본증명서, 가족관계증명서

- 그 외 각종 소명자료

2) 가정법원의 사실조사

① 각 가정마다 생활사정, 혼인생활, 이혼에 이르게 된 경위 등에 차이가 있기 때문에 조정 시에는 이러한 개별적·구체적 사정이 고려될 필요가 있습니다. 이를 위해서 가사조사관이 가사조정 전에 사실에 대한 조사를 실시하게 됩니다(가사소송법 제6조 및 제56조).

② 사실조사를 위해 필요한 경우에는 경찰 등 행정기관과 그 밖에 상당하다고 인정되는 단체 또는 개인(예를 들어 은행, 학교 등)을 대상으로 조정 당사자의 예금, 재산, 수입, 교육관계 및 그 밖의 사항에 관한 사실을 조사할 수 있습니다(가사소송법 제8조 및 가사소송규칙 제3조).

3) 부부 쌍방의 출석 및 가정법원의 조정

① 부부 쌍방의 출석·진술

법원의 조정기일이 정해지면 조정당사자 또는 법정대리인이 출석해서(특별한 사정이 있는 경우에는 허가받은 대리인이 출석하거나 보조인을 동반할 수 있음) 진술하고 조정당사자의 합의에 기초해서 조정합니다(가사소송법 제7조).

조정기일에 조정신청인이 출석하지 않으면 다시 기일을 정하는데 그 새로운 기일 또는 그 후의 기일에도 조정신청인이 출석하지 않으면 조정신청은 취하된 것으로 보며(가사소송법 제49조 및 민사조정법 제31조), 조정상대방이 조정기일에 출석하지 않으면 조정위원회 또는 조정담당판사가 직권으로 조정에 갈음하는 결정(즉, 강제조정결정)을 하게 됩니다(가사소송법 제49조, 민사조정법 제30조 및 제32조).

② 조정성립

조정절차에서 당사자 사이에 이혼의 합의가 이루어지면 그 합의된 사항을 조정조서에 기재함으로써 조정이 성립됩니다(가사소송법 제59조제1항). 이 조정은 재판상 화해와 동일한 효력이 생겨(가사소송법 제59조제2항 본문) 혼인이 해소됩니다.

③ 조정에 갈음하는 결정·화해권고결정

조정상대방이 조정기일에 출석하지 않거나, 당사자 사이에 합의가 이루어지지 않거나, 조정당사자 사이의 합의내용이 적절하지 않다고 인정되는 사건에 관해 조정위원회 또는 조정담당판사가 직권으로 조정에 갈음하는 결정을 하거나 화해권고결정을 할 수 있습니다(가사소송법 제12조, 제49조, 민사소정법 제30조, 제32조 및 민사소송법 제225조제1항).

이 강제조정결정 등에 대해서 당사자가 그 송달 후 2주 이내에 이의신청을 하지 않거나, 이의신청이 취하되거나, 이의신청의 각하결정이 확정된 경우에는 재판상 화해, 즉 확정판결과 동일한 효력이 생깁니다(가사소송법 제49조, 제59조제2항, 민사조정법 제34조 및 민사소송법 제231조).

4) 행정관청에 이혼신고

조정이 성립되면 조정신청인은 조정성립일부터 1개월 이내에 이혼신고서에 조정조서의 등본 및 확정증명서를 첨부해서 등록기준지 또는 주소지 관할 시청·구청·읍사무소 또는 면사무소에 이혼신고를 해야 합니다(가족관계의 등록 등에 관한 법률 제58조 및 제78조).

2. 재판에 의한 이혼

1) 조정절차에서 소송절차로 이행되는 경우

조정을 하지 않기로 하는 결정이 있거나(민사조정법 제26조), ② 조정이 성립되지 않은 것으로 종결되거나(민사조정법 제27조), ③ 조정에 갈음하는 결정 등에 대해 2주 이내에 이의신청이 제기되어 그 결정이 효력을 상실한 경우(민사조정법 제34조)에는 조정신청을 한 때에 소송이 제기된 것으로 보아, 조정절차가 종결되고 소송절차로 이행됩니다(가사소송법 제49조 및 민사조정법 제36조제1항).

2) 소송진행

① 부부 쌍방의 변론

소송절차가 개시되어 변론기일이 정해지면 소송당사자 또는 법정대리인이 출석해서(특별한 사정이 있는 경우에는 허가받은 대리인이 출석하거나 보조인을 동반할 수 있음) 소송제기자(원고)와 소송상대방(피고) 각자의 주장 및 증거관계를 진술하고, 법원의 사실조사·증거조사 및 신문(訊問) 후 판결을 선고받습니다(가사소송법 제7조, 제17조 및 민사소송법 제287조제1항).

② 법원의 판결

이혼소송의 판결은 선고로 그 효력이 발생합니다(가사소송법 제12조 및 민사소송법 제205조).

이혼청구를 인용(認容)한 확정판결(원고승소판결)은 제3자에게도 효력이 있습니다(가사소송법 제21조제1항). 한편, 이혼청구를 배척(排斥)하는 판결(원고패소판결)이 확정되면, 원고는 사실심의 변론종결 전에 참가할 수 없었음에 대해 정당한 사유가 있지 않는 한 동일한 사유로 다시 소를 제기할 수 없습니다(가사소송법 제21조제2항).

③ 판결에 불복하는 경우

판결에 대해 불복이 있으면 판결정본 송달 전 또는 판결정본이 송달된 날부터 14일 이내 항소 또는 상고할 수 있습니다(가사소송법 제19조제1항 및 제20조).

3) 행정관청에 이혼신고

이혼판결이 확정되면 부부 중 어느 한 쪽이 재판의 확정일부터 1

개월 이내에 이혼신고서에 재판서의 등본 및 확정증명서를 첨부해서 등록기준지 또는 주소지 관할 시청·구청·읍사무소 또는 면사무소에 이혼신고를 해야 합니다(가족관계의 등록 등에 관한 법률 제58조 및 제78조).

이 혼 조 정 신 청

신 청 인   ○ ○ ○ (주민등록번호)
          주소   ○○시 ○○구 ○○길 ○○(우편번호)
          전화   ○○○ - ○○○○
          등록기준지   ○○시 ○○구 ○○길 ○○
피 신 청 인   △ △ △ (주민등록번호)
          주소   ○○시 ○○구 ○○길 ○○(우편번호)
          전화   ○○○ - ○○○○
          등록기준지   ○○시 ○○구 ○○길 ○○

신 청 취 지

  신청인과 피신청인은 이혼한다.
라는 조정을 구합니다.

신 청 원 인

1. 결혼한 경위
가. 신청인과 피신청인은 198○. ○. 초순경 결혼식을 올리고 198○. ○.
    ○. 혼인신고를 한 법률상 부부로서 슬하에는 1녀 □□(여, 만14세),
    1남 □□(남, 만12세)을 두고 근 15년간 결혼생활을 해왔습니다.
나. 신청인은 198○. ○. ○○대학을 졸업하였으나, 졸업과 동시에 198○. ○. 하
    순 경 ○○은행에 취직하여 서울 중구 서소문동 소재 동 은행본점
    영업부에서 근무하게 되었는바, 같은 직장내에서 피신청인을 알게 되
    었고, 피신청인은 198○년 ○○대학교 경제학과를 졸업, 198○년 군대
    를 제대한 후 동 회사에 입사하였고 신청인과 피신청인은 입사동기
    로 3년여를 교제하였습니다.

2. 피신청인의 이상성격과 폭력
가. 피신청인은 3년간이나 신청인과 교제하면서 보이지 않던 행동을, 신
    혼여행을 다녀오자마자 사소한 일에 생트집을 잡는 등 하지 않던 행
    동과 시댁에 소홀히 한다면서 시댁식구들이 보는 앞에서 쌍소리를

하며 무시하였습니다.

나. 신청인은 피신청인이 폭력을 일삼는 등 이상성격의 소유자임을 뒤늦게 알았지만 자식을 낳고 살면서 시간이 지나면 좀 성격이 달라질 것으로 믿었습니다. 그러나 피신청인은 같이 직장생활을 한다고 월급은 한푼도 생활비로 내어놓지 아니하고 술과 도박으로 밤을 낮으로 삼고 외박이 잦으며 신청인에게 툭하면 "개", "쌍년"이란 말을 섞어 넣어 가면서 장소를 불문하고 못된 욕지거리와 폭력을 가하였고, 특히 결혼 후인 198○. ○. 초순 경 시동생 결혼식 피로연에서 특별한 이유도 없이 피신청인은 신청인의 머리채를 잡고 때리면서 상스런 욕설을 하여 여러 친지들 앞에서 망신을 준 사실도 있습니다.

다. 198○. ○월 신청인은 둘째 아이를 낳으면서 직장을 그만두었는데 생활비는 월 ○○○원씩만 지급하면서 피신청인은 승용차를 구입하여 출.퇴근을 하는 등 가족들의 생계에는 전혀 신경을 쓰지 않았습니다.

라. 199○. ○. 초순경부터는 설상가상으로 낯모르는 여자한테 번갈아 전화가 걸려오고 피신청인의 직장에도 어떤 여자와 피신청인이 바람을 피운다는 소문이 파다하게 퍼졌습니다.

3. 신청인은 위와 같은 사정으로 이제 더 이상 견딜 수 없어 부득이 조정신청에 이르게 된 것이므로 신청취지와 같은 조정을 내려 주시기 바랍니다.

첨 부 서 류

1. 혼인관계증명서	1통
1. 가족관계증명서	1통
1. 주민등록등본	1통

20○○년   ○월   ○일

위 청구인 ○ ○ ○   (인)

○ ○ 가 정 법 원 귀중

[서식] 이혼청구의 소(유기)

소　　　　　　장

원　고　○　○　○ (주민등록번호)
　　　　등록기준지 및 주소 : ○○시 ○○구 ○○길 ○○(우편번호)
피　고　리차드 ○ △△
　　　　최후 국내 주소 : 불 명
　　　　미국 상 주소 : 미합중국 오하이오주 ○○시 ○로
　　　　　　　　　　　(○st. ○○○, Ohio , U.S.A)

이혼청구의 소

청　구　취　지

1. 원고와 피고는 이혼한다.
2. 소송비용은 피고의 부담으로 한다.
라는 판결을 구합니다.

청　구　원　인

1. 혼인 경위
　원고는 다방 종업원으로 일하던 중 주한 미군인 미합중국 국적의 피
고를 만나 결혼식은 올리지 않고 19○○. ○. ○. 혼인신고를 함으로
써 법률상 부부가 되었고 그 사이에 자녀는 없습니다.

2. 재판상 이혼 사유
가. 피고는 원고와 혼인한 후 집에도 잘 들어오지 않고 다른 여자들과 부정
　한 관계를 일삼다가 혼인한 지 약 1개월 정도 지난 19○○. ○월경 원고
　에게 아무런 말도 없이 미국으로 떠난 후, 지금까지 연락조차 없습니다.
나. 원고는 피고와 이혼하고 싶어도 소송을 제기할 여력이 없어 약 ○○
　년 간 그대로 지냈으나, 이제라도 호적정리를 하고자 민법 제 840조
　제2호 소정의 재판상이혼사유인 "악의의 유기"를 이유로 이 건 이혼
　청구를 합니다.

3. 재판관할권 및 준거법
가. 이 건 이혼청구는 피고가 미합중국 국적을 가지고 있어 섭외적 사법
　관계에 속한다고 할 것인바, 원고의 본국 및 주소지국이 대한민국이

고 위에서 기재한 바와 같이 피고가 원고를 유기하고 있으므로 이
사건에 대한 재판관할권은 대한민국에 있다고 할 것입니다. (첨부한
하급심 판결 ○○가정법원 ○○ 드 ○○○○○호 참조) 그리고 피고
의 보통재판적이 국내에 없으므로 대법원 소재지의 가정법원인 귀
원에 그 관할권이 있다 할 것입니다.

나. 또한 위 하급심판결에 의하면 미합중국의 경우 판례와 학설에 의하여
인정된 이혼에 관한 섭외사법의 일반원칙에 따르면 부부 일방의 주소
지에 재판관할권이 인정됨과 동시에 그 법정지법이 준거법으로 인정
되고 있다는 것이므로, 이 건 소송은 원고가 출생 이래 지금까지 계
속 영주의 의사로 대한민국에 주소를 가지고 있으므로 대한민국 민법
이 준거법이 된다 할 것입니다.

4. 공시송달신청

피고는 19○○년경 본국인 미합중국으로 귀국한 것으로 보이나 (약
○○년전 일이고, 원고는 피고의 인적사항을 정확히 알고 있지 않아
출입국 증명원은 발급을 받을 수 없음) 원고는 피고의 미국 주소를
불명확하여 그 주소로 송달해도 송달이 불가능한 상태이므로 민법 제
179조에 의해 공시송달하여 주실 것을 신청합니다.

입 증 방 법

1. 갑 제 1호증   혼인관계증명서
1. 갑 제 2호증   주민등록초본
1. 갑 제 3호증   사실확인서

첨 부 서 류

1. 소장 부본   1통
1. 위 각 입증방법   각 1통
1. 참고자료 (하급심 판결)   1통
1. 위임장   1통
1. 납부서   1통

20○○년 ○월 ○일.
위 원고   ○ ○ ○ (인)

○ ○ 가 정 법 원 귀 중

[서식] 소장(이혼)

소 장
(이혼)

원   고 성명: ☎
주민등록번호
주   소
송 달 장 소
등록 기준지

피   고 성명: ☎
주민등록번호
주   소
송 달 장 소
등록 기준지
□ 별지 당사자표시서에 기재 있음

청 구 취 지

1. 원고와 피고는 이혼한다.
2. 소송비용은 피고가 부담한다.

청 구 원 인

유의사항
1. 이혼소송은 가사소송법 제50조 제2항에 따라 재판을 받기 전에 조정절차를 거치는 것이 원칙이고, 많은 사건이 조정절차에서 원만하게 합의되어 조기에 종결됩니다.
2. 서로의 감정을 상하게 하거나 갈등을 고조시켜 원만한 조정에 방해가 되지 않도록 조정기일 전에는 이 소장 외에 준비서면 등을 더 제출하는 것을 삼가주시기 바랍니다.
3. 구체적인 사정은 조정기일에 출석하여 진술할 수 있고, 만일 조정이 성립되지 않아 소송절차로 이행할 경우 준비서면을 제출하여 이 소장에 기재하지 못한 구체적인 청구원인을 주장하거나 추가로 증거를 제출할 수 있습니다.

청구하고자 하는 부분의 □안에 V표시를 하시고, ____부분은 필요한 경우 직접 기재하시기 바랍니다.

> **이혼소송 중인데 상대방이 재산을 마음대로 처분해서 나중에 재산분할을 못 받을까 걱정돼요. 좋은 방법이 있나요?**

> 상대방에게 재산분할이나 위자료를 받아야 할 경우에는 미리 상대방 명의의 재산에 대해 사전처분이나 가압류·가처분신청을 해서 이혼소송 중에 상대방이 임의로 재산을 처분하지 못하도록 할 수 있습니다.

1. 사전처분

1) 사전처분이란?

가사사건의 소 제기, 심판청구 또는 조정의 신청이 있는 경우에 가정법원, 조정위원회 또는 조정담당판사가 사건의 해결을 위해 특히 필요하다고 인정한 경우에는 직권 또는 당사자의 신청에 의해 상대방이나 그 밖의 관계인에 대해 다음과 같은 처분을 할 수 있는데, 이것을 사전처분이라고 합니다(가사소송법 제62조제1항).

① 현상을 변경하거나 물건을 처분하는 행위를 금지하는 처분

(예시) 부부의 부양·협조·생활비용의 부담에 관한 처분, 재산관리자의 변경에 관한 처분 등

② 사건에 관련된 재산의 보존을 위한 처분

(예시) 재산분할 대상·위자료 지급 재원이 되는 재산처분 금지에 관한 처분 등

③ 관계인의 감호와 양육을 위한 처분

(예시) 자녀의 면접교섭 및 양육비지급에 관한 처분 등

④ 그 밖의 적당하다고 인정되는 처분

2) 사전처분 신청

사전처분은 이혼소송을 제기하거나, 심판청구를 하거나, 조정신청을 한 이후에 그 사건을 관할하는 법원에 신청할 수 있습니다(가사소송법 제62조제1항).

3) 위반 시 제재

당사자 또는 관계인이 정당한 이유 없이 사전처분을 위반하면 가정 법원, 조정위원회 또는 조정담당판사의 직권 또는 권리자의 신청에 의해 결정으로 1천만원 이하의 과태료가 부과될 수 있습니다(가사 소송법 제67조제1항).

2. 보전처분

1) 종류

보전처분에는 가압류와 가처분의 두 가지가 있습니다. 사전처분과 달리 보전처분은 이혼소송을 제기하기 전에도 신청할 수 있으나, 소송과 별도로 신청하기 때문에 비용이 지출됩니다.

2) 가압류

① 가압류(假押留)란 금전채권이나 금전으로 환산할 수 있는 채권에 관해 장래 그 집행을 보전하려는 목적으로 미리 채무자(즉, 배우자)의 재산을 압류해서 채무자가 처분하지 못하도록 하는 것을 말합니다(민사집행법 제276조제1항). 가압류의 유형에는 ㉮건물, 토지 등 부동산가압류, ㉯가구, 가전용품 등 유체동산가압류, ㉰임대차보증금, 예금, 급여 등 채권가압류 등이 있습니다.

② 가압류 신청

가압류 신청을 하려면 가압류신청서(가압류 대상에 따라 부동산 가압류 신청서, 유체동산가압류 신청서, 채권가압류 신청서)와 소명자료를 다음의 법원 중 한 곳에 제출하면 됩니다(민사집행법 제278조 및 제279조).

- 가압류할 물건이 있는 곳을 관할하는 법원
- 본안(즉, 이혼소송)이 제기되었을 경우 이를 관할하는 법원

③ 가압류의 효력

법원의 가압류 결정에 따라 가압류 집행이 완료되면 채무자는 자

기 재산에 대해 일체의 처분을 할 수 없습니다. 즉, 가압류된 부동산을 매매하거나 증여하는 등의 처분을 할 수 없으며, 처분을 한 경우에도 채무자와 제3취득자 사이의 거래가 유효함을 권리자(즉, 가압류를 집행한 상대 배우자)에게 주장할 수 없습니다.

③ 가압류 취소

채무자는 다음 어느 하나에 해당하는 사유가 있으면 가압류가 인가된 뒤에도 가압류의 취소를 신청할 수 있습니다(민사집행법 제288조제1항).

- 가압류 이유가 소멸되거나 그 밖에 사정이 바뀐 경우
- 법원이 정한 담보를 제공한 경우
- 가압류가 집행된 뒤에 3년간 본안의 소를 제기하지 않은 경우(이 경우에는 이해관계인도 신청 가능)

3) 가처분

① 가처분(假處分)이란 금전채권이 아닌 특정계쟁물(다툼의 대상이 되고 있는 것)에 관해 장래 그 집행을 보전할 목적으로 그 계쟁물을 현상변경하지 못하도록 하거나, 당사자 사이에 다툼이 있는 권리관계가 존재하고 그에 대한 확정판결이 있기까지 현상의 진행을 그대로 방치한다면 권리자가 현저한 손해를 입거나 목적을 달성하기 어려운 경우에 잠정적으로 임시의 지위를 정하는 것을 말합니다(민사집행법 제300조). 가처분의 대상과 유형은 다양하지만 처분금지가처분과 점유이전금지가처분이 그 대표적 유형입니다.

② 가처분 신청

가처분 신청을 하려면 가처분신청서와 소명자료를 다음의 법원 중 한 곳에 제출하면 됩니다(민사집행법 제279조, 제301조 및 제303조).

- 다툼의 대상이 있는 곳을 관할하는 지방법원
- 본안(즉, 이혼소송)이 제기되었을 경우 이를 관할하는 법원

③ 가처분의 효력

법원의 가처분 결정에 따라 가처분 집행이 완료되면 채무자는 특정계쟁물의 현상 또는 임시의 지위에 대해 일체의 변경을 할 수 없습니다. 즉, 처분금지가처분의 경우 그 목적이 된 특정계쟁물을 처분할 수 없으며, 처분을 한 경우에도 채무자와 제3취득자 사이의 거래가 유효함 권리자에게 주장할 수 없습니다.

④ 가처분 취소

채무자는 다음 어느 하나에 해당하는 사유가 있으면 가처분이 인가된 뒤에도 가처분의 취소를 신청할 수 있습니다(민사집행법 제288조제1항 및 제301조).

- 가처분 이유가 소멸되거나 그 밖에 사정이 바뀐 경우
- 법원이 정한 담보를 제공한 경우
- 가처분이 집행된 뒤에 3년간 본안의 소를 제기하지 않은 경우(이 경우에는 이해관계인도 신청 가능)

부동산가압류신청

채 권 자 ○○○
　　　　○○시 ○○구 ○○길 ○○(우편번호 ○○○-○○○)
　　　　전화.휴대폰번호:
　　　　팩스번호, 전자우편(e-mail)주소:
채 무 자 ◇◇◇
　　　　○○시 ○○구 ○○길 ○○(우편번호 ○○○-○○○)
　　　　전화.휴대폰번호:
　　　　팩스번호, 전자우편(e-mail)주소:

청구채권의 표시

금 ○○○원(채권자가 채무자로부터 가지는 위자료, 양육비청구채권의
일부금)

가압류하여야 할 부동산의 표시

별지 1목록 기재와 같습니다.

신 청 취 지

　채권자가 채무자에 대하여 가지는 위 청구채권의 집행을 보전하기 위
하여 채무자 소유의 별지 1목록 기재 부동산은 이를 가압류한다.
라는 재판을 구합니다.

신 청 이 유

1. 채무자의 이혼사유
　가. 채권자는 20○○. ○. ○. 채무자와 혼인하여 20○○. ○. ○. 아들
　　　신청외 ◎◎◎를 낳고 지금까지 살고 있는데, 채무자는 아이를 임신
　　　한 초기부터 채권자를 구타하기 시작하였습니다. 20○○. ○.경 채권
　　　자가 임신한 사실을 알리자 채무자는 줄담배를 피우면서 "왜 임신을

했느냐?"며 채권자를 다그치고 채권자는 기가 차서 아무 대꾸도 못하고 태아에게 해로우니 담배를 밖에 나가서 피우라고 하자 오히려 연기를 채권자의 코에다 내뿜고 이에 채권자가 따지자 주먹으로 채권자의 안면부를 치고 밖으로 나간 사실이 있습니다. 그 뒤에도 여러 차례 폭력을 행사하였고 20○○. ○. ○. 채권자가 아들을 낳고 산후조리도 못하고 앓아 누워 있는데 채무자는 제 시간에 맞춰 밥을 해주지 않는다고 욕설과 함께 발과 주먹으로 채권자의 온몸을 때리고 밟아 1주일 동안 움직이지도 못하게 된 일도 있습니다.

나. 채무자는 채권자가 자신의 마음에 들지 않는다고 이야기하면서 마치 채권자를 노리개나 강아지처럼 취급하여 거실이나 방에서 지나가면서도 주먹으로 머리를 때리거나 발로 차고 지나갑니다.

다. 20○○. ○.경 채권자를 엎어놓고 발로 밟고 걷어차 채권자에게 늑골골절과 요추염좌의 상해를 입히고, 20○○. ○. ○. 그 동안 채무자의 이러한 행동으로 불안한 가정을 행복하게 해준다고 시어머니가 굿을 하라고 하여 할 수 없이 참여하게 되었는데 집으로 돌아온 채권자가 "굿을 한다고 되는 것이 아니라"고 하자 채무자는 자신의 모친이 하게 한 굿을 비난하였다고 채권자의 머리와 얼굴을 주먹으로 여러 차례 때려 채권자는 이를 감당할 수 없어 의식을 잃고 말았습니다. 다음날 깨어나서도 1주일 이상 계속 머리가 아프고 정신을 제대로 차리지 못하자 채권자는 외숙모를 데리고 와 같이 병원에 가서 진찰을 받은 결과 콧속의 뼈가 부러졌다는 진단을 받게 되었고 이를 수술하여야 하고 또 악성은 아니지만 뇌종양이 있다는 의사의 설명이 있는데도 채무자는 수술을 할 필요 없다면서 퇴원하도록 하였고 채권자는 지금까지 수술을 하지 못한 채 고통을 받고 있습니다.

라. 채권자는 이러한 채무자의 위와 같은 행패에도 불구하고 지금은 단지 정신이 흘려서 그럴 것이라는 생각과 제정신으로 돌아와 아이와 채권자를 돌볼 것이라는 환상을 가지고 고소와 이혼하는 것을 거부하고 참고 생활해왔는데, 채무자의 구타를 더 이상 견디지 못하고 무서워 채무자의 요구대로 이혼을 해주기로 하였으며 채무자는 위자료로 금 20,000,000원을 주고, 신청외 ◎◎◎는 자신이 부양한다고 하면서 일방적으로 협의이혼을 강요하므로 폭력이 두려워 협의이혼하기로 하였는바, 채권자는 협의이혼 법정에서도 이혼하지 않으려고 이혼의사여부를 묻는 질문에 눈물을 흘리면서 대답을 못하자 채무자는 채권자를 흘기면서 죽여버리겠다고 하므로 무서워서

협의이혼을 하겠다고 하였습니다.

마. 그러나 채무자는 채권자에게 지급하기로 한 위자료를 지급하지 않고 신청외 ◎◎◎를 채권자가 양육하기 위하여 채무자가 이혼신고를 하기 전에 채권자는 이혼의사철회신고를 먼저 제출하여 채무자의 이혼신고는 수리되지 않았습니다.

바. 채권자는 위에서 열거하지 않은 수많은 폭력과 학대를 더 이상 견딜 수 없고 정상적인 결혼생활을 지속하기 어려우며 이러한 파탄의 책임은 전적으로 채무자에게 있다고 할 것이므로 채무자는 채권자에게 위자료를 지급하여야 할 것입니다.

2. 위자료 청구

채무자는 위에서 열거한 것 외에도 헤아릴 수 없을 정도로 구타를 일삼았으며 비인간적인 수모를 주는 욕설과 무시로 인간의 존엄성을 무참히 짓밟았으므로 채권자에게 준 고통을 치유하기 위하여 최소한 금 30,000,000원을 지급하여야 할 것입니다.

3. 양육비

가. 채무자는 채권자 사이에 출생한 신청외 ◎◎◎는 만 2세 남짓하여 엄마의 보호가 절실하며 채무자는 지금 신청외 ◎◎◎를 양육할 수도 없고 현재 자신의 형님 집에 보내어 키우고 있어 채무자가 양육하기에는 부적당하므로 채권자가 양육하고자 합니다.

나. 양육비청구범위

- 양육비 청구기간 : 20○○. ○. ○.부터 대학졸업하기까지 20○○. ○. ○.까지 호프만 계수 : ○○○개월 = ○○○.○○○○
- 양육비 일시청구액 : 금 300,000원×○○○.○○○○(호프만계수)=금 ○○○원

4. 결 론

따라서 채무자는 채권자에게 금 ○○○원(위자료 금 30,000,000원 + 양육비 금 ○○○원)을 청구하는 소송을 준비하고 있는데, 채무자가 오히려 20○○드단○○○호로 이혼소송을 제기하였으나 종결시까지 상당한 시일이 걸리고 그 동안 채무자가 그 재산을 처분할 가능성이 많으므로 집행보전의 방법상 금 20,000,000원의 청구채권범위 내에서 부득이 이 사건 신청에 이른 것입니다.

5. 담보제공

　　담보제공은 공탁보증보험증권(■■보증보험주식회사 증권번호 제○
○호)을 제출하는 방법으로 할 수 있도록 허가하여 주시기 바랍니다.

소 명 방 법

1. 소갑 제1호증	혼인관계증명서
1. 소갑 제2호증	가족관계증명서
1. 소갑 제3호증	주민등록등본
1. 소갑 제4호증	치료확인서
1. 소갑 제5호증	진단서
1. 소갑 제6호증	각서

첨 부 서 류

1. 위 소명서류	각 1통
1. 부동산등기사항증명서	2통
1. 가압류신청진술서	1통
1. 송달료납부서	1통

20○○.　○.　○.
위 채권자 ○○○ (서명 또는 날인)

○○지방법원 귀중

[별지]

부동산의 표시

1동의 건물의 표시
　　○○시 ○○구 ○○동 ○○
　　[도로명주소] ○○시 ○○구 ○○길 ○○
　　○○시 ○○구 ○○동 ○○-○ ◎◎아파트 제107동
　　철근콘크리트조 슬래브지붕 15층 아파트
　　1층 291.80㎡

2층 283.50㎡

3층 283.50㎡

4층 283.50㎡

5층 283.50㎡

6층 283.50㎡

7층 283.50㎡

8층 283.50㎡

9층 283.50㎡

10층 283.50㎡

11층 283.50㎡

12층 283.50㎡

13층 283.50㎡

14층 283.50㎡

15층 283.50㎡

지층 282.38㎡

전유부분의 건물의 표시
철근콘크리트조 제9층 제901호 131.40㎡

대지권의 목적인 토지의 표시
1. ○○시 ○○구 ○○동 ○○ 대 ○○○○㎡
2. ○○시 ○○구 ○○동 ○○-○ 대 ○○○㎡

대지권의 표시 1, 2 소유대지권 비율 43685.4분의 58.971. 끝.

[서식] 부동산처분금지가처분신청서(이혼 재산분할, 다세대주택)

부동산처분금지가처분신청

채권자 ○○○
　　　　○○시 ○○구 ○○길 ○○(우편번호 ○○○-○○○)
　　　　전화.휴대폰번호:
　　　　팩스번호, 전자우편(e-mail)주소:
채무자 ◇◇◇
　　　　○○시 ○○구 ○○길 ○○(우편번호 ○○○-○○○)
　　　　등기부상 주소 ○○시 ○○구 ○○길 ○○○
　　　　전화.휴대폰번호:
　　　　팩스번호, 전자우편(e-mail)주소:

목적물의 표시　　　별지목록 기재와 같습니다.
피보전권리의 내용　20○○. ○. ○. 재산분할을 원인으로 한 소유권이전등기
청구권
목적물의 가격　　　　○○○원

신 청 취 지

　채무자는 별지 목록 기재 부동산에 대하여 매매, 증여, 저당권설정 그
밖의 일체의 처분행위를 하여서는 아니 된다.
라는 결정을 구합니다.

신 청 이 유

1. 당사자간의 협의이혼 및 재산분할약정
　　채권자는 19○○. ○. ○ 채무자와 혼인하여 19○○. ○. ○. 신청외 딸
　　◉①◉를, 19○○. ○. ○. 신청외 아들 ◉②◉를, 19○○. ○. ○ 딸 ◉
　　③◉를 각 낳고 살다가 채무자의 구타로 20○○. ○. ○. 협의이혼을 하
　　였으며, 협의이혼 당시 채무자는 별지 목록 기재 부동산을 재산분할조
　　로 채무자에게 소유권이전하기로 약정하였습니다.

2. 소유권이전등기의무의 불이행

채권자는 채무자와 협의이혼을 한 뒤 별지목록 기재 부동산에서 위 자녀
들과 함께 거주하고 있는데, 채무자는 별지목록 기재 부동산에 대한 채권
자의 여러 차례에 걸친 소유권이전등기요구에도 불구하고 계속 미루면서
"내명의로 등기되어 있는 동안에는 내가 소유이기 때문에 내맘대로 들
어오는데 네년이 무슨 소리냐?"라고 하면서 수시로 침입하여 술주정 등
으로 가족을 괴롭히고 있습니다.

3. 결 론

따라서 채권자는 채무자를 상대로 별지목록 기재 부동산에 대한 소유
권이전등기절차이행청구의 소를 제기하고자 준비중이나, 소송종료시까
지 많은 시일이 걸리고 만약 채무자가 별지목록 기재의 부동산을 처
분할 경우 채권자나 자녀들은 생활의 터전을 상실함은 물론 소송의
목적을 달성할 수 없으므로 그 집행을 보전하기 위하여 이 사건 신청
에 이르렀습니다.

4. 담보제공

한편, 이 사건 부동산처분금지가처분명령의 손해담보에 대한 담보제공
은 민사집행법 제19조 제3항, 민사소송법 제122조에 의하여 보증보
험주식회사와 지급보증위탁계약을 맺은 문서를 제출하는 방법으로 담
보제공을 할 수 있도록 허가하여 주시기 바랍니다.

소 명 방 법

1. 소갑 제1호증   혼인관계증명서
1. 소갑 제2호증의 1, 2, 3   가족관계증명서(자녀)
1. 소갑 제3호증의 1, 2, 3   각 재학증명서
1. 소갑 제4호증   각 서
1. 소갑 제5호증   주민등록표등본

첨 부 서 류

1. 위 소명방법   각 1통
1. 부동산등기사항전부증명서   1통
1. 토지대장등본   1통
1. 건축물대장등본   1통

1. 송달료납부서   1통

20○○. ○. ○.
위 채권자 ○○○ (서명 또는 날인)

○○지방법원 귀중

[별지]

부동산의 표시

1. 1동의 건물의 표시
   ○○시 ○○구 ○○동 ○○ 제4동
   [도로명주소] ○○시 ○○구 ○○로 ○○
   철근콘크리트조 및 벽돌조 슬래브지붕 4층 다세대주택
   1층 152.75㎡
   2층 152.75㎡
   3층 152.75㎡
   4층 152.75㎡
2. 대지권의 목적인 토지의 표시
   ○○시 ○○구 ○○동 ○○ 대 747㎡
3. 전유부분의 건물의 표시
   철근콘크리트조 및 벽돌조 1층 411호 72.80㎡
4. 대지권의 표시
   소유권 7470분의 377 대지권. 끝.

저는 남편 甲의 부정행위를 이유로 이혼소송을 제기하여 이혼 확정판결을 받았습니다. 그러나 저는 2개월이 지나도록 이혼신고를 하지 못하였는데, 이혼신고기간은 언제까지이며 그 기간이 경과되었을 경우 이혼의 효력과 가족관계등록부 정리문제는 어떻게 되는지요?

재판상 이혼의 신고기간은 판결이 확정된 날로부터 1개월 이내입니다. 만약 이 기간을 경과하였다면 이혼의 효력이 상실되는 것은 아니나, 과태료처분을 받게 됩니다.

1. 과태료란?

과태료란 행정상 일정한 의무를 이행하지 않거나 행정상 벌칙을 위반한 사람에게 내려지는 형벌의 일종입니다. 금액이 2000원 이상 50,000원 이하로 매우 경미하다는 점에서 50,000원 이상을 납부해야 하는 벌금과 구별됩니다.

2. 이혼신고

이혼판결이 확정되면 부부 중 어느 한 쪽이 재판의 확정일부터 1개월 이내에 이혼신고서에 재판서의 등본 및 확정증명서를 첨부해서 등록기준지 또는 주소지 관할 시청·구청·읍사무소 또는 면사무소에 이혼신고를 해야 합니다(가족관계의 등록 등에 관한 법률 제58조 및 제78조).

3. 이혼신고 기간

재판상이혼의 경우 소를 제기한 사람은 판결이 확정된 날로부터 1개월 이내에 재판서의 등본과 확정증명서를 첨부하여 이혼신고를 하여야 합니다(가족관계의 등록 등에 관한 법률 제78조, 제58조).

그러나 재판상이혼은 판결이 확정됨으로써 혼인해소의 효력이 발생되는 것이고, 이혼신고는 가족관계등록부 정리를 위한 보고적 신고에 불과하므로 위 이혼신고기간을 경과하였다고 하여 이혼의 효력이 상실되는 것은 아닙니다. 그리고 이혼판결이 확정되면 법원사무관 등은 지체 없이 당사자의 등록기준지의 가족관계등록사무를 처리하는 자에게 그 뜻을 통지하도록 되어 있고(가사소송규칙 제7조 제1항), 이러한 가족관계등록사무를 처리하는 자에게의 통지는 그 통지사항에 관하여 당사자에게 「가족관계의 등록 등에 관한 법률」상의 신고의무가 있음을 전제로 한 것이므로 통지를 받은 시(구)·읍·면의 장은 신고의무자에게 상당한 기간을 정하여 신고를 최고하고, 최고할 수 없거나 2회의 최고를 하여도 신고하지 아니하는 때에는 감독법원의 허가를 얻어 직권으로 통지 받은 사항을 기재하게 됩니다(가족관계의 등록 등에 관한 법률 제38조, 제18조 제2항). 따라서 귀하가 신고기간 내에 이혼신고를 하지 않은 경우에는 5만원 이하의 과태료에 처해질 수 있고, 기간을 정하여 신고의 최고를 하였음에도 신고하지 아니하는 경우에는 10만원 이하의 과태료처분을 받게 됩니다(가족관계의 등록 등에 관한 법률 제122조, 제121조). 만일, 아직까지도 이혼확정판결의 뜻이 직권으로 가족관계등록부에 기재되어 있지 않다면 지금이라도 이혼신고를 하여야 할 것입니다(가족관계의 등록 등에 관한 법률 제40조).

제4부
재산문제

- ■ 위자료
- ■ 재산분할

위자료

위자료로 2천만원을 주라는 법원의 판결에도 불구하고 상대방이 위자료를 주지 않고 있어요. 어떻게 해야 위자료를 받아낼 수 있을까요?

위자료 지급의 강제방법은 아래와 같습니다.

1. 이행명령

이행명령이란 가정법원의 판결·심판·조정조서·조정에 갈음하는 결정 또는 양육비부담조서에 따라 금전의 지급 등 재산상의 의무, 유아의 인도(引渡)의무 또는 자녀와의 면접교섭허용의무를 이행해야 할 의무자가 정당한 이유 없이 그 의무를 이행하지 않을 때 당사자의 신청에 의해 가정법원이 일정한 기간 내에 그 의무를 이행할 것을 명하는 것을 말합니다.

2. 위자료 지급의무 불이행에 대한 이행명령 신청

상대방이 위자료를 지급하지 않는 경우에는 위자료 지급을 명한 판결·심판 또는 조정을 한 가정법원에 이행명령을 신청해서 상대방이 위자료지급의무를 이행할 것을 법원이 명하도록 할 수 있습니다.

3. 이행명령 불이행에 대한 제재

위자료를 지급해야 할 의무자가 이행명령을 받고도 위자료를 지급하지 않는 경우 가정법원은 다음의 방법으로 그 이행을 강제할 수 있습니다.

① 과태료 부과

의무자가 위자료 지급 이행명령을 받고도 정당한 이유 없이 위자료를 지급하지 않으면 가정법원·조정위원회 또는 조정담당판사는 직권 또는 권리자의 신청에 의해 결정으로 1천만원 이하의 과태료를 부과할 수 있습니다(가사소송법 제67조1항).

② 감치(監置)

또한, 의무자가 위자료 지급 이행명령을 받고도 정당한 이유 없이 위자료를 3기 이상 지급하지 않으면 가정법원은 권리자의 신청에 의해 결정으로 30일 이내의 범위에서 위자료를 지급할 때까지 의무자를 감치에 처할 수 있습니다(가사소송법 제68조제1항제1호).

4. 강제집행

강제집행이란 상대방이 채무를 이행하지 않은 경우에 국가권력에 의해 강제적으로 그 의무의 이행을 실현하는 것을 말합니다. 예를 들어, 위자료지급의무를 이행해야 할 의무자가 위자료를 지급하지 않는 경우에 권리자가 그 의무자의 부동산을 강제경매해서 위자료로 충당하는 방법이 가능합니다.

5. 위자료 지급의무 불이행에 대한 강제집행 신청

① 상대방이 위자료를 지급하지 않는 경우에는 집행권원(예를 들어 판결, 조정조서, 화해조서 등)을 근거로 강제집행을 할 수 있다는 집행문을 부여받아 상대방 재산에 강제집행을 신청해서 경

매처분을 통해 위자료를 받을 수 있습니다(민사집행법 제28조, 제39조, 제56조, 제90조 및 가사소송법 제41조).

② 상대방에게 재산이 없으면 위와 같은 방법을 이용하더라도 위자료를 지급받는 것이 불가능하므로 소송을 제기하기 전에 상대방의 재산에 대해 가압류·가처분 등의 보전처분을 해 놓는 것이 좋습니다.

이행명령 신청서

사건번호 2013(드단, 느단)   (이행명령의 근거가 되는 재판)

신 청 인 성   명 :   (☎ :   )

　　　　　주민등록번호 :

　　　　　주   소 :

　　　　　송 달 장 소 :

피신청인 성   명 :

　　　　　주민등록번호 :

　　　　　주   소 :

사건본인 성   명 :

　　　　　주민등록번호 :

　　　　　주   소 :

신 청 취 지

　위 당사자간 서울가정법원 20   (드단, 느단)   호 사건의 확정판결(심판, 조정조서)에 기한 의무의 이행으로 (주문, 조정(화해)조항) 중항을 이행하라는 결정을 구함.

신 청 이 유

(신청 사유를 구체적으로 기재)

첨 부 서 류

1. 판결(조정조서, 화해조서 등) 정본　　　　1통
1. 확정(송달)증명서　　　　　　　　　　　1통
1. 신청서 부본　　　　　　　　　　　　　　1부

20 . . .

신청인 :   (서명 또는 날인)

서울○○법원 귀중

[서식] 이행명령 불이행 등에 따른 감치·과태료 신청서

이행명령 불이행 등에 따른 감치.과태료 신청서

대상사건번호 20   즈기   (이행명령, 수검명령, 일시금지급명령)
신 청 인 성   명 :   (☎ :   )
　　　　　주민등록번호 :
　　　　　주　　　소 :
　　　　　송 달 장 소 :
피신청인 성   명 :
　　　　　주민등록번호 :
　　　　　주　　　소 :

신 청 취 지

피신청인은 위 당사자간 서울가정법원 20   즈기   호   사건의 이행
의무를 위반하였으므로 (감치, 과태료)에 처한다.
라는 결정을 구합니다.

신 청 이 유
(신청 사유를 구체적으로 기재)

첨 부 서 류

1. 이행명령 등 정본 또는 사본　　　　　　　1통
1. 신청서 부본　　　　　　　　　　　　　　1부

20   . . .
신청인 :   (서명 또는 날인)

서울○○법원   귀중

> 저는 남편이 간통을 하는 등 부정한 행위를 이유로 이혼 소송 중에 있습니다. 이혼에 책임이 있는 남편에 대해서 위자료도 같이 청구하는데 위자료는 어떠한 점들을 기준으로 산정하나요?

> 이혼 시 위자료는 일률적으로 얼마가 될 것인지는 말씀드리기가 상당히 어려우며, 정신적인 배신감과 혼인기간, 유책행위의 악성 정도 등이 중요한 요소가 될 것으로 보입니다.

1. 법원의 위자료 청구기준

이혼 시 위자료는 이혼을 하게 된 주된 책임이 있는 배우자에 대하여 이혼으로 발생하는 정신적 피해 등을 배상하기 위한 명목으로 책정되는 배상액입니다. 이는 혼인기간동안 재산을 공동으로 형성한 것을 재분배하는 재산분할과는 별개의 목적으로 책정되는 것으로써, 판례에 의하면 유책행위(혼인파탄에 책임이 된 행위)에 이르게 된 경위와 정도, 혼인관계파탄의 원인과 책임, 배우자의 연령과 재산상태 등 변론에 나타나는 모든 사정을 참작하여 법원이 직권으로 정하는 것이라 합니다.[대법원 2004.7.9, 선고, 2003므2251, 판결] 이러한 이혼 시 위자료는 일률적으로 얼마가 될 것인지는 말씀드리기가 상당히 어려우며, 정신적인 배신감과 혼인기간, 유책행위의 악성 정도 등이 중요한 요소가 될 것으로 보입니다.

2. 혼인파탄에 책임있는 제3자에 대한 위자료 청구

① 위자료는 이혼의 원인을 제공한 사람에게 청구할 수 있습니다 (민법 제750조, 제751조, 제806조, 제843조 및 가사소송법 제2조제1항제1호다목 2).

② 따라서 배우자가 혼인파탄에 책임이 있다면 그 배우자를 상대

로, 시부모나 장인·장모 등 제3자가 혼인파탄에 책임이 있다면 그 제3자를 상대로 위자료를 청구할 수 있습니다.

③ 제3자가 혼인파탄에 책임이 있는 경우

시부모나 장인·장모 또는 첩(妾)이나 배우자의 간통 상대방 등이 혼인생활에 부당하게 간섭해서 혼인을 파탄에 이르게 한 경우나 혼인생활의 지속을 강요하는 것이 가혹하다고 여겨질 정도로 시부모나 장인·장모에게 폭행, 학대 또는 모욕당하는 경우(대법원 2004. 2. 27. 선고 2003므1890 판결, 대법원 1998.4.10. 선고 96므1434 판결 등) 등을 말할 수 있습니다.

이혼 및 위자료 조정신청

신 청 인   ○ ○ ○(주민등록번호)
          등록기준지   ○○시 ○○구 ○○길 ○○
          주소   ○○시 ○○구 ○○길 ○○(우편번호)
          전화   ○○○ - ○○○○
피신청인   △ △ △(주민등록번호)
          등록기준지   ○○시 ○○구 ○○길 ○○
          주소   ○○시 ○○구 ○○길 ○○(우편번호)
          전화   ○○○ - ○○○○

이혼 및 위자료 조정신청

신 청 취 지

1. 신청인과 피신청인은 이혼한다.
2. 피신청인은 신청인에게 위자료 금 ○○○원 및 이에 대하여 이 조정성
   립일로부터 다 갚는 날까지 연 15%의 비율에 의한 금원을 지급하라.
라는 조정을 구합니다.

신 청 원 인

1. 당사자의 지위
   신청인과 피신청인은 199○. ○. ○. 혼인하여 슬하에 1남을 둔 법률상
   부부입니다.

2. 혼인의 파탄
  가. 신청인은 198○. 초경 ○○에 있는 미용실에 근무하면서 손님으로
      온 피신청인과 만나 교제하던 중 신청외 자 □□□을 가지게 되었
      고 할 수 없이 199○. ○. ○. 혼인신고를 하고 가정을 이루게 되
      었습니다.
  나. 피신청인은 결혼 후 ○○의 구두공장에서 미싱사로 근무를 하다가

혼인신고 후 약 4개월이 지나 ◎◎으로 내려와 같은 일을 하면서 어렵게 생활을 하였는데 술을 너무 좋아하여 다른 사람들과 싸움을 다반사로 하였습니다.

다. 그러던 중 199○.경부터는 미싱일을 그만 두고 건축현장 등을 전전하며 막노동을 하기 시작한 이후부터는 자주 외박을 하였고 가끔 집에 들어오는 날이면 술에 취해 들어와 신청인과 신청외 자 □□□에 대한 갖은 폭행과 횡포를 일삼아 신청인과 자 □□□은 공포에 떨면서 살아왔습니다.

라. 피신청인은 200○. ○월경부터 가출까지 하였는데 도박을 좋아하여 피고가 사채업자로부터 돈을 빌렸는지 신청인으로서 전혀 모르는 젊은 남자 2명이 찾아와 전세금을 빼가겠다며 협박을 하다가 피신청인을 잡겠다며 집 근처에서 배회를 하는 등, 20○○. ○. ○.경에는 ◎◎경찰서로부터 사기혐의로 고소가 되어 출석요구가 발송되었으나 도망다니는 관계로 현재 기소중지 된 상태입니다.

마. 신청인은 피신청인만을 의지하며 살수 없어 식당일, 파출부 등으로 생활을 해왔으며 현재 공공근로를 하며 어렵게 생활을 유지해 가고 있기에 피신청인과 더 이상 혼인을 유지하고 싶지 않습니다.

3. 이런 피신청인의 외박 및 도박, 신청인에 대한 악의의 유기, 상습적인 폭행은 재판상 이혼사유에 해당된다 할 것입니다. 이는 피신청인의 책임 있는 사유에 해당할 수 있어 신청인은 피신청인에 대하여 이혼 및 혼인 파탄에 대한 위자료의 지급을 구하고자 이 신청에 이르게 된 것입니다.

입 증 방 법

1. 갑 제1호증	진단서
1. 갑 제2호증	혼인관계증명서
1. 갑 제3호증	가족관계증명서
1. 갑 제4호증	주민등록등본
1. 갑 제5호증	출석요구서

첨 부 서 류

1. 위 입증방법   각 1통

1. 신청서 부본　　　　　　　　　　　　　1통
　　　1. 납부서　　　　　　　　　　　　　　　　1통

　　　　　　　20○○년　　○월　　○일
　　　　　　위 신청인　○　○　○　　(인)

○ ○ 지 방 법 원　귀중

남편과 제가 서로 우연히 동시에 간통을 하여서 현재 이혼 소송이 진행 중입니다. 서로 간통을 한 것은 맞지만, 남편이 저에게 소홀히 대하고 홀로 남겨 둔 것에 대해서 심적으로 너무나 괴로워 위자료를 청구하고 싶습니다. 가능할까요?

혼인파탄에 대한 책임의 정도가 대등하다면 위자료를 청구하기는 어려워 보입니다.

1. 유책배우자의 이혼청구

판례에 따르면 혼인파탄에 대해 주된 책임이 있는 배우자(이하 "유책배우자"라 함)는 그 파탄을 이유로 스스로 이혼청구를 할 수 없는 것이 원칙입니다. 혼인파탄을 자초한 사람이 이혼을 청구하는 것은 도덕성에 근본적으로 배치되고 배우자 일방에 의한 이혼 또는 축출(逐出)이혼이 될 수 있기 때문입니다(대법원 1999. 2. 12. 선고 97므612 판결, 대법원 1987. 4. 14. 선고 86므28 판결 등).

2. 예외

그러나 다음의 예시와 같은 특수한 사정이 있는 경우 판례는 예외적으로 유책배우자의 이혼청구를 인정하고 있습니다.

① 상대방도 혼인을 지속할 의사가 없음이 객관적으로 명백함에도 불구하고 오기나 보복적 감정에서 이혼에 불응하는 등의 특별한 사정이 있는 경우(대법원 2004. 9. 24. 선고 2004므1033 판결)

② 유책배우자의 이혼청구에 대해 상대방이 반소(反訴)로 이혼청구를 하는 경우(대법원 1987. 12. 8. 선고 87므44,45 판결). 다만, 유책배우자의 이혼청구에 대해 상대방이 그 주장사실을 다투면서 오히려 다른 사실을 내세워 반소로 이혼청구를 하더라도 그 사정만으로 곧바로 상대방은 혼인을 계속할 의사가 없으

면서도 오기나 보복적 감정에서 유책배우자의 이혼청구에 응하지 않는 것이라고 단정할 수는 없습니다(대법원 1998. 6. 23. 선고 98므15,22 판결).

③ 부부 쌍방의 책임이 동등하거나 경중(輕重)을 가리기 어려운 경우(대법원 1997. 5. 16. 선고 97므155 판결, 대법원 1994. 5. 27. 선고 94므130 판결)

> 남편이 다른 여자와 첩 계약을 맺고 간통을 하였습니다. 남편과 간통녀에게 배신감과 모욕감을 느끼지만, 자식들이 있어 가정은 지키고 싶습니다. 그리하여 남편과의 이혼소송은 하고 싶지 않습니다. 이혼 소송 없이도 남편과 간통녀에 대하여 정신적 손해배상이 가능할까요?

> 이혼 소송이 없이도 정신적 손해배상을 청구가 가능하리라 보입니다.

1. 첩계약

첩은 본처가 있는 남자와 지속적으로 성관계를 맺고 있는 여자를 말하는데, 첩계약은 처 있는 남자가 다른 여자와 첩을 맺고 이를 유지하는 계약을 말합니다. 이는 민법 제103조에 따라 선량한 풍속 기타 사회질서에 위반한 사항이므로 무효입니다. 따라서 첩계약은 혼인질서에 반하는 계약이므로 무효입니다. 또한 축첩한 남자와 이를 교사, 방조한 여자는 공동의 불법행위로 인하여 본처의 권리를 침해한 것이므로 본처에게 위자료를 지급할 의무가 있게 됩니다.

2. 판례의 태도

대법원은 "소위 첩계약은 본처의 동의 유무를 불문하고 선량한 풍속에 반하는 사항을 내용으로 하는 법률행위로서 무효일 뿐만 아니라 위법한 행위이므로, 부첩관계에 있는 부 및 첩은 특별한 사정이 없는 한 그로 인하여 본처가 입은 정신상의 고통에 대하여 배상할 의무가 있고, 이러한 손해배상책임이 성립하기 위하여 반드시 부첩관계로 인하여 혼인관계가 파탄에 이를 필요까지는 없고, 한편 본처가 장래의 부첩관계에 대하여 동의하는 것은 그 자체가 선량한 풍속에 반하는 것으로서 무효라고 할 것이나, 기왕의 부첩관계에 대하여 용서한 때에는 그것이 손해배상청구권의 포기라고 해석되는 한 그대로의 법적 효력이 인정될 수 있다(대법원 1998. 4. 10. 선고 96므1434 판결)."라고 판시하고 있습니다. 이러한 손해배상책임이 성립하기 위하여 반드시 부첩관계로 인하여 혼인관계가 파탄에 이를 필요까지는 없으므로 이혼 소송이 없이도 정신적 손해배상을 청구가 가능하리라 보입니다. 다만 부첩관계에 대하여 용서한 때에는 그것이 손해배상청구권의 포기라고 해석된다면 이미 손해배상청구권은 소멸한 것으로 법적 효력이 인정될 가능성도 있으므로, 부첩관계에 대하여 용서에 의해 위자료청구가 제한될 가능성도 있습니다.

남편과 저 사이의 관계가 소원해지고 자주 다투어 더 이상 혼인을 유지할 마음이 없어서 남편과 별거를 하고 서로 이혼할 날짜와 일정, 그리고 재산을 어떻게 나눌지 협의를 하고 있었습니다. 그러던 도중 남편이 이미 이혼의 지경에 이르렀다는 핑계로 다른 여자와 만남을 가지고 성관계도 가지게 되었습니다. 이러한 남편과 상간녀에 대해서 위자료 등을 청구할 수 있을까요?

이미 실질적으로 부부의 혼인생활이 파탄이 되었다면 부부 일방이 불법행위를 저질렀더라도 위자료 등을 청구할 수 없습니다.

1. 혼인파탄 후, 제3자의 불법행위에 대한 손해배상 청구

① 부부가 불화와 장기간의 별거로 파탄되어 부부생활의 실체가 더 이상 존재하지 않고 객관적으로 회복할 수 없는 정도에 이른 후에는 제3자가 부부의 일방과 외도를 하였더라도 상대 배우자는 제3자에게 손해배상을 청구할 수 없습니다(대법원 2014. 11. 20. 선고 2011므2997 판결).

② 제3자에 대한 손해배상책임을 인정하지 않는 경우
대법원은 "부부가 아직 이혼하지 아니하였지만 실질적으로 부부 공동생활이 파탄되어 회복할 수 없을 정도의 상태에 이르렀다면, 제3자가 부부의 일방과 외도를 하더라도 이를 두고 부부공동생활을 침해하거나 그 유지를 방해하는 행위라고 할 수 없고 또한 그로 인하여 배우자의 부부공동생활에 관한 권리가 침해되는 손해가 생긴다고 할 수도 없으므로 불법행위가 성립한다고 보기 어렵다. 그리고 이러한 법률관계는 재판상 이혼청구가 계속 중에 있다거나 재판상 이혼이 청구되지 않은 상태라고 하여 달리 볼 것은 아니다(대법원 2014. 11. 20. 선고 2011므 2997 판결)"라고 판단하고 있습니다.

재산분할

아내가 바람을 피워서 이혼하게 됐어요. 아내가 재산을 분할해 달라고 하는데 말도 안 된다고 생각해요. 이혼원인을 제공한 사람도 재산분할청구를 할 수 있나요?

▌ 바람을 피운 유책배우자도 재산분할청구를 할 수 있습니다.

1. 재산분할청구권의 개념

① 부부가 이혼하면 혼인 중 부부가 공동으로 모은 재산을 나눌 필요가 생깁니다. 이 때 이혼한 부부 일방이 상대 배우자에 대해 재산분할을 청구할 수 있는 권리가 재산분할청구권입니다.

② 재산분할청구권은 협의이혼, 재판상 이혼의 경우에 모두 인정되며, 부부 사이에 재산분할에 관한 합의가 이루어지지 않으면 가정법원에 재산분할심판을 청구할 수 있습니다(민법 제839조의2, 제843조 및 가사소송법 제2조제1항제2호나목4, 제36조제1항).

2. 유책배우자의 재산분할청구

재산분할청구권은 이혼의 책임이 누구에게 있는지에 관계없이 부부 일방이 상대방에게 청구할 수 있는 권리로서 법원은 다음에 해당하는 자도 재산분할청구권을 행사할 수 있다고 보고 있습니다.

① 혼인관계의 파탄에 대해 책임이 있는 배우자(대법원1993. 5. 11. 자 93스6 결정)

② 사실혼이 파기된 경우 사실혼 관계에 있던 배우자(대법원 1996. 9. 20. 선고 96므530 판결)

■ 유책배우자의 재산분할청구권

혼인 중에 부부가 협력하여 이룩한 재산이 있는 경우에는 혼인관계의 파탄에 대하여 책임이 있는 배우자라도 재산의 분할을 청구할 수 있다. 민법 제839조의2에 규정된 재산분할 제도는 부부가 혼인 중에 취득한 실질적인 공동재산을 청산 분배하는 것을 주된 목적으로 하는 것이므로 부부가 협의에 의하여 이혼할 때 쌍방의 협력으로 이룩한 재산이 있는 한, 처가 가사노동을 분담하는 등으로 내조를 함으로써 부의 재산의 유지 또는 증가에 기여하였다면 쌍방의 협력으로 이룩된 재산은 재산분할의 대상이 된다(대법원 1993. 5. 11. 자 93스6 결정).

[서식] 재산분할 심판청구서

재산분할 심판청구서

청구인 성 명 :   (☎ :   )
　　　　주민등록번호 :
　　　　주　　　소 :
　　　　송 달 장 소 :
상 대 방 성 　 명 :
　　　　주민등록번호 :
　　　　주　　　소 :

청 구 취 지
(재산분할 심판청구 취지를 구체적으로 기재)

청 구 원 인
(재산분할 심판청구 사유를 구체적으로 기재)

첨 부 서 류

1. 청구인의 혼인관계증명서, 주민등록표등(초)본　　　　　　　각 1통
1. 상대방의 혼인관계증명서, 주민등록표등(초)본　　　　　　　각 1통
1. 분할재산소명자료(부동산등기사항전부증명서,임대차계약서 등)　1부

20 　.　.　.

청구인 :　　　　　　　(서명 또는 날인)

서울○○법원 귀중

※ **청구취지 작성 예시**

○ 금전지급에 의한 분할 : 소송촉진등에 관한 특례법 적용 없음

　「상대방은 청구인에게 재산분할로 100,000,000원 및 이에 대한 이

심판확정 다음날부터 다 갚는 날까지 연 5%의 비율에 따른 금원을 지급하라.」

○ 소유권 이전등기(현물분할)
「상대방은 청구인에게 별지 목록 기재 부동산에 대하여 이 심판확정 일자 재산분할을 원인으로 한 소유권이전등기절차를 이행하라.」

○ 경매분할
「별지목록 기재 부동산을 경매에 부쳐 그 대금에서 경매비용을 공제한 나머지 금액을 청구인에게 2/3, 상대방에게 1/3의 비율로 분할한다.」

○ 현물분할을 하면서 기여도에 따른 분할비율과의 차이를 금전으로 정산하게 하는 경우
  1. 상대방은 청구인에게 별지 제1목록 기재 부동산 중 1/2지분에 관하여 이 심판확정일자 재산분할을 원인으로 한 소유권이전등기절차를 이행하고, 청구인은 상대방에게 별지 제2목록 기재 부동산 중 1/2지분에 관하여 이 심판 확정일자 재산분할을 원인으로 한 소유권이전등기절차를 이행하라.
  2. 청구인은 위 재산분할의 조정으로서 상대방에게 5,000만 원을 지급하라」

☞ 유의사항
1. 관할법원은 상대방 주소지 가정법원입니다.
2. 이미 이루어진 재산분할에 관한 약정의 이행을 구하는 것은 민사사건입니다.
3. 혼인해소 전에 미리 재산분할청구권을 포기할 수는 없으며, 재산분할청구권은 혼인해소 후 2년이 경과하면 소멸 (제척기간)
4. ☎ 란에는 연락 가능한 휴대전화번호(전화번호)를 기재하시기 바랍니다.

저는 혼인한지 10년 되었으나 남편 甲의 부정(不貞)행위로 인하여 이혼하고자 합니다. 甲소유 명의의 주택은 매도하여 위자료조로 받았지만, 甲은 대기업체의 간부로 재직중이고 만일 직장을 퇴직할 경우에는 상당한 액수의 퇴직금을 받게 되는바, 퇴직금에 대하여도 재산분할청구를 해보려고 합니다. 이것이 가능한지요?

가능합니다.

1. 퇴직금의 재산분할

2014년 전원합의체 판결을 통하여 "비록 이혼 당시 부부 일방이 아직 재직 중이어서 실제 퇴직급여를 수령하지 않았더라도 이혼소송의 사실심 변론종결 시에 이미 잠재적으로 존재하여 그 경제적 가치의 현실적 평가가 가능한 재산인 퇴직급여채권은 재산분할의 대상에 포함시킬 수 있으며, 구체적으로는 이혼소송의 사실심 변론종결시를 기준으로 그 시점에서 퇴직할 경우 수령할 수 있을 것으로 예상되는 퇴직급여 상당액의 채권이 그 대상이 된다."고 판시하였습니다. 따라서 위 사안에 있어서도 비록 甲이 아직 퇴직하지 아니한 채 직장에 근무하고 있는 상황이나 甲이 장래 수령할 퇴직금에 대하여도 재산분할청구를 주장할 수 있다고 할 것입니다.

2. 퇴직연금과의 차이

이에 관하여 종전 판례는 "향후 수령할 퇴직연금은 여명을 확정할 수 없으므로, 이를 바로 분할대상재산에 포함시킬 수는 없고, 이를 참작하여 분할액수와 방법을 정함이 상당하다."라고 판단해 왔습니다(대법원 1997. 3. 14. 선고 96므1533, 1540 판결, 2002. 8. 28.자 2002스36 결정). 그러나 2014년 전원합의체 판결을 통하여 "재산분할제도의 취지에 비추어 허용될 수 없는 경우가 아니라면, 이미 발생한 공무원 퇴직연금수급권도 부동산 등과 마찬가지로 재산분할의 대상에 포함될 수 있다고 봄이 상당하다. 그리고 구체적으로는 연금수급권자인 배우자가 매월 수령할 퇴직연금액 중 일정 비율에 해당하는 금액을 상대방 배우자에게 정기적으로 지급하는 방식의 재산분할도 가능하다."라고 판단하였습니다(2014. 7. 16. 선고 2012므2888 전원합의체). 따라서 이혼소송의 사실심 변론종결 당시에 부부 일방이 공무원 퇴직연금을 실제 수령하고 있는 경우에는 이미 발생한 공무원 퇴직연금수급권에 대한 재산분할청구도 가능하다고 할 것입니다.

3. 후속 입법의 필요

퇴직급여는 퇴직한 후에 회사에서 받을 수 있는 것입니다. 이 때문에 이혼 당시 퇴직급여를 받을 것을 예상해 재산분할을 했지만, 이혼 후 상대방이 다니던 회사가 사라져 퇴직금을 받지 못하는 상황이 된다면 재산분할에도 차질이 생길 것입니다. 이럴 경우 가정법원에 이행명령을 요청할 수 있지만, 집행에 어려움이 있을 수도 있습니다. 따라서 앞으로 후속 입법이 필요한 상황입니다.

> 사실혼관계가 해소되어 재산분할청구를 한 경우에 당사자가
> 주장을 하지 아니한 재산에 대하여도 법원이 직권으로 조사
> 하여 재산분할대상에 포함시킬 수 있는지요?

❙ 법원은 원고의 주장에 구애되지 아니하고 재산분할의 대상이 무엇
❙ 인지 직권으로 사실조사를 하여 포함시킬 수 있습니다.

1. 재산분할청구권

① 부부가 이혼하면 혼인 중 부부가 공동으로 모은 재산을 나눌
필요가 생깁니다. 이 때 이혼한 부부 일방이 상대 배우자에 대
해 재산분할을 청구할 수 있는 권리가 재산분할청구권입니다.

② 재신분할청구권은 협의이혼, 재판상 이혼의 경우에 모두 인정되
며, 부부 사이에 재산분할에 관한 합의가 이루어지지 않으면 가
정법원에 재산분할심판을 청구할 수 있습니다(민법 제839조의2,
제843조 및 가사소송법 제2조제1항제2호나목4, 제36조제1항).

2. 법원의 직권조사

가사비송절차에 관하여는 가사소송법에 특별한 규정이 없는 한, 비
송사건절차법 제1편의 규정을 준용하고 있으며(가사소송법 제34
조), 비송사건절차에 있어서는 민사소송의 경우와 달리 당사자의
변론에만 의존하는 것이 아니고, 법원이 자기의 권능과 책임으로
재판의 기초가 되는 자료를 수집하는, 이른바 직권탐지주의에 의하
고 있으므로(비송사건절차법 제11조), 법원으로서는 당사자의 주
장에 구애되지 아니하고 재산분할의 대상이 무엇인지 직권으로 사
실조사를 하여 포함시키거나 제외시킬 수 있습니다(대법원 1996.
12. 23. 선고 95므1192,1208 판결).

3. 직권탐지주의

직권탐지주의란 민사소송법상 소송에서의 주도적 지위를 법원에게 인정하는 소송방식을 말하는 것입니다. 이와 반대로 소송당사자에게 소송의 주도적 지위를 주는 당사자주의가 있습니다. 위의 경우 직권탐지주의에 따라 당사자가 주장을 하지 않은 재산에 대해서도 법원은 직권으로 조사하여 재산분할대상에 포함시킬 수 있습니다.

저는 얼마 전 남편 甲과 가정불화를 이유로 협의이혼을 하였습니다. 그래서 재산분할청구를 하려고 하였지만 甲의 유일한 재산으로는 혼인 전에 취득한 단독주택이 있는데, 이에 대하여도 재산분할을 청구할 수 있는지요?

특유재산의 유지에 협력하여 감소를 방지하였거나 증식에 기여한 것이 있다면 이를 입증하여 재산분할청구권을 행사해 볼 수 있을 것입니다.

1. 특유재산

특유재산이란 부부의 일방이 혼인 전부터 가진 고유재산과 혼인 중 자기 명의로 취득한 재산을 말하며 부부 각자가 관리, 사용, 수익합니다(민법 제830조, 제831조)

2. 원칙

부부 일방의 특유재산은 원칙적으로 분할의 대상이 되지 않습니다.

3. 예외

다른 일방이 적극적으로 그 특유재산의 유지에 협력하여 그 감소를 방지하였거나 그 증식에 협력하였다고 인정되는 경우에는 분할의 대상이 될 수 있고, 부부일방이 혼인 중 제3자에게 부담한 채무는 일상가사에 관한 것 이외에는 원칙으로 그 개인의 채무로서 청산의 대상이 되지 않으나 그것이 공동재산의 형성에 수반하여 부담한 채무인 경우에는 청산의 대상이 됩니다. 그리고 "가사를 전담하는 외에 가업으로 24시간 개점하는 잡화상연쇄점에서 경리업무를 전담하면서 잡화상경영에 참가하여 가사비용의 조달에 협력하였다면 특유재산의 감소방지에 일정한 기여를 하였다고 할 수 있어 특유재산이 재산분할의 대상이 된다."라고 본 경우도 있습니다(대법원 1994. 5. 13. 선고 93므1020 판결, 2002. 8. 28.자 2002스36 결정).

저는 자식이 있는 이혼남 甲과 혼인신고를 하지 못하고 동거에 들어가 사실혼 관계로 12년간 살아왔고 저희 사이에 자식은 없습니다. 남편 甲은 자영업자였고, 저도 회사에 다니면서 맞벌이부부로 생활하면서 작은 아파트도 마련했습니다. 아파트의 등기는 甲의 명의로 되어 있습니다. 그러나 최근에 교통사고로 甲이 사망하였고, 전처 소생의 자식인 乙이 나타나 자신이 유일한 상속권자라고 하며 권리를 주장합니다. 제가 甲과 함께 모은 재산에 대해서 재산분할을 청구할 수 없는지요?

사실혼 배우자도 재산분할 청구를 할 수 있습니다.

1. 사실혼 부부간 재산분할 청구

① 판례는 사실혼 관계를 유지하는 동안 부부가 공동으로 재산을 형성하고, 재산의 유지·증식에 기여했다면 그 재산은 부부의 공동소유로 보아 사실혼이 해소되는 경우에 재산분할을 청구할 수 있는 것으로 보고 있습니다(대법원 1995. 3. 10. 선고 94므1379,1386 판결).

② 재산분할의 청구는 위자료와 달리 사실혼 해소에 책임이 있는 배우자도 할 수 있습니다(대법원 1993. 5. 11. 자 93스6 결정).

③ 한편, 판례는 법률혼 부부가 장기간 별거하는 등의 이유로 사실상 이혼상태에 있으면서 부부 일방이 제3자와 혼인할 의사로 실질적인 혼인생활을 하고 있더라도, 특별한 사정이 없는 한 이를 사실혼으로 인정해서 법률혼에 준하는 보호를 허용할 수는 없다고 보아 중혼적(重婚的) 관계에 있는 사실혼 배우자는 사실혼 관계의 해소에 따른 재산분할 청구를 할 수 없다고 보고 있습니다(대법원 1995. 9. 26. 선고 94므1638 판결, 대법원 1996. 9. 20. 선고 96므530 판결).

2. 중혼적 사실혼과의 구별

1) 중혼적 사실혼이란?

법률상 혼인상태에 있는 사람이 제3자와 사실혼 관계에 있는 경우를 중혼적 사실혼 상태라고 합니다.

2) 중혼적 사실혼의 보호 여부

법률상의 혼인을 한 부부의 어느 한 쪽이 집을 나가 장기간 돌아오지 아니하고 있는 상태에서 부부의 다른 한 쪽이 제3자와 혼인의 의사로 실질적인 혼인생활을 하고 있다고 하더라도, 특별한 사정이 없는 한 이를 사실혼으로 인정하여 법률혼에 준하는 보호를 허여할 수는 없습니다. 판례는 "남편 갑이 법률상의 처 을이 자식들을 두고 가출하여 행방불명이 된 채 계속 귀가하지 아니한 상태에서 조만간 을과의 혼인관계를 정리할 의도로 병과 동거생활을 시작하였으나, 그 후 갑의 부정행위 및 폭행으로 혼인생활이 파탄에 이르게 될 때까지도 갑과 을 사이의 혼인이 해소되지 아니하였다면, 갑과 병 사이에는 법률상 보호받을 수 있는 적법한 사실혼관계가 성립되었다고 볼 수는 없고, 따라서 병의 갑에 대한 사실혼관계 해소에 따른 손해배상 청구나 재산분할 청구는 허용될 수 없다(대법원 1996. 9. 20., 선고, 96므530, 판결)."고 하였습니다.

甲은 남편 乙이 부정행위를 하여 협의이혼을 한 후 재산분할청구를 하려고 합니다. 그런데 乙은 甲과 乙이 공동으로 마련한 부동산 중 주택 1동 및 그 대지를 그의 형 丙의 명의로 명의신탁 해둔 사실이 있습니다. 이 경우 甲이 재산분할청구를 하였을 경우 丙명의로 명의신탁된 부동산도 고려하여 재산분할이 될 수 있는지요?

명의신탁된 부동산도 甲과 乙의 재산분할 시 고려대상이 됩니다.

1. 재산분할청구권이란?

① 부부가 이혼하면 혼인 중 부부가 공동으로 모은 재산을 나눌 필요가 생깁니다. 이 때 이혼한 부부 일방이 상대 배우자에 대해 재산분할을 청구할 수 있는 권리가 재산분할청구권입니다.

② 재산분할청구권은 협의이혼, 재판상 이혼의 경우에 모두 인정되며, 부부 사이에 재산분할에 관한 합의가 이루어지지 않으면 가정법원에 재산분할심판을 청구할 수 있습니다(민법 제839조의2, 제843조 및 가사소송법 제2조제1항제2호나목4, 제36조제1항).

2. 부동산의 명의신탁

부동산의 명의신탁이란, 부동산에 관한 소유권을 보유한 자 또는 사실상 취득하거나 취득하려는 자(이하 "실권리자"라 함)가 타인과의 사이에서 대내적으로는 실권리자가 부동산에 관한 물권을 보유하거나 보유하기로 하고 그에 관한 등기(가등기 포함)는 그 타인의 명의로 하기로 하는 약정을 말합니다.

3. 판례의 태도

부부일방이 제3자에게 명의신탁한 부동산도 재산분할청구의 대상이 되는지에 관하여 판례는 "제3자 명의의 재산이더라도 그것이 부부 중 일방에 의하여 명의신탁된 재산 또는 부부의 일방이 실질적으로 지배하고 있는 재산으로서 부부 쌍방의 협력에 의하여 형성된 것이거나 부부 쌍방의 협력에 의하여 형성된 유형, 무형의 자원에 기한 것이라면 그와 같은 사정도 참작하여야 한다는 의미에서 재산분할의 대상이 된다."라고 하였습니다(대법원 1998. 4. 10. 선고 96므1434 판결).

> 甲은 그의 처 乙을 상대로 이혼청구의 소를 제기하였고, 乙도 그에 대하여 반소로서 이혼청구의 소를 제기하였습니다. 그런데 乙은 甲이 이혼청구의 소를 제기하면서 재산분할청구를 하였으므로 반소를 제기하면서 재산분할청구의 소를 제기하지 하지 않았습니다. 이 경우 甲의 본소가 기각되고 乙의 반소가 인용될 경우 재산분할문제는 어떻게 되는지요?

> 이 경우 甲이 특별히 반대의 의사를 표시하지 아니한다면 재산분할에 대해서도 심리하여 재산분할을 할 액수와 방법을 정하게 될 것으로 보입니다.

1. 피고의 반소 제기

1) 반소의 개념

"반소"란 소송의 계속 중에 피고가 원고에게 본소청구 또는 이에 대한 방어방법과 견련관계가 있는 새로운 청구를 하기 위해 동일한 절차에서 제기하는 소송을 말합니다. 예를 들면 A가 B에게 물품의 매매대금을 요구하는 소송을 제기했는데 물품을 받지 않은 B는 A에게 물품을 인도 받지 않았다고 주장하는 것이 방어 방법입니다. 그런데 반소는 물품을 받지 않은 B가 A에게 물품인도를 청구하는 소송을 제기해 본소와 함께 심판받도록 하는 것을 말합니다.

2) 반소의 요건

① 본소와의 관련성 : 반소의 목적이 된 청구가 본소의 청구 또는 방어의 방법과 서로 관련이 있어야 합니다(「민사소송법」 제269조제1항 단서). 그러나 원고가 본소로 대여금 청구를 했는데 반소로 바로 그 대여금의 부존재의 확인을 구하는 것과 같이 원고의 청구기각신청 이상의 아무런 적극적 내용이 포함되어 있지 않은 경우는 반소로서의 청구 이익이 없어 허용되지 않으므로

주의하시기 바랍니다(대구고법 1975. 12. 24. 선고 75나55,75나 56 판결). 그리고 반소의 목적이 된 청구가 다른 법원의 관할에 속하지 않아야 합니다(「민사소송법」 제269조제1항 단서).

② 본소 절차를 현저히 지연시키지 않을 것 : 피고는 소송절차를 현저히 지연시키지 않는 경우에만 반소를 제기할 수 있습니다(「민사소송법」 제269조제1항 본문).

③ 본소의 변론종결 전일 것 : 피고는 변론 종결 때까지 본소가 진행 중인 법원에 반소를 제기할 수 있습니다(「민사소송법」 제269조제1항 본문).

2. 판례의 태도

판례는 "원고가 본소의 이혼청구에 병합하여 재산분할청구를 제기한 후 피고가 반소로써 이혼청구를 한 경우, 원고가 반대의 의사를 표시하였다는 등의 특별한 사정이 없는 한, 원고의 재산분할청구 중에는 본소의 이혼청구가 받아들여지지 않고 피고의 반소청구에 의하여 이혼이 명하여지는 경우에도 재산을 분할해달라는 취지의 청구가 포함된 것으로 봄이 상당하다고 할 것이므로(이때 원고의 재산분할청구는 피고의 반소청구에 대한 재 반소로서의 실질을 가지게 된다), 이러한 경우 사실심으로서는 원고의 본소 이혼청구를 기각하고 피고의 반소청구를 받아들여 원·피고의 이혼을 명하게 되었다고 하더라도, 마땅히 원고의 재산분할청구에 대한 심리에 들어가 원·피고가 협력하여 이룩한 재산의 액수와 당사자 쌍방이 그 재산의 형성에 기여한 정도 등 일체의 사정을 참작하여 원고에게 재산분할을 할 액수와 방법을 정하여야 한다."라고 하였습니다(대법원 2001. 6. 15. 선고 2001므626, 633 판결).

甲은 남편 乙의 부정행위로 인하여 이혼소송을 제기하면서 재산분할청구도 해보려고 합니다. 그런데 乙은 甲과 혼인한 직후부터 줄곧 외항선원으로 근무해오면서 번 돈을 기초로 건물을 매수하여 乙명의로 소유권이전등기를 마쳤으나, 乙이 선원생활을 그만 두고 식당을 경영해보기 위하여 금융기관으로부터 대출받으면서 그 담보로 위 건물에 근저당권을 설정하여 주었는데, 위 근저당권의 피담보채무액인 대출원리금을 변제하지 못하여 위 건물에 대한 임의경매가 진행되어 낙찰되었으며, 그밖에도 乙은 위 건물의 1층 및 2층 일부를 임차한 임차인들에게 임대차보증금반환채무를 부담하고 있어 위 건물의 낙찰금액에서 乙의 위 대출원리금반환채무와 임대차보증금반환채무를 공제하면 남는 것이 전혀 없습니다. 이러한 경우에도 재산분할청구가 가능한지요?

이런 경우 재산분할청구는 인정될 수 없을 것으로 보입니다. 다만, 甲·乙간에 가족의 생계 및 경제생활을 영위하기 위한 다른 수단이 있고 식당운영이 乙의 독자적인 사업이라면 위 채무들은 乙의 개인채무이므로 청산의 대상이 되지 않을 수도 있어 재산분할청구가 가능할 소지도 있습니다.

1. 부부별산제

부부재산약정이 체결된 경우가 아니라면 부부재산의 귀속과 관리는 「민법」에 따라 이루어지는데, 「민법」은 부부 각자의 재산을 인정하고 이에 따라 부부재산을 산정하도록 하는 부부 별산제를 채택하고 있습니다. 부부의 일방이 결혼 전부터 가진 고유재산과 결혼 중 자신의 명의로 취득한 재산은 그의 특유재산으로 하며, 부부는 그 특유재산을 각자가 관리·사용·수익합니다. 일상의 가사에 대해서는 부부 중 어느 한쪽이 제3자와 법률행위를 한 경우에 이로 인해 발생한 채무는 부부가 함께 책임집니다. 의식주 비용, 자녀 양육비 등 부부의 공동생활에 필요한 비용은 부부 간에 특별한 약정이 없으면 공동으로 부담합니다.

2. 판례의 태도

판례는 "부부 일방이 혼인 중 제3자에게 채무를 부담한 경우에 그 채무 중에서 공동재산의 형성에 수반하여 부담하게 된 채무는 청산의 대상이 되는 것이므로, 부부 일방이 위와 같이 청산의 대상이 되는 채무를 부담하고 있는 경우에 재산분할의 비율 또는 액수를 정함에 있어서는, 이를 고려하여, 금전의 지급을 명하는 방식의 경우에는 그 채무액을 재산가액으로부터 공제한 잔액을 기준으로 지급액을 산정하여야 하고, 목적물의 지분을 취득시켜 공유로 하는 방식의 경우에는 상대방의 취득비율을 줄여 주는 등으로 분할비율을 합리적으로 정하여야 한다."라고 하였습니다(대법원 1994. 12. 2. 선고 94므1072 판결).

또한, 총 재산가액에서 청산의 대상이 되는 채무액을 공제하면 남는 금액이 없는 경우, 상대방 배우자의 재산분할청구가 가능한지에 대하여 판례는 "부부 일방이 혼인 중 제3자에게 채무를 부담한 경우에 그 채무 중에서 공동재산의 형성에 수반하여 부담하게 된 채무는 청산의 대상이 되는 것이므로, 부부 일방이 위와 같이 청산의 대상이 되는 채무를 부담하고 있어 총 재산가액에서 위 채무액을 공제하면 남는 금액이 없는 경우에는 상대방의 재산분할청구는 받아들여질 수 없다."라고 하였습니다(대법원 1997. 9. 26. 선고 97므933 판결, 2002. 9. 4. 선고 2001므718 판결).

> 甲은 乙과 혼인신고를 마치고 생활하다가 이혼하기로 합의
> 하면서 상대방의 요구에 따라 "청구인은 재산분할을 청구하
> 지 않습니다." 라는 내용의 각서를 작성하여 주었습니다. 이
> 러한 각서가 효력이 있는지요?

> 甲은 각서에도 불구하고 이후 재산분할 청구권을 행사할 수 있을
> 것으로 보입니다.

1. 재산분할청구권의 본질

민법 제839조의2에 규정된 재산분할제도는 혼인 중 부부 쌍방의
협력으로 이룩한 실질적인 공동재산의 청산을 주된 목적으로 하는
것입니다. 그런데 이혼을 원인으로 하는 재산분할청구권은 이혼이
성립한 때 비로소 발생하고, 협의 또는 심판에 의하여 구체적 내용
이 형성되기까지는 범위와 내용이 불명확·불확정하기 때문에 이혼
전에 합의한 재산분할 각서는 효력이 있다고 보기가 어렵습니다(98
다58016 판결).

2. 추상적 권리의 사전포기 금지

대법원은 상속개시 전에 한 유류분 포기약정은 효력이 없고(94다
8334 판결), 당사자의 협의 또는 가정법원의 심판에 의하여 구체적
인 청구권의 내용과 범위가 확정되기 전의 양육비채권은 그 내용이
극히 불확정하여 포기나 상계를 할 수 없다(2006므751 판결)는 등
아직 구체화되지 않은 추상적인 권리(추상적인 지위)는 사전포기가
허용되지 않다는 점을 반복적으로 확인한 바 있습니다.

3. 판례의 태도

판례는 "민법 제839조의2 에 규정된 재산분할제도는 혼인 중에 부

부 쌍방의 협력으로 이룩한 실질적인 공동재산을 청산·분배하는 것을 주된 목적으로 하는 것이고, 이혼으로 인한 재산분할청구권은 이혼이 성립한 때에 그 법적 효과로서 비로소 발생하는 것일 뿐만 아니라 협의 또는 심판에 의하여 구체적 내용이 형성되기까지는 범위 및 내용이 불명확·불확정하기 때문에 구체적으로 권리가 발생하였다고 할 수 없으므로, 협의 또는 심판에 의하여 구체화되지 않은 재산분할청구권을 혼인이 해소되기 전에 미리 포기하는 것은 그 성질상 허용되지 아니한다."라고 하였습니다(대법원 2003.3.25.선고 2002므1787,1794 ,1800판결 등).

> 이혼 시 재산분할의 방법으로 부부 일방의 소유 명의로 되어 있던 부동산을 상대방에게 이전하는 것이 자산의 유상양도에 해당하는지 문의 드립니다. 만약 이에 해당한다면 양도소득세 과세 대상인지 문의 드립니다.

> 이는 자산의 유상양도에 해당하지 않으므로, 양도소득세 과세 대상이 아니라고 할 것입니다.

1. 재산분할을 받는 사람에 대한 과세

1) 증여세

재산분할은 본질적으로 혼인 중 부부 쌍방의 협력으로 형성된 공동재산을 나누는 것이라는 점에서 「상속세 및 증여세법」 제2조제6호에 따른 증여에 해당하지 않으므로, 증여받은 재산에 부과되는 세금인 증여세(「상속세 및 증여세법」 제4조제1항)는 문제되지 않습니다.

2) 소득세

분할 받은 재산은 「소득세법」 제4조에 따른 소득에 해당하지 않으므로 소득에 대해 부과되는 세금인 소득세(「소득세법」 제3조)는 문제되지 않습니다.

3) 부동산 취득세

분할한 재산은 부동산의 소유권을 이전받은 경우에는 「지방세법」상 취득세, 지방교육세, 농어촌특별세를 납부해야 합니다(「지방세법」 제7조, 제150조 및 「농어촌특별세법」 제3조).

2. 재산분할을 해주는 사람에 대한 과세

1) 양도소득세

이혼할 때 재산분할은 혼인 중 형성한 부부공동재산을 각자가 나누어 갖는 것으로서, 재산분할로 부동산의 소유권을 이전하는 경우 판례는 부부 각자의 소유명의로 되어 있던 각 부동산을 상대방에게 서로 이전했다고 해도 유상양도에 해당한다고 볼 수 없고, 또한 재산분할이 이루어짐으로써 분여자(分與者)의 재산분할의무가 소멸하는 경제적 이익이 발생한다고 해도 이런 경제적 이익은 분할재산의 양도와 대가적 관계에 있는 자산이라 할 수 없으므로 유상양도에 포함되지 않아 양도소득세 과세대상이 되지 않는 것으로 보고 있습니다(대법원 1998. 2. 13. 선고 96누14401 판결).

3. 판례의 태도

판례는 "민법 제839조의2에 규정된 재산분할제도는 그 법적 성격, 분할대상 및 범위 등에 비추어 볼 때 실질적으로는 공유물분할에 해당하는 것이어서 공유물분할에 관한 법리가 준용되어야 할 것인 바, 공유물의 분할은 법률상으로는 공유자 상호 간 지분의 교환 또는 매매라고 볼 것이나 실질적으로는 공유물에 대하여 관념적으로 그 지분에 상당하는 비율에 따라 제한적으로 행사되던 권리, 즉 지분권을 분할로 인하여 취득하는 특정 부분에 집중시켜 그 특정 부분에만 존속시키는 것으로 소유형태가 변경된 것뿐이어서 이를 자산의 유상양도라고 할 수 없으며, 이러한 법리는 이혼 시 재산분할의 방법으로 부부 일방의 소유명의로 되어 있던 부동산을 상대방에게 이전한 경우에도 마찬가지라고 할 것."이라고 판시하였습니다. (대법원 2003. 11. 14. 선고 2002두6422 판결)

저는 전업주부로서 남편과 이혼 및 재산분할 절차를 진행하려고 합니다. 다만 별다른 수입활동을 하지 않고 단지 가사에 충실해 왔는데 이러한 사정도 재산분할에서 고려되는 사항인가요?

처의 가사노동도 재산분할 과정에서 고려될 수 있습니다.

1. 가사노동의 가치평가

가족법적으로 별산제 하에서 우리나라의 주부들은 현실적으로 재산취득의 기회가 적어 혼인생활 중 경제적으로 남편에게 의존하게 되는 것이 현실입니다. 그래서 이혼시 소유의 특유재산도 없기 때문에 가사노동을 경제적 활동으로 보지 않는다면 재산분할의 근거가 되지 못할 것입니다. 그래서 가사노동은 가족경제에서 남편의 소득활동과 동등한 가치가 있다는 가족경제의 분업적 활동의 측면에서 재산분할시 기여분으로 인정되어야 합니다. 그러나 아직 가사노동의 가치평가에는 아직까지 명확한 기준은 없습니다.

2. 판례의 태도

판례는 "민법 제839조의2에 규정된 재산분할 제도는 부부가 혼인 중에 취득한 실질적인 공동재산을 청산 분배하는 것을 주된 목적으로 하는 것이므로 부부가 협의에 의하여 이혼할 때 쌍방의 협력으로 이룩한 재산이 있는 한, 처가 가사노동을 분담하는 등으로 내조를 함으로써 부의 재산의 유지 또는 증가에 기여하였다면 쌍방의 협력으로 이룩된 재산은 재산분할의 대상이 된다"고 판시하였습니다. (대법원 1993. 5. 11. 93스6 결정)

甲과 乙은 부부로서 이혼과 함께 재산분할 청구를 하려 합니다. 다만 그 중 일방인 乙이 성년의 자녀 丙과 丁을 부양하여야 할 의무를 지는 사정이 있는데, 이러한 사정을 재산분할 재판에 있어 참작할 수 있나요?

乙이 부양 의무를 부담하는 자녀 丙과 丁이 모두 성년이므로, 이는 당사자 간 법률관계에 의해 부양의무를 부담하는 것이므로 재산분할에 있어 참작할 사정은 아니게 됩니다.

1. 양육비

부모와 미성년의 자녀 사이의 부양관계는 생활유지적 부양으로서 경제적 여유가 없더라도 언제나 문제되는 부양인 제1차적 부양의무입니다. 양육자가 부모의 일방일 경우 미성년 자녀에 대한 양육비 부담자는 양육자가 아닌 상대방 부모입니다. 양육자가 제3자일 때는 부모 쌍방이 양육비를 부담합니다. 판례도 "혈연관계를 기초로 한 친자관계의 본질로부터 당연히 도출되는 제1차적 생활유지적 의무"라고 판시한 바 있습니다. (대법원 1994. 5. 13. 자 92스21 전원합의체 결정)

2. 판례의 태도

그러나 부모와 성년의 자녀 사이의 부양은 사회보장적 의미의 부양으로서 민법 제974조에 근거한 제2차적 부양입니다. 판례 역시 "제837조의 이혼한 부모의 그 자에 대한 양육에 관한 규정은 그 자가 미성년자인 경우에 한하고, 성년인 자와 그 부모 사이의 부양에 대하여는 제974조 1호, 제975조의 규정을 적용하여야 할 것이다."고 하여 제1차적 부양과 제2차적 부양을 구별하는 취지에서 판단한 바 있습니다. (대법원 1994. 6. 2. 자 93스11 결정)

판례는 "이혼하는 부부의 자녀들이 이미 모두 성년에 달한 경우, 부가 자녀들에게 부양의무를 진다하더라도 이는 어디까지나 부와 자녀들 사이의 법률관계일 뿐, 이를 부부의 이혼으로 인하여 이혼 배우자에게 지급할 위자료나 재산분할의 액수를 정하는 데 참작할 사정으로 볼 수는 없다."고 하였습니다. (대법원 2003. 8. 19. 선고 2003므941 판결)

부부인 甲과 乙은 이혼과 함께 재산분할을 하려 합니다. 그런데 부부 일방인 乙은 A부동산을 제3자인 丙과 합유하고 있습니다. A부동산에 대해서도 재산분할이 가능한지? 가능하다면 어떠한 방식으로 이루어지는가요?

> 합유재산이라도 그 지분의 가액을 분할 대상으로 삼는다면 재산분할이 가능합니다.

1. 합유란?

합유는 법률의 규정 또는 계약에 의하여 수인의 조합체로서 물건을 소유하는 것을 말합니다(민법 제271조 제1항). 이 때 합유자의 권리는 합유물 전부에 미치게 됩니다.

2. 합유물의 처분

민법 제272조는 "합유물을 처분 또는 변경함에는 합유자 전원의 동의가 있어야 한다."고 정하고 있으며, 민법 제273조는 "합유자는 전원의 동의없이 합유물에 대한 지분을 처분하지 못한다. 합유자는 합유물의 분할을 청구하지 못한다."라고 규정하고 있습니다. 따라서 원칙적으로 합유물의 처분은 합유자 전원의 동의 하에서만 가능합니다.

3. 판례의 태도

판례는 "합유재산이라는 이유만으로 이를 재산분할의 대상에서 제외할 수는 없고, 다만 부부의 일방이 제3자와 합유하고 있는 재산 또는 그 지분은 이를 임의로 처분하지 못하므로, 직접 당해 재산의 분할을 명할 수는 없으나 그 지분의 가액을 산정하여 이를 분할의 대상으로 삼거나 다른 재산의 분할에 참작하는 방법으로 재산분할의 대상에 포함하여야 한다."고 하였습니다(대법원 2009. 11. 12. 선고 2009므2840,2857 판결). 따라서 합유재산이라도 그 지분의 가액을 분할 대상으로 삼는다면 재산분할이 가능합니다.

남편인 甲이 처 乙의 보험금을 대리 수령한 경우, 이러한 보험금도 재산분할의 대상으로 포함되는지가 궁금합니다.

甲이 수령한 보험금은 어디까지나 乙의 특유재산이며, 甲이 이를 대리 수령함으로써 乙에 대하여 동액의 지급의무를 부담하더라도 재산분할과는 별개로 보아야 합니다.

1. 부부 일방의 특유재산

혼인 전부터 부부가 각자 소유하고 있던 재산이나 혼인 중에 부부 일방이 상속·증여·유증으로 취득한 재산 등은 부부 일방의 특유재산으로서(「민법」 제830조제1항) 원칙적으로 재산분할의 대상이 될 수 없습니다. 다만, 다른 일방이 그 특유재산의 유지·증가를 위해 기여했다면 그 증가분에 대해 재산분할에 포함시킬 수 있습니다(대법원 1994. 5. 13. 선고 93므1020 판결, 대법원 1998. 2. 13. 선고 97므1486·1493 판결, 대법원 2002. 8. 28. 자 2002스36 결정 등). 위 사례에서의 보험금은 보험 계약상 납입한 보험료에 대한 대가적 성질을 가지는 것으로서 처의 특유재산에 속합니다.

2. 판례의 태도

판례는 "남편이 보험수익자인 처의 보험금을 대리 수령한 경우, 그 보험금이 처의 특유재산이고, 당사자 쌍방의 협력으로 이룩한 재산이라고 볼 수도 없어, 남편으로서는 처에 대하여 동액 상당의 지급의무를 부담하는 것이고, 이러한 채무는 재산분할과는 별도로 존속하는 것이므로 남편이 수령한 금원을 재산분할의 대상으로 삼을 수는 없다."고 설시하였습니다. (대법원 2002. 8. 28.자 2002스36 결정)

甲과 乙은 부부이나, 최근 사이가 나빠져 별거 중에 있으며 이혼을 고려하고 있습니다. 그런데 별거 이후 甲이 취득한 부동산에 대하여는, 乙 입장에서 주장할 수 있는 권리가 없는지 알고 싶습니다.

별거 이후에 일방이 취득한 재산이라도, 그것이 실질적으로 판단할 때 별거 이전부터 부부 쌍방의 협력에 의하여 형성된 자원에 근거하여 취득한 것이라면 재산분할청구의 심판 대상이 된다고 할 것입니다.

1. 재산분할의 대상이 되는 특유재산

부부 일방의 특유재산은 원칙적으로는 재산분할의 대상이 되지 않습니다. 그러나 부부 일방의 특유재산이라 하더라도 "다른 일방이 적극적으로 그 특유재산의 유지에 협력하여 그 감소를 방지하였거나 그 증식에 협력하였다고 인정되는 경우"에는 분할의 대상이 될 수 있습니다(대결 2002. 8. 28. 자 2002스36 결정).

2. 판례의 태도

판례는 "혼인 중에 쌍방의 협력에 의하여 이룩한 부부의 실질적인 공동재산은 부동산은 물론 현금 및 예금자산 등도 포함하여 그 명의가 누구에게 있는지 그 관리를 누가 하고 있는지를 불문하고 재산분할의 대상이 되는 것이고, 부부의 일방이 별거 후에 취득한 재산이라도 그것이 별거 전에 쌍방의 협력에 의하여 형성된 유형, 무형의 자원에 기한 것이라면 재산분할의 대상이 된다고 할 것"이라고 판시하였습니다(대법원 2011. 3. 10. 선고 2010므4699,4705,4712 판결, 대법원 1999. 6. 11. 선고 96므1397 판결 등). 따라서 별거 이후 취득한 부동산이라도 그 부동산이 별거 이전에 부부 쌍방의 협력에 기인한 것이라면 재산분할의 대상이 된다고 할 것입니다.

이혼과 재산분할청구가 병합청구 되어 있는 도중 배우자 일방이 사망하게 되면 재산분할청구는 어떻게 되나요?

배우자 일방이 사망했다면, 병합청구 되어 있는 이혼소송과 재산분할청구는 모두 종료됩니다.

1. 일신전속의 권리

일신전속의 권리란 특정한 자에게만 귀속하며 타인에게는 양도되지 않는 속성을 말합니다. 다시 말해 특정한 주체만이 향유할 수 있는 권리입니다. 예를 들어, 채권법에서의 고용, 위임과 같이 계속적 계약에 따른 당사자의 지위, 가족법에서 보장되는 친권, 부양청구권 등의 대부분의 권리, 헌법에서 보장되는 성명권, 초상권 등의 인격권은 일신전속적 권리이다. 또한 저작권법에서 저작자가 가지는 저작인격권도 저작자 본인만이 행사할 수 있으며, 양도나 상속할 수 없습니다. 이와 같이 이혼청구권은 부부의 일신전속의 권리이므로 양도나 상속이 불가능합니다.

2. 판례의 태도

판례는 "이혼소송과 재산분할청구가 병합된 경우, 재판상의 이혼청구권은 부부의 일신 전속의 권리이므로 이혼소송 계속 중 배우자의 일방이 사망한 때에는 상속인이 그 절차를 수계할 수 없음은 물론이고, 또 그러한 경우에 검사가 이를 수계할 수 있는 특별한 규정도 없으므로 이혼소송은 종료되고(당원 1985.9.10. 선고 85므27, 1993.5.27. 선고 92므143 판결 등 참조), 이에 따라 이혼의 성립을 전제로 하여 이혼소송에 부대한 재산분할청구 역시 이를 유지할 이익이 상실되어 이혼소송의 종료와 동시에 종료한다고 할 것이다."고 판시하였습니다. (대법원 1994. 10. 28.선고 94므246 판결)

남편의 가정에 대한 소홀과 외도를 이유로 이혼을 하고 재산을 분할하려 합니다. 현재 남편의 명의로 되어 있는 같이 거주하고 있는 집과 자동차만을 재산으로 파악하고 있습니다. 그밖에 가정에서 벌어들인 수입과 주식이나 부동산 투자 등은 남편이 주로 관리하여서 아내인 저는 구체적으로 남편이 어디에 어떠한 재산을 가지고 있는지를 전혀 알지 못합니다. 남편과 제가 가진 재산의 전체를 알아야 재산분할을 진행할 수 있을 듯한데 알지 못하여 답답하기만 합니다. 남편이 가지고 있는 재산을 알 수 있는 방법이 있을까요?

▌재산 명시 및 재산 조회 제도를 이용할 수 있습니다.

1. 재산명시제도

가정법원은 재산분할청구사건을 위해 특히 필요하다고 인정하는 때에는 직권 또는 당사자의 신청에 의하여 상당한 제출기간을 정하여 당사자에게 재산상태를 명시한 재산목록을 제출하도록 명(이하 "재산명시명령"이라 함)할 수 있습니다(「가사소송법」 제48조의2 및 「가사소송규칙」 제95조의3제1항). 당사자의 재산명시를 요구하는 신청은 신청취지와 신청사유를 적은 서면으로 해야 합니다(「가사소송규칙」 제95조의2제1항).

2. 재산조회제도

가정법원은 재산명시절차에 따라 제출된 재산목록만으로는 재산분할청구사건의 해결이 곤란하다고 인정할 경우에 직권 또는 당사자의 신청에 의하여 당사자 명의의 재산에 관하여 조회할 수 있습니다(「가사소송법」 제48조의3제1항). 당사자 명의의 재산에 관한 조회를 요구하는 신청은 다음의 사항을 적은 서면으로 해야 하고, 신청의 사유를 소명해야 합니다(「가사소송규칙」 제95조의6).

① 조회의 대상이 되는 당사자
② 조회할 공공기관, 금융기관 또는 단체
③ 조회할 재산의 종류
④ 과거의 재산보유내역에 대한 조회를 요구하는 때에는 그 취지
   와 조회기간
⑤ 신청취지와 신청사유

[서식] 재산명시 신청서

재 산 명 시 신 청

사건번호   20 느(드)   [담당재판부 : 제   가사(단독)부]
청구인(원고)
상대방(피고)

신 청 취 지

상대방(피고)은 재산상태를 명시한 재산목록을 제출하라.
라는 결정을 구합니다.

신 청 사 유

1. 상대방(피고)의 재산을 파악하기가 쉽지 않아 이 사건의 해결
   을 위하여 상대방(피고)의 재산목록 제출이 특히 필요합니다.
2. 따라서 가사소송법 제48조의2 제1항에 따라 상대방(피고)에 대
   한 재산명시명령을 신청합니다.

20   .   .   .

위 청구인(원고)   (날인 또는 서명)
                            (연락처)

○○법원 귀중

[서식] 재산조회신청서

재 산 조 회 신 청 서

채권자	이름 :　　　　　　　주민등록번호 : 주소 : 전화번호 :　　　　팩스번호:　　이메일 주소 : 대리인 :
채무자	이름 :　　　(한자 :　　)　　주민등록번호 : 주소 :　　　(사업자등록번호)
조회대상기 관 조회대상 재산	별지와 같음
재산명시 사건	지방법원 20　카명　　　　호
집행권원	
불이행 채권액	
신청취지	위 기관의 장에게 채무자 명의의 위 재산에 대하여 조회를 실시한다.
신청사유	채권자는 아래와 같은 사유가 있으므로 민사집행법 제74조 제1 항의 규정에 의하여 채무자에 대한 재산조회를 신청합니다. (해 당란 □에 ∨표시) □ 명시기일 불출석　　　　　□ 재산목록 제출거부 □ 선서 거부　　　　　　　　□ 거짓 재산목록 제출 □ 집행채권의 만족을 얻기에 부족함 □ 주소불명으로 인하여 명시절차를 거치지 못함
비용환급용 예금계좌	
첨부서류	

(인지 첨부란)	20 . . . 신청인　　　　(날인 또는 서명) 　　　　　　　　　　　　　**지방법원 귀중**

재 산 목 록				
사건		당사자	작성일	20 . . .

아래 재산의 종류 해당란에 ☑ 표시를 하고, 별첨 작성요령에 따라 뒷장에 그 내역을 기재하시기 바랍니다.

번호	구 분	재산의 종류
I	동 산	☐ 1.현금 ☐ 2.어음.수표 ☐ 3.주권.국채.공채.회사채 등 ☐ 4.금.은.백금류 ☐ 5.시계.보석류.골동품.예술품.악기 ☐ 6.사무기구 ☐ 7.가축 및 기계류 ☐ 8.농.축.어업.공업생산품 및 재고상품 ☐ 8.농.축.어업.공업생산품 및 재고상품 ☐ 9.기타의 동산

II	부동산 및 이에 준하는 권리와 자동차 등	☐ 10.부동산 소유권 ☐ 11.용익물권(지상권, 전세권, 임차권 등)
		☐ 12.부동산에 관한 청구권(부동산의 인도청구권.권리이전청구권)
		☐ 13.자동차.건설기계.선박.항공기에 관한 권리(소유권, 인도청구권
		    및 권리이전청구권)
		☐ 14.광업권.어업권, 그 밖에 부동산에 관한 규정이 준용되는 권리 및
		    그에 관한 권리이전청구권

III	채권 기타의 청구권	☐ 15.금전채권 ☐ 16.대체물의 인도채권 ☐ 17.예금 및 보험금 등 채권 ☐ 18.기타의 청구권(앞의 3번부터 8번까지 항목에 해당하는 동 산의 인도청구권, 권리이전청구권 기타의 청구권)
IV	특허권.회원권 등의 권리	☐ 19.회원권 기타 이에 준하는 권리 및 그 이전청구권 ☐ 20.특허권 및 그 이전청구권 ☐ 21.상표권 및 그 이전청구권 ☐ 22.저작권 및 그 이전청구권 ☐ 23.의장권.실용신안권 및 그 이전청구권 ☐ 24.기타(특허권.상표권.저작권.의장권.실용신안권에 준하는 권리 및 그 이전청구권)
V	과거의 재산처분에	☐ 25.재산명시결정이 송달되기 전 2년 이내에 양도한 부동산 ☐ 26.재산명시결정이 송달되기 전 2년 이내에 배우자, 직계

	관한 사항	혈족 및 4촌 이내의 방계혈족과 그 배우자, 배우자의 직계혈족과 형제자매에게 양도한 부동산 외의 재산으로서 권리의 이전이나 행사에 등기.등록 또는 명의개서가 필요한 재산 □ 27.그 밖에 법원이 정하는 처분행위
VI	채무	□ 28.금융기관에 대한 채무 □ 29.그 밖의 채무
VII	고정적 수입 등	□ 30.정기적으로 받을 보수 및 부양료 □ 31.그 밖의 소득(소득세법상의 소득으로서 30번 항목에 해당하지 아니하는 것)
VIII	고정적 지출	□ 32.향후 6개월 이상 정기적으로 지출이 예상되는 비용
IX	기타	□ □
□ 위 목록 전체 "해당사항 없음"		

본인은 사실대로 이 재산목록을 작성하여 제출함을 확인합니다.

(당사자)   (인)

※ 재산목록 첫 장부터 마지막 장까지 간인하여 주시기 바랍니다. 별지를 사용할 경우에는 그 별지도 재산목록의 일부이므로 마지막에 붙이고 간인도 해 주시기 바랍니다.

재산의 종류	내　　　　　역	재산의 종류	내　　　　　역

<재산명시절차 안내 및 재산목록 작성요령>

제1. 절차 안내

귀하는 재산명시명령을 송달받은 날부터 정해진 기간 내에 귀하의 재산목록을 작성하여 제출하여야 합니다(별지 양식 사용). 다만, 법원의 허가를 받아 위 기간을 연장할 수 있습니다. 만일 귀하가 정당한 사유 없이 재산목록의 제출을 거부하거나 거짓의 재산목록을 제출한 때에는 1천만 원 이하의 과태료에 처할 수 있습니다. 이미 제출한 재산목록에 형식적인 흠이 있거나 불명확한 점이 있으면 법원의 허가를 얻어 재산목록을 정정할 수 있습니다. 법원은 필요한 경우 귀하에게 제출하는 재산목록의 기재사항에 관하여 참고자료의 제출을 요구할 수 있습니다.

제2. 재산목록 작성요령

1. 일반적 주의사항

가. 첨부된 재산목록은 만년필이나 볼펜을 사용하거나 컴퓨터 등의 기계적 수단을 이용하는 등의 방법으로 명백하게 해당사항을 기입·작성하여야 합니다.

나. 양식의 해당란이 부족할 때에는 별도의 별지에 기입하고, 양식의 해당란과 귀하가 작성한 별지 사이의 관계를 분명하게 표시하여야 합니다(예: 양식의 해당란에는 "별지 1에 기재"라고 표시하고, 별지 1에는 "양식의 1번 항목에 관한 것"이라고 부기함).

다. 각 항목에 기재하여야 할 것인지 또는 기재하지 아니할 것인지에 관하여 의문이 있는 때에는 별지를 사용하여 그 사실관계를 가능한 한 상세히 기재하여 주십시오.

라. 재산목록에 기재할 재산으로서 제3자에게 명의신탁되어 있거나 신탁재산으로 등기 또는 등록이나 명의개서 되어 있는 재산은 그 명의자의 이름·주소·주민등록번호를 기재하여야 합니다.

마. 재산명시결정에서 재산목록에 기재할 재산의 종류와 하한이 되는 액수가 아래 2.의 각항에 기재와 달리 정해진 경우에는 재산명시결정에서 정해진 종류와 금액을 기준으로 하여 재산목록을 작성하여야 합니다(예: 결정문에 "재산목록에 기재할 재산의 하한이 되는 액수는 1,000만 원으로 한다"고 기재되어 있고, 당사자가 보유한 예금채권의 합계액이 900만 원인 경우에 예금 채권은 기재하지 않음).

2. 각 항목의 기재요령

아래의 설명을 참조하여 각 항목별로 해당란에 귀하의 재산을 기재하십시오 {본안사건 상대방과 공동으로 소유한 재산이면 그 취지를 비고란에 기재하고, 재산분할 청구사건에서는 특유재산(혼인 전부터 보유하고 있던 재산, 혼인 후 증여·상속받은 재산 등)인지 여부를 비고란에 기재하십시오}.

Ⅰ. 동산

귀하 및 귀하와 같이 사는 친족(사실상 관계에 따른 친족 및 본안사건 상대 방을 포함)의 생활필수품, 의류, 가구, 가전제품 등 일상생활에 필요한 공동생 활용품은 기재하지 아니하여도 됩니다.

1. 현금: 외화를 포함하여 합계액 100만 원 이상인 금전의 총액을 기재하고 비고란에 그 보관장소를 기재
2. 어음·수표: 합계액 100만 원 이상의 어음·수표의 발행인, 지급인, 지급기일, 지급지, 액면금, 수량, 보관장소를 종류별로 구분하여 기재{가액은 액면금액 에 의하고, 어음과 수표의 각 액면금이 100만 원 이상인 것 외에 그 합계 액이 100만 원 이상인 것도 기재할 것(예: 어음의 액면금은 60만 원, 수표 의 액면금은 80만 원인 경우에도 각각 기재)}
3. 주권·국채·공채·회사채 등: 합계액 100만 원 이상의 주권·국채·공채·회사채 등의 유가증권의 종류, 발행인, 가액, 수량, 만기일, 보관장소를 구분하여 기재(가액은 액면금액을 기준으로 하되, 시장가격이 있는 증권의 가액은 이 재산목록을 작성할 당시의 거래가격에 의하여 산정하고, 합계액의 산정방 법은 2번 항목의 설명을 참조)
4. 금, 은, 백금류: 합계액 100만 원 이상의 금·은·백금과 금은제품 및 백금제 품을 품명, 중량, 제품의 종류, 가액, 보관장소를 구분하여 기재(가액의 산 정은 이 재산목록 작성 당시의 시가에 의하되, 시가를 알기 어려운 경우에 는 취득가액에 의하고, 합계액의 산정은 2번 항목의 설명을 참조)
5. 시계·보석류·골동품·예술품·악기: 품목당 100만 원 이상의 시계·보석류·골동 품·예술품과 악기를 품명, 크기, 수량, 가액, 보관장소를 구분하여 기재{가 액의 산정은 4번 항목의 설명을 참조하고, 여러 개의 품목의 합계액이 100 만 원 이상인 것은 기재하지 아니하여도 되나, 여러 개가 집합되어 하나의 구조물을 이룬 경우(예: 진주목걸이)에 그 가액이 100만 원 이상인 것은 기 재할 것}
6. 사무기구: 합계액 100만 원 이상의 사무기구를 종류, 수량, 가액, 소재장소

를 구분하여 기재(가액의 산정은 2번 및 4번 항목의 설명을 참조)

7. 가축 및 기계류: 품목당 100만 원 이상의 가축과 농기계를 포함한 각종 기계류의 품명, 수량, 가액, 소재장소를 구분하여 기재(가액의 산정은 2번 및 4번 항목의 설명을 참조)

8. 농.축.어업.공업생산품 및 재고상품: 합계액 100만 원 이상의 농.축.어업생산품(1월 안에 수확할 수 있는 과실을 포함), 공업생산품과 재고상품을 종류, 수량, 단가, 보관장소를 구분하여 기재(가액의 산정은 2번 및 4번 항목의 설명을 참조)

9. 기타의 동산: 4번부터 8번까지 항목에 해당되지 아니하는 기타의 유체동산으로서 품목당 100만 원 이상인 것을 기재(그 기재요령과 가액의 산정방법은 5번 항목의 설명을 참조)

Ⅱ. 부동산 및 이에 준하는 권리와 자동차 등

10. 부동산 소유권: 소유하고 있는 토지와 건물을 소재지, 지목(건물의 경우에는 구조와 용도), 면적, 가액을 구분하여 기재(가액의 산정방법은 5번 항목의 설명을 참조하고, 공동소유하고 있는 부동산은 그 소유관계를 표시하고 지분이 있는 경우에는 이를 기재)

11. 용익물권(지상권.전세권.임차권 등): 부동산의 지상권, 전세권, 임차권을 그 목적 부동산의 소재지, 지목 또는 구조와 용도, 전세금 또는 임차보증금과 차임 또는 지료, 계약 체결일과 만료일, 목적 부동산의 소유자 등을 구분하여 기재

12. 부동산에 관한 청구권: 부동산에 관한 인도청구권과 그에 관한 권리이전청구권(예: 부동산을 매수하고 대금의 전부 또는 일부를 지급하여 이 재산목록을 작성할 당시 이전등기를 청구할 수 있는 경우, 재개발.재건축.환경정비사업에서 조합원으로서의 권리 등)을 그 목적 부동산의 소재지, 종류, 지목 또는 구조와 용도, 계약일자, 대금액, 계약 상대방의 이름.주소를 구분하여 기재

13. 자동차.건설기계.선박.항공기에 관한 권리(소유권, 인도청구권 및 권리이전청구권): 소유하고 있는 자동차.건설기계.선박.항공기의 종류, 수량, 소재지 또는 보관장소를 구분하여 기재(자동차.건설기계.선박.항공기의 인도청구권과 그에 관한 권리이전청구권에 관하여는 12번 항목의 설명을 참조)

14. 광업권.어업권, 기타 부동산에 관한 규정이 준용되는 권리 및 그에 관한 권리이전청구권: 위 각 권리의 종류, 광물 또는 어업의 종류(예: 금, 근해선망어업), 그 권리가 설정된 토지 또는 수면의 위치, 그 권리의 범위를 구분하여 기재(그에 관한 권리이전청구권에 관하여는 12번 항목의 설명을 참조)

Ⅲ. 채권 기타의 청구권

15. 금전채권: 100만 원 이상의 금전채권을 채권의 종류, 근거 또는 내용(예: 2005. 1. 1.자 대여), 금액, 변제기일, 계약 상대방의 이름.주소를 구분하여 기재(동일 채무자에 대한 금전채권은 개개의 채권액이 100만 원에 미달하더라도 그 합계액이 100만 원 이상인 때에는 각각의 채권을 모두 기재하고, 저당권, 유치권, 질권 또는 양도담보 등의 담보물권에 의하여 담보되는 금전채권에 대하여는 그 담보물권의 내용도 아울러 기재)
16. 대체물의 인도채권: 100만 원 이상의 대체물인도채권을 기재(15번 항목의 기재요령에 따라 기재)
17. 예금 및 보험금 등 채권: 합계액 100만 원 이상의 각종 예금과 보험금 및 보험해약환급금을 예금 또는 보험계약의 종류, 예금액 또는 보험금액 및 보험해약환급금액, 예탁한 은행 또는 보험계약을 체결한 보험회사의 명칭과 소재지, 계좌번호를 구분하여 기재(합계액의 산정은 2번 항목의 설명을 참조하고, 보험해약환급금의 산정은 이 재산목록 작성 당시를 기준으로 함)
18. 기타의 청구권(앞의 3번부터 8번까지 항목에 해당하는 동산의 인도청구권, 권리이전청구권 기타의 청구권) : 9번 항목에 해당하는 동산의 인도청구권 또는 그에 관한 권리이전청구권을 목적물의 종류, 수량, 대금액, 근거, 상대방의 이름과 주소를 구분하여 기재(9번 항목의 설명 참조)

Ⅳ. 특허권.회원권 등의 권리

19. 회원권 기타 이에 준하는 권리 및 그 이전청구권: 권당 가액 100만 원 이상의 회원권, 그 밖에 이에 준하는 권리를 종류, 발행인, 수량, 가액을 구분하여 기재(그 이전청구권의 경우에는 청구권의 근거와 상대방의 이름.주소를 아울러 기재하고, 가액의 산정은 4번 및 5번 항목의 설명을 참조)
20. 특허권 및 그 이전청구권: 각 권리의 종류, 내용, 등록일자를 구분하여 기재(그 이전청구권에 대하여는 19번 항목의 설명을 참조)
21.~24.: 위 20번의 작성요령과 동일

Ⅴ. 과거의 재산처분에 관한 사항

귀하가 이 법원으로부터 ① 재산명시결정을 송달받은 날부터 역산하여 2년 이내에 양도한 모든 부동산과 ② 같은 기간 내에 귀하의 배우자, 직계혈족 및 4촌 이내의 방계혈족과 그 배우자, 배우자의 직계혈족과 형제자매에게 양도한 부동산 외의 재산으로서 권리의 이전이나 행사에 등기.등록 또는 명의개서가 필요한 재산, ③ 그 밖에 법원이 정하는 처분행위 일체를 기재(거래 상대방의 이름.주소.주민등록번호, 귀하와의 관계, 거래내역과 일시, 대가를 받은 경우 그 내용과 가액을 비고란에 기재하고, 시가란에는 거래 당시의 시가를 기재)

Ⅵ. 채무

28. 금융기관에 대한 채무: 금융기관에 대한 합계액 100만 원 이상의 금전채무와 합계액 100만 원 이상인 목적물에 대한 인도, 권리 이전 채무를 채무의 종류, 근거 또는 내용(예: 2005. 1. 1.자 대출), 금액, 변제기일, 금융기관의 명칭.지점, 계좌번호 등으로 구분하여 기재(동일 금융기관에 대한 채무는 개개의 채무액이 100만 원에 미달하더라도 그 합계액이 100만 원 이상인 때에는 각각의 채무를 기재하고, 저당권, 유치권, 질권 또는 양도담보 등의 담보물권에 의하여 담보되는 금전채무에 대하여는 그 담보물권의 내용도 아울러 기재)

29. 그 밖의 채무: 금융기관에 대한 채무를 제외하고, 100만 원 이상의 금전채무와 합계액 100만 원 이상인 목적물에 대한 인도, 권리 이전 채무를 채무의 종류, 근거 또는 내용(예: 2005. 1. 1.자 차용), 금액, 변제기일, 상대방의 이름.주소.주민등록번호 등을 구분하여 기재(기재요령은 28번 항목의 설명 참조)

Ⅶ. 고정적 수입 등

30. 정기적으로 받을 보수 및 부양료 : 고용관계 또는 근로관계에 의하여 정기적으로 받을 보수 및 정기적으로 받을 부양료를 보수 또는 부양료의 종류와 금액, 고용관계 또는 근로관계와 부양관계의 성립일자, 고용주 또는 상대방의 이름과 주소(법인인 경우에는 그 명칭과 주된 사무소의 소재지), 보수 또는 부양을 지급받는 일자를 구분하여 기재

31. 그 밖의 소득(소득세법상의 소득으로서 30번 항목에 해당하지 아니하는 것): 소득세의 부과대상이 되는 이자소득.배당소득.사업소득.퇴직소득.양도소득.산림소득 기타의 소득으로서 각 소득의 연간 합계액이 100만 원 이상인 소득을 소득의 종류, 금액, 근거 또는 내용을 기재(이자소득.배당소득.퇴직소득의 경우에는 그 상대방의 이름.주소를 아울러 기재하고, 합계액의 산정방법은 2번 항목의 설명을 참조)

Ⅷ. 고정적 지출

재산명시결정을 송달받은 날부터 6개월이 경과한 날 이후까지 정기적으로 지출이 예상되는 비용(예: 월세, 대출금 이자, 양육비, 근로자 급여)을 그 종류와 금액, 상대방의 이름과 주소, 지출 주기 및 일자(예: 매월 말일, 매주 월요일), 지출의 시기와 종기가 있는 경우 그 날짜를 구분하여 기재

IX. 기타

가정법원이 범위를 정하여 적을 것을 명한 재산을 기재

제3. 작성례

앞면

번호	구 분	재산의 종류
I	동 산	☐ 1.현금 ☐ 2.어음.수표 ☑ 3.주권.국채.공채.회사채 등 ☐ 4.금.은.백금류 ☐ 5.시계.보석류.골동품.예술품.악기 ☐ 6.사무기구 ☐ 7.가축 및 기계류 ☐ 8.농.축.어업.공업생산품 및 재고상품 ☐ 9.기타의 동산

뒷면

재산의 종류	내 역	재산의 종류	내 역
3. 주권	발행인 : 삼성전자 주식회사 1주의 액면가액 : 10,000원 1주의 시장가격 : 700,000원 주식의 종류 : 보통주 수량 : 100주 예탁기관 : 삼성증권 주식회사		

아내의 외도로 아내와 이혼을 하고 재산을 청산하고 싶습니다. 외도한 아내에 대한 배신감이 너무 크고 수치심과 모멸감까지 들어서 더 이상 아내와 얼굴도 마주보고 싶지 않습니다. 그래서 이혼 소송 등을 할 때에도 더 이상 말도 섞고 싶지 않고 마주 보고 싶지도 않습니다. 현재 저는 별거 상태입니다. 그런데 아내는 이혼은 안 된다며 이혼에 응하지 않고 있습니다. 소송을 하려고 하는데 이혼 소송과 재산분할 청구 소송을 할 때에도 아내와 대면을 해야 하나요?

조정은 통상적으로 양 당사자가 참석하여 의견을 교환하는 자리이므로 이러한 과정에서 상대방과의 대면 등이 이루어 질 수 있으나, 소송대리인을 선임한 경우에는 당사자를 대신하여 소송대리인이 조정절차에 출석을 할 수 있어 소송대리인을 통해 조정에 응하는 경우에는 아내와 대면하지 않을 수도 있습니다.

1. 조정전치주의

재판상 이혼을 하려면 먼저 가정법원의 조정을 거쳐야 합니다. 즉, 이혼소송을 제기하기 전에 먼저 가정법원에 조정을 신청해야 하며, 조정신청 없이 이혼소송을 제기한 경우에는 가정법원이 그 사건을 직권으로 조정에 회부합니다. 다만, 다음의 경우에는 조정절차를 거치지 않고 바로 소송절차가 진행됩니다[「가사소송법」 제2조제1항 제1호나목 4) 및 제50조].

① 공시송달(公示送達)에 의하지 않고는 부부 일방 또는 쌍방을 소환할 수 없는 경우

② 이혼사건이 조정에 회부되더라도 조정이 성립될 수 없다고 인정되는 경우

※ 이혼조정을 신청하는 경우에는 재산분할, 위자료, 양육사항 및 친권자지정 등 부부 간 합의되지 않은 사항이 있다면 이를 함께 신청해서 조정 받을 수 있습니다(「가사소송법」 제57조).

2. 조정절차에서 소송절차로 이행되는 경우

①조정을 하지 않기로 하는 결정이 있거나(「민사조정법」 제26조), ② 조정이 성립되지 않은 것으로 종결되거나(「민사조정법」 제27조), ③ 조정에 갈음하는 결정 등에 대해 2주 이내에 이의신청이 제기되어 그 결정이 효력을 상실한 경우(「민사조정법」 제34조)에는 조정신청을 한 때에 소송이 제기된 것으로 보아, 조정절차가 종결되고 소송절차로 이행됩니다(「가사소송법」 제49조 및 「민사조정법」 제36조제1항).

3. 소송진행

소송절차가 개시되어 변론기일이 정해지면 소송당사자 또는 법정대리인이 출석해서(특별한 사정이 있는 경우에는 허가받은 대리인이 출석하거나 보조인을 동반할 수 있음) 소송제기자(원고)와 소송상대방(피고) 각자의 주장 및 증거관계를 진술하고, 법원의 사실조사·증거조사 및 신문(訊問) 후 판결을 선고받습니다(「가사소송법」 제7조, 제17조 및 「민사소송법」 제287조제1항).

4. 행정관청에 이혼신고

이혼판결이 확정되면 부부 중 어느 한 쪽이 재판의 확정일부터 1개월 이내에 이혼신고서에 재판서의 등본 및 확정증명서를 첨부해서 등록기준지 또는 주소지 관할 시청·구청·읍사무소 또는 면사무소에 이혼신고를 해야 합니다(「가족관계의 등록 등에 관한 법률」 제58조 및 제78조).

제5부
자녀문제

- 친권, 양육권
- 성과 본

친권, 양육권

제가 양육자로 결정되었는데 상대방이 아이를 보내지 않고 있어요. 어떻게 해야 아이를 데려올 수 있을까요?

이혼 후 상대방이 양육자에게 자녀를 보내주지 않는다고 해서 임의대로 자녀를 데려오면 추후 문제가 될 수 있습니다. 이런 경우에는 우선 상대방과 합의를 시도해 보고, 합의가 이루어지지 않으면 가정법원에 자녀를 보내달라는 내용의 유아인도심판을 청구할 수 있습니다. 상대방이 유아인도명령을 받고도 자녀를 보내지 않으면 가정법원에 이행명령을 신청해서 그 의무를 이행하도록 촉구할 수 있습니다.

1. 유아인도심판

자녀의 양육자로 지정된 사람은 양육의 권리, 의무를 다하기 위해 자녀를 자기의 지배하에 둘 필요가 있습니다. 만약 양육자로 지정되지 않은 자가 사실상 자녀를 지배하고 있는 경우 양육권의 방해를 이유로 유아의 인도를 구하는 유아인도심판을 청구해야 합니다. 만약 사실상 자녀를 지배하고 있는 자가 유아의 인도 의무를 이행하지 않는 경우 법원은 그 의무를 이행하도록 이행명령을 내릴 수도 있습니다.

2. 유아인도사전처분

그런데 유아인도심판은 심판이 확정될 때까지 시간이 걸릴 수 있습니다. 따라서 만약 자녀를 신속히 인도받아야 할 이유가 있으시다면 심판이 확정되기 전에 자녀를 데려올 수 있도록 담당법원에 유아인도사전처분을 신청해야 합니다.

유 아 인 도 심 판 청 구

청 구 인 ○ ○ ○
      19○○년 ○월 ○일생
      등록기준지 ○○시 ○○구 ○○길 ○○
      주소 ○○시 ○○구 ○○길 ○○(우편번호○○○-○○○)
      전화 ○○○ - ○○○○

상 대 방 □ □ □
      19○○년 ○월 ○일생
      등록기준지 ○○시 ○○구 ○○길 ○○
      주소 ○○시 ○○구 ○○길 ○○(우편번호○○○-○○○)
      전화 ○○○ - ○○○○

사건본인 ◇ ◇ ◇
      20○○년 ○월 ○일생
      등록기준지 ○○시 ○○구 ○○길 ○○
      주소 ○○시 ○○구 ○○길 ○○(우편번호○○○-○○○)
      전화 ○○○ - ○○○○

청 구 취 지

상대방 □□□은 청구인 ○○○에 대하여 사건본인 ◇◇◇을 인도하라.
라는 심판을 구합니다.

청 구 원 인

1. 청구인 ○○○과 상대방 □□□은 20○○. ○. ○. 혼인신고를 마친
법률상 부부로서 20○○. ○. ○. 아들인 사건본인 ◇◇◇을 출산하

였습니다.

2. 청구인과 상대방은 20○○. ○. ○. 가정법원의 조정으로 이혼하여 사건본인의 친권자를 청구인으로 정하고 청구인이 양육하기로 하였습니다.

3. 그 후 청구인이 사건본인을 양육하여 왔습니다만, 20○○년 ○월 ○일 상대방이 찾아와서 할머니 △△△가 사건본인을 보고싶어 한다며 데리고 간 후 상대방은 청구인이 재혼을 하고 그 사이에 아이를 낳았다고 하여 현실적으로 사건본인을 양육한다는 것이 곤란하다고 주장하며 아직까지 사건본인을 청구인에게 인도하지 않고 있습니다.

4. 그러나 상대방이 주장하는 사실은 터무니없는 낭설이고 사건본인뿐만 아니라 현재 재혼하여 살고 있는 남편도 같이 살기를 원하고 있으며 또한 청구인은 친권자인 동시에 양육자로서 사건본인을 양육할 충분한 능력과 자격이 있으므로 청구인에게 사건본인을 인도할 것을 구하기 위하여 청구취지와 같이 심판을 구하는 바입니다.

첨 부 서 류

1. 혼인관계증명서(청구인, 상대방)	1통
1. 가족관계증명서(사건본인)	1통
1. 기본증명서(사건본인)	1통
1. 주민등록등본(청구인, 상대방)	1통
1. 조정조서사본	1통

20○○년 ○월 ○일

위 청구인 ○ ○ ○ (인)

○○ 가 정 법 원 귀중

이혼할 때 정한 친권자 및 양육자를 나중에 변경할 수 있나요?

이혼 당시 자녀의 친권자와 양육자를 정했더라도 자녀의 복리를 위해 필요한 경우에는 친권자 및 양육자를 변경할 수 있습니다. 친권자 변경을 위해서는 가정법원에 친권자 지정변경청구를 해야 합니다. 양육자 변경은 당사자 간의 합의로 할 수 있으며, 합의가 이루어지지 않으면 가정법원에 지정변경청구를 해야 합니다.

1. 친권자지정(변경)신고란?

"친권자지정(변경)신고"란 혼인 외의 자(子)가 인지된 경우나 부모의 이혼 등으로 친권 행사자가 지정(변경)되는 경우 그 사실을 시(구)·읍·면의 장에게 신고하는 것을 말합니다.

1) 신고의무자

협의로 친권을 지정한 경우 신고의무자는 부모입니다(「가족관계의 등록 등에 관한 법률」 제79조제1항). 부모 중 일방이 신고하는 경우에는 그 사실을 증명하는 서면을 첨부해야 합니다(「가족관계의 등록 등에 관한 법률」 제79조제1항 후단). 재판에 의해 친권자지정(변경)된 경우 신고의무자는 소송을 제기한 사람이나 그 재판으로 친권자 또는 그 임무를 대행할 사람으로 정해진 사람입니다(「가족관계의 등록 등에 관한 법률」 제79조제2항 전단).

2) 신고기한

협의로 친권을 지정한 경우 부모는 1개월 이내에 그 사실을 신고해야 합니다(「가족관계의 등록 등에 관한 법률」 제79조제1항 전단). 재판에 의해 친권자가 지정(변경)된 경우 신고의무자는 재판의 확정일부터 1개월 이내에 친권자지정(변경)신고를 해야 합니다(「가

족관계의 등록 등에 관한 법률」 제79조제2항 후단 및 제58조제1
항). 신고의무자가 정당한 사유 없이 친권자지정(변경)신고를 기간
내에 하지 않은 경우에는 5만원 이하의 과태료가 부과됩니다(「가족
관계의 등록 등에 관한 법률」 제122조).

2. 친권자지정(변경) 신고하기

친권자지정(변경)신고는 자(子)의 등록기준지 또는 신고인의 주소지
나 현재지에서 할 수 있는데, 신고인의 관할 시(구)·읍·면의 사무소
에 하면 됩니다(「가족관계의 등록 등에 관한 법률」 제20조제1항 본
문 및 제3조제1항·제2항 참조). 다만, 외국에 거주하거나 체류하는
대한민국 국민의 경우 재외국민 가족관계등록사무소에서도 할 수
있습니다(「가족관계의 등록 등에 관한 법률」 제20조제1항 단서).

3. 친권자지정(변경) 신청서 작성

친권자지정(변경)신고는 친권자지정(변경)신고서에 다음 사항을 기
재해야 합니다(민원24-친권자지정(변경)신고, 친권자지정(변경)신고
서 참조).
- 당사자와 부모의 성명·출생연월일·주민등록번호 및 등록기준지(당사자
  가 외국인인 경우에는 그 성명·출생연월일·국적 및 외국인등록번호)
- 친권자의 성명·당사자와의 관계·지정(변경)원인·지정(변경)일자
- 친권자 변경신고의 경우 종전의 친권자에 관한 사항

[서식] 친권자(지정, 변경) 신고서

<table>
<tr><td colspan="4">친권자(□지정□변경)신고서
(　　년　　월　　일)</td><td colspan="3">※ 뒷면의 작성방법을 읽고 기재하시되, 선택항목
은 해당번호에 "○"으로 표시하여 주시기 바랍니다.</td></tr>
<tr><td rowspan="12">① 미성년 자녀</td><td colspan="2">성 명</td><td>한글</td><td>한
자</td><td>주민등록번호</td><td>-</td></tr>
<tr><td colspan="2">등록기준지</td><td colspan="2"></td><td>출생연월일</td><td></td></tr>
<tr><td colspan="2">주 소</td><td colspan="4"></td></tr>
<tr><td colspan="2">성 명</td><td>한글</td><td>한
자</td><td>주민등록번호</td><td>-</td></tr>
<tr><td colspan="2">등록기준지</td><td colspan="2"></td><td>출생연월일</td><td></td></tr>
<tr><td colspan="2">주 소</td><td colspan="4"></td></tr>
<tr><td colspan="2">성 명</td><td>한글</td><td>한
자</td><td>주민등록번호</td><td>-</td></tr>
<tr><td colspan="2">등록기준지</td><td colspan="2"></td><td>출생연월일</td><td></td></tr>
<tr><td colspan="2">주 소</td><td colspan="4"></td></tr>
<tr><td rowspan="3">② 부</td><td>성 명</td><td>한글</td><td>한
자</td><td>주민등록번호</td><td>-</td></tr>
<tr><td>등록기준지</td><td colspan="2"></td><td colspan="2"></td></tr>
<tr><td>주 소</td><td colspan="4"></td></tr>
<tr><td rowspan="3">③ 모</td><td>성 명</td><td>한글</td><td>한
자</td><td>주민등록번호</td><td>-</td></tr>
<tr><td>등록기준지</td><td colspan="2"></td><td colspan="2"></td></tr>
<tr><td>주 소</td><td colspan="4"></td></tr>
<tr><td rowspan="6">④친권자</td><td colspan="2">성　　명</td><td></td><td colspan="2">미성년자와의
관계</td><td>1부2모3부모</td></tr>
<tr><td colspan="2">미성년자
성명</td><td></td><td colspan="3"></td></tr>
<tr><td colspan="2">1지정일자</td><td>년　　월
일</td><td>1
지정원인</td><td>1 협의
2 (　　)법원의 결정</td></tr>
<tr><td colspan="2">2변경일자</td><td>년　　월
일</td><td>2
변경원인</td><td>(　　　)법원의 결정</td></tr>
<tr><td colspan="2">성　　명</td><td></td><td colspan="2">미성년자와의
관계</td><td>1부2모3부모</td></tr>
<tr><td colspan="2">미성년자</td><td></td><td colspan="3"></td></tr>
</table>

	성 명					
	①지정일자	년 월 일	①지정원인	① 협의 ② ( )법원의 결정		
	②변경일자	년 월 일	②변경원인	( )법원의 결정		
⑤기타사항						

협의의 친권자 지정 신고 시 신고인 쌍방이 모두 출석하였습니까? 예 ( ) 아니오( )						
⑥ 신 고 인	성 명	㉕ 또는 서명	주민등록번호	-	자격	①부②모
	주 소			전화		
				이메일		
	성 명	㉕ 또는 서명	주민등록번호	-	자격	①부②모
	주 소			전화		
				이메일		
⑦제출인	성 명		주민등록번호	-		

※ 타인의 서명 또는 인장을 도용하여 허위의 신고서를 제출하거나, 허위신고를 하여 가족관계등록부에 부실의 사실을 기록하게 하는 경우에는 형법에 의하여 5년 이하의 징역 또는 1천만원 이하의 벌금에 처해집니다.

작 성 방 법	이혼신고 시 친권자지정신고는 이혼신고서의 양식을 이용합니다.

※ 등록기준지 : 각 란의 해당자가 외국인인 경우에는 그 국적을 기재합니다.
※ 주민등록번호 : 각 란의 해당자가 외국인인 경우에는 외국인등록번호(국내거소신고번호 또는 출생연월일)를 기재합니다.
①란 : 2명 이상의 미성년자에 대해 친권자가 동일하게 지정(변경)된 경우에는 순서대로 기재합니다.
　　 : 법 제25조제2항에 따라 주민등록번호란에 주민등록번호를 기재한 때에는 출생연월일의 기재를 생략할 수 있습니다.
④란 : 새롭게 친권자로 지정·변경된 자를 의미하며, 지정일자는 협의의 경우에는 협의성립일, 재판의 경우에는 결정 확정된 일자를 기재합니다. 친권자변경에 관한 사항은 재판에 의한 경우에만 기재합니다.
⑤란 : 친권자변경신고의 경우에 종전의 친권자를 기재합니다.

⑦란 : 제출자(신고인 여부 불문)의 성명 및 주민등록번호 기재[접수담당공무원
　　 은 신분증과 대조]

첨 부 서 류

1. 법원이 친권자를 지정.변경한 경우
　- 재판서등본 및 확정증명서 각 1부.
　- 조정.화해 성립 : 조정(화해)조서등본 및 송달증명서 각 1부.
2. 부모의 협의에 의하여 친권자를 지정한 경우
　- 부모 중 한쪽이 신고할 경우: 협의사실을 증명하는 서류 1부.
　- 부모가 함께 신고할 경우: 협의사실 증명하는 서류를 첨부할 필요가 없음.
※ **아래 3항은 가족관계등록관서에서 전산으로 그 내용을 확인할 수 있는**
경우 첨부를 생략합니다.
3. 당사자의 가족관계등록부의 기본증명서, 가족관계증명서 각 1통.
4. 신분확인[가족관계등록예규 제23호에 의함]
　① 재판에 의한 친권자 지정·변경
　　- 신고인이 출석한 경우 : 신분증명서
　　- 제출인이 출석한 경우 : 제출인의 신분증명서
　　- 우편제출의 경우 : 신고인의 신분증명서 사본
　② 협의에 의한 친권자 지정신고
　　- 신고인이 출석한 경우 : 신고인 모두의 신분증명서
　　- 신고인 불출석, 제출인 출석의 경우 : 제출인의 신분증명서 및 신고인
　　　모두의 신분증명서 또는 서명공증 또는 인감증명서(신고인의 신분증명
　　　서 없이 신고서에 신고인이 서명한 경우 서명공증, 신고서에 인감 날
　　　인한 경우 인감증명)
　　- 우편제출의 경우 : 신고인 모두의 서명공증 또는 인감증명서(신고서에
　　　서명한 경우 서명공증, 인감을 날인한 경우는 인감증명서)

성 과 본

> **이혼한 후에 자녀의 성과 본을 저의 성과 본으로 바꿀 수 있나요?**
>
> ▌이혼 후 자녀의 성과 본을 자신의 성과 본으로 바꿀 수 있습니다.

1. 이혼 후 자녀의 성(姓)과 본(本) 변경

1) 자녀의 성과 본의 변경심판 청구

　① 부모의 혼인 중의 출생자는 원칙적으로 아버지의 성과 본을 따릅니다(민법 제781조제1항 본문).

　② 그러나 자녀의 복리를 위해 필요한 경우에는 가정법원에 그 변경심판을 청구할 수 있습니다(가사소송법 제2조제1항제2호가목 6).

2) 청구권자

　자녀의 성과 본의 변경심판은 부(父), 모(母) 또는 자녀가 청구할 수 있습니다. 그러나 자녀가 미성년자이고 법정대리인이 청구할 수 없는 경우에는 친족(8촌 이내의 혈족, 4촌 이내의 인척 및 배우자) 또는 검사가 청구할 수 있습니다(민법 제777조 및 제781조제6항).

3) 관할법원

자녀의 성과 본의 변경심판은 사건본인의 주소지의 가정법원에 신청하면 됩니다(가사소송법 제44조제1호마목).

4) 변경허가 기준

① 가정법원은 자녀의 성과 본의 변경 청구가 있는 경우에 부, 모 및 자녀(13세 이상인 경우만 해당)의 의견을 들어서 변경허가 여부를 결정하는 데 반영할 수 있습니다.

② 그러나 자녀의 부모 중 자녀와 성과 본이 동일한 사람이 사망하거나 그 밖의 사유로 의견을 들을 수 없는 경우에는 자녀와 성과 본이 동일한 최근친(最近親) 직계존속의 의견을 들을 수 있습니다(가사소송규칙 제59조의2제2항).

③ 이 외에도 가정법원은 자녀의 복리를 위해 필요한 사항을 고려해서 성과 본의 변경허가 여부를 결정합니다.

5) 행정관청에 성과 본의 변경신고

가정법원으로부터 성과 본의 변경허가판결을 받은 경우에는 재판의 확정일부터 1개월 이내에 재판서의 등본 및 확정증명서를 첨부해서 등록기준지 또는 주소지 관할 시청·구청·읍사무소 또는 면사무소에 성과 본의 변경신고를 해야 합니다(가족관계의 등록 등에 관한 법률 제100조).

2. 자녀의 성(姓)과 본(本)을 재혼한 배우자의 성과 본으로 바꾸는 방법

1) 가정법원에 자녀의 성(姓)과 본(本)의 변경심판 청구

부모의 혼인 중의 출생자는 원칙적으로 친생부(親生父)의 성과 본을 따르지만, 자녀의 복리를 위해 필요한 경우에는 부(父), 모(母) 또는 자녀가 가정법원에 성과 본의 변경심판을 청구해서 법원의 허가를 받아 이를 변경할 수 있습니다(민법 제781조제1항·제6항 및 가사소송법 제2조제1항제2호가목 6).

3. 친양자 입양

1) 친양자제도란?

① 친양자제도란 자녀의 복리를 위해 양자(養子)를 부부의 혼인 중의 출생자로 보아 법률상 완전한 친생자(親生子)로 인정하는 제도를 말합니다(민법 제908조의3제1항).

② 친양자로 입양되면 입양 전의 친족관계(친아버지와의 관계 등)는 친양자 입양이 확정된 때 종료되고, 새롭게 양부모와 법률상 친생자관계를 형성하게 됩니다(민법 제908조의3제2항). 따라서 양부모와 친생자 사이에 친족관계, 상속관계가 발생하며, 성과 본 역시 양부의 성과 본으로 변경할 수 있습니다.

2) 친양자 입양 요건

친양자를 입양하려는 경우에는 다음의 요건을 모두 갖추어 가정법원에 친양자 입양청구를 해야 합니다(민법 제908조의2제1항 및 가사소송법 제2조제1항제2호가목 12).

① 3년 이상 혼인 중인 부부로서 공동으로 입양할 것. 다만, 1년 이상 혼인 중인 부부의 한쪽이 그 배우자의 친생자를 친양자로 하는 경우에는 그러하지 않습니다.

② 친양자가 될 자녀가 미성년자일 것

③ 친양자로 될 자녀의 친생부모가 친양자 입양에 동의할 것(다만, 부모가 친권 상실의 선고를 받거나 소재를 알 수 없거나, 그 밖의 사유로 동의할 수 없는 경우는 제외)

④ 친양자가 될 자녀가 13세 이상인 경우에는 법정대리인의 동의를 받아 입양을 승낙할 것

⑤ 친양자가 될 자녀가 13세 미만인 경우에는 법정대리인이 그를 갈음하여 입양을 승낙할 것

3) 관할법원

친양자 입양허가는 친양자가 될 자녀 주소지의 가정법원에 청구하면 됩니다(가사소송법 제44조제4호).

4) 친양자 입양허가 기준

① 가정법원은 친양자 입양에 관한 심판을 하기 전에 ㉮ 친양자가 될 사람이 13세 이상인 경우에는 친양자가 될 사람, ㉯ 양부모가 될 사람, ㉰ 친양자가 될 사람의 친생부모, ㉱ 친양자가 될 사람의 후견인, ㉲ 친양자로 될 사람에 대하여 친권을 행사하는 사람으로서 부모 이외의 사람, ㉳ 친양자로 될 사람의 부모의 후견인의 의견을 들어야 합니다(가사소송규칙 제62조의3제1항).

② 그러나 친양자로 될 사람의 친생부모의 사망 그 밖의 사유로 의견을 들을 수 없는 경우에는 최근친 직계존속(동순위가 여러 명일 때에는 연장자)의 의견을 들어야 합니다(가사소송규칙 제62조의3제2항).

③ 이 외에도 가정법원은 친양자로 될 자녀의 복리를 위해 그 양육상황, 친양자 입양 동기, 양친의 양육능력 및 그 밖의 사정을 고려해서 친양자 입양허가 여부를 결정합니다(민법 제908조의2제3항).

5) 친양자 입양신고

가정법원의 친양자 입양허가판결을 받은 경우에는 재판의 확정일부터 1개월 이내에 재판서의 등본 및 확정증명서를 첨부해서 등록기준지 또는 주소지 관할 시청·구청·읍사무소 또는 면사무소에 입양신고를 해야 합니다(가족관계의 등록 등에 관한 법률 제58조, 제67조 및 제68조).

[서식 예] 자의 성과 본의 변경허가 심판청구서

자의 성과 본의 변경허가 심판청구

청 구 인   성명 :   (휴대전화 :   , 집전화 :   )
            주민등록번호 :   -
            주소 :
            등록기준지 :
사 건 본 인   성명 :
            주민등록번호 :   -
            주소
            등록기준지 :

청 구 취 지

'사건본인의 성을 "   (한자:)"로, 본을 "   (한자:
)"로 변경할 것을 허가한다.'라는 심판을 구합니다.

청 구 원 인

1. 사건본인의 가족관계 등 (해당 □안에 √ 표시, 내용 추가)

   가. 사건본인은 (친부   )과(와) (친모   )사이에 출
       생한 자입니다.

       □ 친부의 주소는 (_____)입니다.

   나. □ (친부   )과(와) (친모   )는(은) (년   월
       일) 이혼하였습니다.

       □ (친부   )는(은) (년   월   일) 사망하였습니다.

       □ (   )는(은) (년   월   일) 사건본인을 입
       양하였습니다.

2. 성과 본의 변경을 청구하는 이유 (해당 □안에 √ 표시, 내용 추가)

사건본인이 현재의 성과 본으로 인하여 학교나 사회생활 등에서 많은 어려움을 겪고 있으므로 사건본인의 복리를 위하여 다음과 같이 청구합니다.

□ (친모   )과(와) (년 월   일) 혼인하여 사건본인의 <u>의붓아</u>
  <u>버지(계부)</u>가 된 (   )의 "성"과 "본"<u>으</u>로 바꾸고 싶습니다.

□ <u>어머니의</u> "성"과 "본"으로 바꾸고 싶습니다.

□ <u>양부 또는 양모의</u> "성"과 "본"으로 바꾸고 싶습니다.

□ 위 각 경우에 해당하지 않는 경우의 이유(서술식으로 기재)

첨 부 서 류

      1. 진술서(청구인)   1통
      2. 가족관계증명서(청구인 및 사건본인)   각 1통
      3. 기본증명서(사건본인)   1통
      4. 혼인관계증명서(청구인)   1통
      5. 주민등록등본(청구인 및 사건본인)   각 1통
         (청구인과 사건본인의 주소지가 같은 경우에는 1통만 제출하면 됩니다)

6. 기타(<u>해당사항이 있는 경우에</u> □안에 √ 표시를 하고 해당 서류를 첨
  부해 주십시오)

  □ 입양관계증명서   1통(사건본인이 입양된 경우)

  □ 제적등본(친부)   1통(친부가 사망한 경우, 단 2008. 1. 1. 이후에 사
     망신고가 된 경우에는 폐쇄가족관계등록부에 따른 친부의 기본증명서)

                   20   .   .   .
                        청구인   (인)

가정법원{   지방법원(지원)} 귀중

진 술 서

청구인은 다음과 같은 내용을 **사실대로** 진술합니다.

1. 청구인과 사건본인의 가족관계 등

가. 기본 사항(사건본인과 관계있는 해당 사항만 기재하시면 됩니다.)

구분	연월일	참고 사항
( )과(와) 혼인 신고일	년 월 일	동거 시작일 년 월 일
사건본인 ( )출생일자	년 월 일	
( )과(와) 이혼 신고일	년 월 일	☐ 협의이혼 ☐ 재판상 이혼
( )과(와) 재혼 신고일	년 월 일	동거 시작일 년 월 일

나. 사건본인의 현재 생활, 친권자, 양육자 등

구분	내용
(1) 사건본인의 나이, 학교 등	만 세, ☐ 유치원, ☐ 학교 학년 재학 중
(2) 이혼시 지정된 친권자	☐ 사건본인의 아버지, ☐ 사건본인의 어머니
(3) 이혼시 지정된 양육자	☐ 사건본인의 아버지, ☐ 사건본인의 어머니
(4) 현재의 실제 양육자와 양육기간	☐ 사건본인의 아버지, ☐ 사건본인의 어머니 양육기간 : 약 년 개월(년 월 무렵 → 현재)
(5) 양육비용을 부담하고 있는 사람	
(6) 친아버지가 사건본인 또는 사건본인의 어머니에게 양육비를 지급하고 있는지 여부	☐ 양육비를 지급하고 있음 ☐ 양육비를 지급하고 있지 아니함
	※ 양육비를 지급하고 있는 경우 그 액수 월 평균으로 따져보면 약 원

	☐ 면접교섭함,
	☐ 면접교섭하지 아니함
(7) 사건본인이 친아버지와 면접교섭하는지(정기적 또는 부정기적으로 만나는지) 여부	면접교섭의 내용(면접교섭하는 경우에만 기재하여 주십시오.)
	☐ 1년에 약 1 ~ 3회
	☐ 매월 약 1회, ☐ 매월 약 2회 이상
	☐ 기타 ( )

2. 사건본인이 현재의 성과 본으로 인하여 사회생활 등에서 어려움을 겪고 있는 구체적 사례

3. 사건본인의 성과 본의 변경이 필요한 이유(☐안에 √ 표시, 내용 기재)
  ☐ **의붓아버지(계부)의 성과 본으로 변경하려는 경우**
    (1) 의붓아버지가 사건본인을 양육하고 있는지 :
        ☐ 양육하고 있음, ☐ 양육하고 있지 아니함
    (2) 의붓아버지가 사건본인을 실제 양육한 기간
        약 년 개월(년 월 무렵부터 → 년 월 무렵까지)
    (3) 성과 본의 변경이 사건본인의 행복과 이익을 위하여 필요한 이유

  ☐ **어머니의 성과 본으로 변경하려는 경우**
    (1) 어머니가 이혼 후 사건본인을 실제 양육한 기간
        약 년 개월(년 월 무렵부터 → 년 월 무렵까지)
    (2) 성과 본의 변경이 사건본인의 행복과 이익을 위하여 필요한 이유

  ☐ **양부 또는 양모의 성과 본으로 변경하려는 경우**
    (1) 사건본인을 양육하고 있는지 : ☐ 양육하고 있음, ☐ 양육하고 있지 아니함

(2) 양부 또는 양모가 사건본인을 실제 양육한 기간

　　　약 　년 개월 (　년 　월 무렵부터 → 　년 　월 무렵까지)

(3) 성과 본의 변경이 사건본인의 행복과 이익을 위하여 필요한 이유

| |
| |

4. 그 밖에 법원에 진술하고 싶은 사정

　　　　　　20 　년 　월 　일 　청구인 　　　　　(인)

○○가정법원{○○지방법원(지원)} 귀중

[서식 예] 친양자 입양청구서(공동입양)

친양자 입양의 심판청구

청 구 인 1. ○ ○ ○(주민등록번호 :   -   )
              주소 : ○○시 ○○구 ○○길 ○○번지
              등록기준지 : ○○시 ○○면 ○○길 ○번지
              전화번호 :
           2. △ △ △(주민등록번호 :   -   )
              주소 및 등록기준지 위와 같음
              전화번호 :
사 건 본 인   □ □ □(주민등록번호 :   -   )
              사건본인들 주소는 위와 같음
              등록기준지 □□광역시 □□구 □□길 □□번지

청 구 취 지

사건본인들을 청구인들의 친양자로 한다.
라는 심판을 구합니다.

청 구 원 인

1. 청구인들은 3년 이상 혼인 중인 부부로서 공동으로 사건본인을 친양
   자로 입양하고자 합니다.
2. 청구인 ○○○와 사건본인은 먼 친족 사이로서 사건본인의 부모가 20
   ○○년 ○월 ○일 사고로 모두 사망한 이후 현재까지 청구인들이 사
   건본인을 잘 양육하고 있습니다.
3. 청구인들은, 사건본인이 더 행복하고 구김살 없게 자랄 수 있도록 하
   기 위하여, 사건본인을 친양자로 입양하는 것이 좋겠다고 생각하여
   이 사건 청구를 하게 되었습니다.
4. 이 사건 청구와 관련된 사항(가사소송규칙 제62조의2 규정 사항)은 별
   지 목록 기재와 같습니다.

첨 부 서 류

1. 청구관련사항목록   1통
2. 가족관계증명서(사건본인)   1통
3. 기본증명서(사건본인)   1통
4. 혼인관계증명서(청구인들)   1통
5. 주민등록등본(청구인들 및 사건본인)   각 1통
   (다만 청구인들과 사건본인이 함께 주민등록이 되어 있는 경우2는 1통만 제출
   하면 됩니다)
6. 친양자 입양 동의서(친생부모) 및 인감증명서(단 인감증명서는
   작성자가 직접 제출하지 않는 경우에만 필요합니다) 각 1통
7. 법정대리인의 동의를 받은 사건본인의 입양승낙서(13세 이상)
   및 인감증명서(단 인감증명서는 작성자가 직접 제출하지
   않는 경우에만 필요합니다)   각 1통
8. 법정대리인의 입양승낙서(13세 미만) 및 인감증명서
   (단 인감증명서는 작성자가 직접 제출하지 않는
   경우에만 필요합니다)   각 1통

20○○. ○. ○.
위 청구인 ○ ○ ○   (인)

○○가정법원{○○지방법원(지원)} 귀중

제6부
형사문제

■ 가정폭력

가정폭력

> **이웃이 가정폭력을 당한 것 같습니다. 어디에다 신고해야 하나요?**
>
> 누구든지 가정폭력범죄를 알게 된 경우에는 수사기관(예를 들어 파출소나 경찰서 등)에 신고할 수 있습니다.

1. 가정폭력의 개념

1) 가정폭력이란?

가정폭력이란 가정구성원 사이의 신체적, 정신적 또는 재산상 피해를 수반하는 행위를 말합니다(가정폭력범죄의 처벌 등에 관한 특례법 제2조제1호).

2) 가정구성원이란?

가정구성원이란 다음의 어느 하나에 해당하는 사람을 말합니다(가정폭력범죄의 처벌 등에 관한 특례법 제2조제2호).

① 배우자(사실상 혼인관계에 있는 사람을 포함함) 또는 배우자였던 사람

② 자기 또는 배우자와 직계존비속관계(사실상의 양친자관계를 포함함)에 있거나 있었던 사람

③ 계부모(繼父母)와 자녀의 관계 또는 적모(嫡母)와 서자(庶子)의 관

계에 있거나 있었던 사람

④ 동거하는 친족

3) 가정폭력범죄란?

(1) 가정폭력범죄란 가정폭력으로서 다음의 어느 하나에 해당하는 죄를 말합니다(가정폭력범죄의 처벌 등에 관한 특례법 제2조제3호).

① 「형법」 제257조(상해, 존속상해), 제258조(중상해, 존속중상해), 제258조의2(특수상해), 제260조(폭행, 존속폭행)제1항·제2항, 제261조(특수폭행) 및 제264조(상습범)의 죄

② 「형법」 제271조(유기, 존속유기)제1항·제2항, 제272조(영아유기), 제273조(학대, 존속학대) 및 제274조(아동혹사)의 죄

③ 「형법」 제276조(체포, 감금, 존속체포, 존속감금), 제277조(중체포, 중감금, 존속중체포, 존속중감금), 제278조(특수체포, 특수감금), 제279조[상습범(제276조, 제277조의 죄만 해당)], 제280조[미수범(제276조부터 제279조의 죄만 해당)]의 죄

④ 「형법」 제283조(협박, 존속협박)제1항·제2항, 제284조(특수협박), 제285조[상습범(제283조의 죄만 해당)] 및 제286조 (미수범)의 죄

⑤ 「형법」 제297조(강간), 제297조의2(유사강간), 제298조(강제추행), 제299조(준강간, 준강제추행), 제300조(미수범), 제301조(강간등 상해·치상), 제301조의2(강간등 살인·치사), 제302조(미성년자등에 대한 간음), 제305조(미성년자에 대한 간음, 추행), 제305조의2[상습범(제297조, 제297조의2, 제298조부터 제300조까지의 죄만 해당)의 죄

⑥ 「형법」 제307조(명예훼손), 제308조[사자(死者)의 명예훼손], 제309조(출판물 등에 의한 명예훼손) 및 제311조(모욕)의 죄

⑦ 「형법」 제321조(주거·신체 수색)의 죄

⑧ 「형법」 제324조(강요) 및 제324조의5[미수범(제324조의 죄만 해

당)]의 죄

⑨ 「형법」 제350조(공갈), 제350조의2(특수공갈) 및 제352조(미수범)(제350조, 제350조의2의 죄만 해당)]의 죄

⑩ 「형법」 제366조(재물손괴 등)의 죄

⑪ 위의 1.부터 10.까지의 죄로서 다른 법률(예를 들어 「폭력행위 등 처벌에 관한 법률」 등)에 의해 가중처벌되는 죄

(2) 가정폭력범죄에 관해서는 「가정폭력범죄의 처벌 등에 관한 특례법」이 우선 적용됩니다. 다만, 아동학대범죄에 대하여는 「아동학대범죄의 처벌 등에 관한 특례법」이 우선 적용됩니다(가정폭력범죄의 처벌 등에 관한 특례법 제3조).

2. 배우자의 가정폭력에 대한 고소

1) 신고

(1) 누구든지 가정폭력범죄를 알게 된 경우에는 수사기관(예를 들어 파출소나 경찰서 등)에 신고할 수 있습니다(가정폭력범죄의 처벌 등에 관한 특례법 제4조제1항).

(2) 이 외에도 다음 어느 하나에 해당하는 사람이 직무를 수행하면서 가정폭력범죄를 알게 된 경우에는 정당한 사유가 없으면 즉시 수사기관에 신고해야 합니다(가정폭력범죄의 처벌 등에 관한 특례법 제4조제2항).

① 아동의 교육과 보호를 담당하는 기관의 종사자와 그 기관장

② 아동, 60세 이상의 노인, 그 밖에 정상적인 판단능력이 결여된 사람의 치료 등을 담당하는 의료인 및 의료기관의 기관장

③ 「노인복지법」에 따른 노인복지시설, 「아동복지법」에 따른 아동복지시설, 「장애인복지법」에 따른 장애인복지시설의 종사자와 그 기관장

④ 「다문화가족지원법」에 따른 다문화가족지원센터의 전문인력과 그 장

⑤「결혼중개업의 관리에 관한 법률」에 따른 국제결혼중개업자와 그 종사자

⑥「소방기본법」에 따른 구조대, 구급대의 대원

⑦「사회복지사업법」에 따른 사회복지 전담공무원

⑧「건강가정기본법」에 따른 건강가정지원센터의 종사자와 그 센터의 장

(3) 위의 항목 중 어느 하나에 해당하는 사람으로서 그 직무를 수행하면서 가정폭력범죄를 알게 된 경우에도 신고를 하지 아니한 사람에게는 300만원 이하의 과태료를 부과합니다(가정폭력범죄의 처벌 등에 관한 특례법 제66조제1호).

(4) 또한「아동복지법」에 따른 아동상담소,「가정폭력방지 및 피해자보호 등에 관한 법률」에 따른 가정폭력 관련 상담소 및 보호시설,「성폭력방지 및 피해자보호 등에 관한 법률」에 따른 성폭력피해상담소 및 보호시설에 근무하는 상담원과 그 기관장은 피해자 또는 피해자의 법정대리인 등과의 상담을 통하여 가정폭력범죄를 알게 된 경우에는 가정폭력피해자의 명시적인 반대의견이 없으면 즉시 신고해야 합니다(가정폭력범죄의 처벌 등에 관한 특례법 제4조제3항).

2) 고소

(1) 피해자 또는 그 법정대리인은 가정폭력범죄를 범한 사람 및 가정구성원인 공범(이하 "가정폭력행위자"라 함)을 고소할 수 있습니다. 이때 피해자의 법정대리인이 가정폭력행위자인 경우 또는 가정폭력행위자와 공동으로 가정폭력범죄를 범한 경우에는 피해자의 친족이 고소할 수 있습니다(가정폭력범죄의 처벌 등에 관한 특례법 제6조제1항).

(2) 피해자는 가정폭력행위자가 자기의 직계존속(아버지, 어머니 등) 또는 배우자의 직계존속(시부모, 장인·장모 등)인 경우에도 고소할 수 있습니다(가정폭력범죄의 처벌 등에 관한 특례법 제6조제2항).

(3) 한편, 피해자에게 고소할 법정대리인이나 친족이 없는 경우에 이해관계인이 신청하면 검사는 10일 이내에 고소권자를 지정해야 합니다(가정폭력범죄의 처벌 등에 관한 특례법 제6조제3항).

> **가정폭력 신고로 인한 보복이 두렵습니다. 보호받을 수 있는 방법이 없을까요?**
>
> ▌가정보호사건의 판사는 심리 결과 보호가 필요하다고 판단되는
> 경우에 보호처분을 할 수 있습니다.

1. 보호처분

1) 판사는 심리 결과 보호처분이 필요하다고 인정하는 경우에는 결정으로 다음의 어느 하나 또는 둘 이상에 해당하는 처분을 할 수 있습니다(가정폭력범죄의 처벌 등에 관한 특례법 제40조).

① 가정폭력행위자가 피해자 또는 가정구성원에게 접근하는 행위의 제한

② 가정폭력행위자가 피해자 또는 가정구성원에게 전기통신(전기통신기본법 제2조제1호)을 이용해서 접근하는 행위의 제한

③ 가정폭력행위자가 피해자의 친권자인 경우 피해자에 대한 친권 행사의 제한(이 경우에는 피해자를 다른 친권자나 친족 또는 적당한 시설로 인도할 수 있음)

④ 「보호관찰 등에 관한 법률」에 따른 사회봉사·수강명령

⑤ 「보호관찰 등에 관한 법률」에 따른 보호관찰

⑥ 「가정폭력방지 및 피해자 보호 등에 관한 법률」에서 정하는 보호시설에의 위탁감호

⑦ 의료기관에의 치료위탁

⑧ 상담소등에의 상담위탁

2) 위 ④를 제외한 나머지 보호처분의 기간은 6개월(1회 연장, 최장 1년까지 가능)을 초과할 수 없으며, 위 ④의 사회봉사·수강명령의 시간은 각각 200시간(1회 연장, 최장 400시간까지 가능)을 초과할 수 없습니다(가정폭력범죄의 처벌 등에 관한 특례법 제41조 및 제45조).

3) 위 1.부터 3.에 해당하는 보호처분을 받고도 이를 이행하지 않으면 2년 이하의 징역이나 2천만원 이하의 벌금 또는 구류에 처해집니다(「가정폭력범죄의 처벌 등에 관한 특례법」제63조제1항제1호).

2. 항고, 재항고

1) 다음의 경우에는 가정법원 본원합의부(가정법원이 설치되지 않은 지역은 지방법원 본원합의부를 말함. 이하 같음)에 항고할 수 있습니다(가정폭력범죄의 처벌 등에 관한 특례법 제49조).

항고 사유	항고인
임시조치, 보호처분, 보호처분의 변경·취소에 있어 그 결정에 영향을 미칠 법령 위반이 있거나 중대한 사실 오인(誤認)이 있거나 그 결정이 현저히 부당한 경우	검사, 가정폭력행위자, 법정대리인 또는 보조인
법원의 불처분 결정이 현저히 부당한 경우	검사, 피해자 또는 그 법정대리인

2) 항고의 기각 결정에 대해서는 그 결정이 법령에 위반된 경우에만 대법원에 재항고할 수 있습니다(가정폭력범죄의 처벌 등에 관한 특례법 제52조제1항).

부록1
민법

■ 이혼(제834조~제843조)
■ 상속(제997조~제1059조)

민법

[시행 2018.2.1.]
[법률 제14965호, 2017.10.31., 일부개정]

제4편 친족
제3장 혼인
제5절 이혼
제1관 협의상 이혼

제834조(협의상 이혼) 부부는 협의에 의하여 이혼할 수 있다.

제835조(성년후견과 협의상 이혼) 피성년후견인의 협의상 이혼에 관하여는 제808조제2항을 준용한다.
[전문개정 2011.3.7.]

제836조(이혼의 성립과 신고방식) ①협의상 이혼은 가정법원의 확인을 받아 「가족관계의 등록 등에 관한 법률」의 정한 바에 의하여 신고함으로써 그 효력이 생긴다. <개정 1977.12.31., 2007.5.17.>
②전항의 신고는 당사자 쌍방과 성년자인 증인 2인의 연서한 서면으로 하여야 한다.

제836조의2(이혼의 절차) ①협의상 이혼을 하려는 자는 가정법원이 제공하는 이혼에 관한 안내를 받아야 하고, 가정법원은 필요한 경우 당사자에게 상담에 관하여 전문적인 지식과 경험을 갖춘 전문상담인의 상담을 받을 것을 권고할 수 있다.
②가정법원에 이혼의사의 확인을 신청한 당사자는 제1항의 안내를 받은 날부터 다음 각 호의 기간이 지난 후에 이혼의사의 확인을 받을 수 있다.
1. 양육하여야 할 자(포태 중인 자를 포함한다. 이하 이 조에서 같다)가 있는 경우에는 3개월

2. 제1호에 해당하지 아니하는 경우에는 1개월

③가정법원은 폭력으로 인하여 당사자 일방에게 참을 수 없는 고통이 예상되는 등 이혼을 하여야 할 급박한 사정이 있는 경우에는 제2항의 기간을 단축 또는 면제할 수 있다.

④양육하여야 할 자가 있는 경우 당사자는 제837조에 따른 자(子)의 양육과 제909조제4항에 따른 자(子)의 친권자결정에 관한 협의서 또는 제837조 및 제909조제4항에 따른 가정법원의 심판정본을 제출하여야 한다.

⑤가정법원은 당사자가 협의한 양육비부담에 관한 내용을 확인하는 양육비부담조서를 작성하여야 한다. 이 경우 양육비부담조서의 효력에 대하여는 「가사소송법」 제41조를 준용한다. <신설 2009.5.8.>
[본조신설 2007.12.21.]

제837조(이혼과 자의 양육책임) ①당사자는 그 자의 양육에 관한 사항을 협의에 의하여 정한다. <개정 1990.1.13.>

②제1항의 협의는 다음의 사항을 포함하여야 한다. <개정 2007.12.21.>

1. 양육자의 결정

2. 양육비용의 부담

3. 면접교섭권의 행사 여부 및 그 방법

③제1항에 따른 협의가 자(子)의 복리에 반하는 경우에는 가정법원은 보정을 명하거나 직권으로 그 자(子)의 의사(意思)·연령과 부모의 재산상황, 그 밖의 사정을 참작하여 양육에 필요한 사항을 정한다. <개정 2007.12.21.>

④양육에 관한 사항의 협의가 이루어지지 아니하거나 협의할 수 없는 때에는 가정법원은 직권으로 또는 당사자의 청구에 따라 이에 관하여 결정한다. 이 경우 가정법원은 제3항의 사정을 참작하여야 한다. <신설 2007.12.21.>

⑤가정법원은 자(子)의 복리를 위하여 필요하다고 인정하는 경우에는 부·모·자(子) 및 검사의 청구 또는 직권으로 자(子)의 양육에 관한 사항을 변경하거나 다른 적당한 처분을 할 수 있다. <신설 2007.12.21.>

⑥제3항부터 제5항까지의 규정은 양육에 관한 사항 외에는 부모의 권리의무에 변경을 가져오지 아니한다. <신설 2007.12.21.>

제837조의2(면접교섭권) ①자(子)를 직접 양육하지 아니하는 부모의 일방과 자(子)는 상호 면접교섭할 수 있는 권리를 가진다. <개정 2007.12.21.>
②자(子)를 직접 양육하지 아니하는 부모 일방의 직계존속은 그 부모 일방이 사망하였거나 질병, 외국거주, 그 밖에 불가피한 사정으로 자(子)를 면접교섭할 수 없는 경우 가정법원에 자(子)와의 면접교섭을 청구할 수 있다. 이 경우 가정법원은 자(子)의 의사(意思), 면접교섭을 청구한 사람과 자(子)의 관계, 청구의 동기, 그 밖의 사정을 참작하여야 한다. <신설 2016.12.2.>
③가정법원은 자의 복리를 위하여 필요한 때에는 당사자의 청구 또는 직권에 의하여 면접교섭을 제한·배제·변경할 수 있다. <개정 2005.3.31., 2016.12.2.>
[본조신설 1990.1.13.]

제838조(사기, 강박으로 인한 이혼의 취소청구권) 사기 또는 강박으로 인하여 이혼의 의사표시를 한 자는 그 취소를 가정법원에 청구할 수 있다. <개정 1990.1.13.>

제839조(준용규정) 제823조의 규정은 협의상 이혼에 준용한다.

제839조의2(재산분할청구권) ①협의상 이혼한 자의 일방은 다른 일방에 대하여 재산분할을 청구할 수 있다.
②제1항의 재산분할에 관하여 협의가 되지 아니하거나 협의할 수 없는 때에는 가정법원은 당사자의 청구에 의하여 당사자 쌍방의 협력으로 이룩한 재산의 액수 기타 사정을 참작하여 분할의 액수와 방법을 정한다.
③제1항의 재산분할청구권은 이혼한 날부터 2년을 경과한 때에는 소멸한다.
[본조신설 1990.1.13.]

제839조의3(재산분할청구권 보전을 위한 사해행위취소권) ①부부의 일방이 다른 일방의 재산분할청구권 행사를 해함을 알면서도 재산권을 목적으로 하는 법률행위를 한 때에는 다른 일방은 제406조제1항을 준용하여 그 취소 및 원상회복을 가정법원에 청구할 수 있다.

②제1항의 소는 제406조제2항의 기간 내에 제기하여야 한다.

[본조신설 2007.12.21.]

제2관 재판상 이혼

제840조(재판상 이혼원인) 부부의 일방은 다음 각호의 사유가 있는 경우에는 가정법원에 이혼을 청구할 수 있다.

<개정 1990.1.13.>

1. 배우자에 부정한 행위가 있었을 때
2. 배우자가 악의로 다른 일방을 유기한 때
3. 배우자 또는 그 직계존속으로부터 심히 부당한 대우를 받았을 때
4. 자기의 직계존속이 배우자로부터 심히 부당한 대우를 받았을 때
5. 배우자의 생사가 3년 이상 분명하지 아니한 때
6. 기타 혼인을 계속하기 어려운 중대한 사유가 있을 때

제841조(부정으로 인한 이혼청구권의 소멸) 전조제1호의 사유는 다른 일방이 사전동의나 사후 용서를 한 때 또는 이를 안 날로부터 6월, 그 사유있은 날로부터 2년을 경과한 때에는 이혼을 청구하지 못한다.

제842조(기타 원인으로 인한 이혼청구권의 소멸) 제840조제6호의 사유는 다른 일방이 이를 안 날로부터 6월, 그 사유있은 날로부터 2년을 경과하면 이혼을 청구하지 못한다.

제843조(준용규정) 재판상 이혼에 따른 손해배상책임에 관하여는 제806조를 준용하고, 재판상 이혼에 따른 자녀의 양육책임 등에

관하여는 제837조를 준용하며, 재판상 이혼에 따른 면접교섭권에
관하여는 제837조의2를 준용하고, 재판상 이혼에 따른 재산분할청
구권에 관하여는 제839조의2를 준용하며, 재판상 이혼에 따른 재
산분할청구권 보전을 위한 사해행위취소권에 관하여는 제839조의3
을 준용한다.
[전문개정 2012.2.10.]

제5편 상속
제1절 총칙

제997조(상속개시의 원인) 상속은 사망으로 인하여 개시된다. <개
정 1990.1.13.>
[제목개정 1990.1.13.]

제998조(상속개시의 장소) 상속은 피상속인의 주소지에서 개시한다.
[전문개정 1990.1.13.]

제998조의2(상속비용) 상속에 관한 비용은 상속재산 중에서 지급한다.
[본조신설 1990.1.13.]

제999조(상속회복청구권) ①상속권이 참칭상속권자로 인하여 침해
된 때에는 상속권자 또는 그 법정대리인은 상속회복의 소를 제기
할 수 있다.
②제1항의 상속회복청구권은 그 침해를 안 날부터 3년, 상속권의 침
해행위가 있은 날부터 10년을 경과하면 소멸된다. <개정 2002.1.14.>
[전문개정 1990.1.13.]

제2절 상속인

제1000조(상속의 순위) ①상속에 있어서는 다음 순위로 상속인이 된다.
<개정 1990.1.13.>
1. 피상속인의 직계비속
2. 피상속인의 직계존속
3. 피상속인의 형제자매
4. 피상속인의 4촌 이내의 방계혈족
②전항의 경우에 동순위의 상속인이 수인인 때에는 최근친을 선순위로 하고 동친등의 상속인이 수인인 때에는 공동상속인이 된다.
③태아는 상속순위에 관하여는 이미 출생한 것으로 본다. <개정 1990.1.13.>
[제목개정 1990.1.13.]

제1001조(대습상속) 전조제1항제1호와 제3호의 규정에 의하여 상속인이 될 직계비속 또는 형제자매가 상속개시전에 사망하거나 결격자가 된 경우에 그 직계비속이 있는 때에는 그 직계비속이 사망하거나 결격된 자의 순위에 갈음하여 상속인이 된다. <개정 2014.12.30.>

제1002조 삭제 <1990.1.13.>

제1003조(배우자의 상속순위) ①피상속인의 배우자는 제1000조제1항제1호와 제2호의 규정에 의한 상속인이 있는 경우에는 그 상속인과 동순위로 공동상속인이 되고 그 상속인이 없는 때에는 단독상속인이 된다. <개정 1990.1.13.>
②제1001조의 경우에 상속개시전에 사망 또는 결격된 자의 배우자는 동조의 규정에 의한 상속인과 동순위로 공동상속인이 되고 그 상속인이 없는 때에는 단독상속인이 된다. <개정 1990.1.13.>
[제목개정 1990.1.13.]

제1004조(상속인의 결격사유) 다음 각 호의 어느 하나에 해당한 자는 상속인이 되지 못한다. <개정 1990.1.13., 2005.3.31.>

1. 고의로 직계존속, 피상속인, 그 배우자 또는 상속의 선순위나 동순위에 있는 자를 살해하거나 살해하려한 자
2. 고의로 직계존속, 피상속인과 그 배우자에게 상해를 가하여 사망에 이르게 한 자
3. 사기 또는 강박으로 피상속인의 상속에 관한 유언 또는 유언의 철회를 방해한 자
4. 사기 또는 강박으로 피상속인의 상속에 관한 유언을 하게 한 자
5. 피상속인의 상속에 관한 유언서를 위조·변조·파기 또는 은닉한 자

제3절 상속의 효력
제1관 일반적 효력

제1005조(상속과 포괄적 권리의무의 승계) 상속인은 상속개시된 때로부터 피상속인의 재산에 관한 포괄적 권리의무를 승계한다. 그러나 피상속인의 일신에 전속한 것은 그러하지 아니하다. <개정 1990.1.13.>

제1006조(공동상속과 재산의 공유) 상속인이 수인인 때에는 상속재산은 그 공유로 한다. <개정 1990.1.13.>

제1007조(공동상속인의 권리의무승계) 공동상속인은 각자의 상속분에 응하여 피상속인의 권리의무를 승계한다.

제1008조(특별수익자의 상속분) 공동상속인 중에 피상속인으로부터 재산의 증여 또는 유증을 받은 자가 있는 경우에 그 수증재산이 자기의 상속분에 달하지 못한 때에는 그 부족한 부분의 한도에서 상속분이 있다. <개정 1977.12.31.>

제1008조의2(기여분) ①공동상속인 중에 상당한 기간 동거·간호 그 밖의 방법으로 피상속인을 특별히 부양하거나 피상속인의 재산의 유지 또는 증가에 특별히 기여한 자가 있을 때에는 상속개시 당시의 피상속인의 재산가액에서 공동상속인의 협의로 정한 그 자의 기여분을 공제한 것을 상속재산으로 보고 제1009조 및 제1010조에 의하여 산정한 상속분에 기여분을 가산한 액으로써 그 자의 상속분으로 한다. <개정 2005.3.31.>

②제1항의 협의가 되지 아니하거나 협의할 수 없는 때에는 가정법원은 제1항에 규정된 기여자의 청구에 의하여 기여의 시기·방법 및 정도와 상속재산의 액 기타의 사정을 참작하여 기여분을 정한다.

③기여분은 상속이 개시된 때의 피상속인의 재산가액에서 유증의 가액을 공제한 액을 넘지 못한다.

④제2항의 규정에 의한 청구는 제1013조제2항의 규정에 의한 청구가 있을 경우 또는 제1014조에 규정하는 경우에 할 수 있다.

[본조신설 1990.1.13.]

판례-구상금등·부당이득금반환
[대법원 2018.8.30., 선고, 2015다27132, 27149, 판결]

【판시사항】
상속재산분할심판에서 상속재산 과실을 고려하지 않은 채, 분할의 대상이 된 상속재산 중 특정 상속재산을 상속인 중 1인의 단독소유로 하고 그의 구체적 상속분과 특정 상속재산의 가액과의 차액을 현금으로 정산하는 방법으로 상속재산을 분할한 경우, 공동상속인들이 수증재산과 기여분 등을 참작하여 상속개시 당시를 기준으로 산정되는 '구체적 상속분'의 비율에 따라 상속재산 과실을 취득하는지 여부(원칙적 적극)

【판결요지】
상속개시 후 상속재산분할이 완료되기 전까지 상속재산으로부터 발생하는 과실(이하 '상속재산 과실'이라 한다)은 상속개시 당시에는 존재하지 않았던 것이다. 상속재산분할심판에서 이러한 상속재산 과실을 고려하지 않은 채, 분할의 대상이 된 상속재산 중 특정 상속재산을 상속인 중 1인의 단독소유로 하고 그의 구체적 상속분과 특정 상속재산의 가액과의 차액을 현금으로 정산하는 방법(이른바 대상분할의 방법)으로 상속재산을 분할한 경우, 그 특정 상속재산을 분할받은 상속인은 민법 제1015조 본문에 따라 상속개시된 때에 소급하여 이를 단독소유한 것으로 보게 되지만, 상속재산 과실까지도 소급하여 상속인이 단독으로 차지하게 된다고 볼 수는 없다. 이러한 경우 상속재산 과실은 특별한 사정이 없는 한, 공동상속인들이 수증재산과 기여분 등을 참작하여 상속개시 당시를 기준으로 산정되는 '구체적 상속분'의 비율에 따라, 이를 취득한다고 보는 것이 타당하다.

제1008조의3(분묘 등의 승계) 분묘에 속한 1정보 이내의 금양임야와 600평 이내의 묘토인 농지, 족보와 제구의 소유권은 제사를 주재하는 자가 이를 승계한다.
[본조신설 1990.1.13.]

제2관 상속분

제1009조(법정상속분) ①동순위의 상속인이 수인인 때에는 그 상속분은 균분으로 한다. <개정 1977.12.31., 1990.1.13.>
②피상속인의 배우자의 상속분은 직계비속과 공동으로 상속하는 때에는 직계비속의 상속분의 5할을 가산하고, 직계존속과 공동으로 상속하는 때에는 직계존속의 상속분의 5할을 가산한다. <개정 1990.1.13.>
③삭제 <1990.1.13.>

제1010조(대습상속분) ①제1001조의 규정에 의하여 사망 또는 결격된 자에 갈음하여 상속인이 된 자의 상속분은 사망 또는 결격된 자의 상속분에 의한다. <개정 2014.12.30.>
②전항의 경우에 사망 또는 결격된 자의 직계비속이 수인인 때에는 그 상속분은 사망 또는 결격된 자의 상속분의 한도에서 제1009조의 규정에 의하여 이를 정한다. 제1003조제2항의 경우에도 또한 같다.

제1011조(공동상속분의 양수) ①공동상속인 중에 그 상속분을 제삼자에게 양도한 자가 있는 때에는 다른 공동상속인은 그 가액과 양도비용을 상환하고 그 상속분을 양수할 수 있다.

②전항의 권리는 그 사유를 안 날로부터 3월, 그 사유있은 날로부터 1년내에 행사하여야 한다.

제3관 상속재산의 분할

제1012조(유언에 의한 분할방법의 지정, 분할금지) 피상속인은 유언으로 상속재산의 분할방법을 정하거나 이를 정할 것을 제삼자에게 위탁할 수 있고 상속개시의 날로부터 5년을 초과하지 아니하는 기간내의 그 분할을 금지할 수 있다.

제1013조(협의에 의한 분할) ①전조의 경우외에는 공동상속인은 언제든지 그 협의에 의하여 상속재산을 분할할 수 있다.

②제269조의 규정은 전항의 상속재산의 분할에 준용한다.

제1014조(분할후의 피인지자 등의 청구권) 상속개시후의 인지 또는 재판의 확정에 의하여 공동상속인이 된 자가 상속재산의 분할을 청구할 경우에 다른 공동상속인이 이미 분할 기타 처분을 한 때에는 그 상속분에 상당한 가액의 지급을 청구할 권리가 있다.

제1015조(분할의 소급효) 상속재산의 분할은 상속개시된 때에 소급하여 그 효력이 있다. 그러나 제삼자의 권리를 해하지 못한다.

제1016조(공동상속인의 담보책임) 공동상속인은 다른 공동상속인이 분할로 인하여 취득한 재산에 대하여 그 상속분에 응하여 매도인과 같은 담보책임이 있다.

제1017조(상속채무자의 자력에 대한 담보책임) ①공동상속인은 다른 상속인이 분할로 인하여 취득한 채권에 대하여 분할당시의 채무자의 자력을 담보한다.

②변제기에 달하지 아니한 채권이나 정지조건있는 채권에 대하여는 변제를 청구할 수 있는 때의 채무자의 자력을 담보한다.

제1018조(무자력공동상속인의 담보책임의 분담) 담보책임있는 공동상속인 중에 상환의 자력이 없는 자가 있는 때에는 그 부담부분은 구상권자와 자력있는 다른 공동상속인이 그 상속분에 응하여 분담한다. 그러나 구상권자의 과실로 인하여 상환을 받지 못한 때에는 다른 공동상속인에게 분담을 청구하지 못한다.

제4절 상속의 승인 및 포기
제1관 총칙

제1019조(승인, 포기의 기간) ①상속인은 상속개시있음을 안 날로부터 3월내에 단순승인이나 한정승인 또는 포기를 할 수 있다. 그러나 그 기간은 이해관계인 또는 검사의 청구에 의하여 가정법원이 이를 연장할 수 있다. <개정 1990.1.13.>

②상속인은 제1항의 승인 또는 포기를 하기 전에 상속재산을 조사할 수 있다. <개정 2002.1.14.>

③제1항의 규정에 불구하고 상속인은 상속채무가 상속재산을 초과하는 사실을 중대한 과실없이 제1항의 기간내에 알지 못하고 단순승인(제1026조제1호 및 제2호의 규정에 의하여 단순승인한 것으로 보는 경우를 포함한다)을 한 경우에는 그 사실을 안 날부터 3월내에 한정승인을 할 수 있다. <신설 2002.1.14.>

제1020조(제한능력자의 승인·포기의 기간) 상속인이 제한능력자인 경우에는 제1019조제1항의 기간은 그의 친권자 또는 후견인이 상속이 개시된 것을 안 날부터 기산(起算)한다.
[전문개정 2011.3.7.]

제1021조(승인, 포기기간의 계산에 관한 특칙) 상속인이 승인이나 포기를 하지 아니하고 제1019조제1항의 기간 내에 사망한 때에는 그의 상속인이 그 자기의 상속개시있음을 안 날로부터 제1019조제1항의 기간을 기산한다.

제1022조(상속재산의 관리) 상속인은 그 고유재산에 대하는 것과 동일한 주의로 상속재산을 관리하여야 한다. 그러나 단순승인 또는 포기한 때에는 그러하지 아니하다.

제1023조(상속재산보존에 필요한 처분) ①법원은 이해관계인 또는 검사의 청구에 의하여 상속재산의 보존에 필요한 처분을 명할 수 있다. ②법원이 재산관리인을 선임한 경우에는 제24조 내지 제26조의 규정을 준용한다.

제1024조(승인, 포기의 취소금지) ①상속의 승인이나 포기는 제1019조제1항의 기간내에도 이를 취소하지 못한다. <개정 1990.1.13.> ②전항의 규정은 총칙편의 규정에 의한 취소에 영향을 미치지 아니한다. 그러나 그 취소권은 추인할 수 있는 날로부터 3월, 승인 또는 포기한 날로부터 1년내에 행사하지 아니하면 시효로 인하여 소멸된다.

제2관 단순승인

제1025조(단순승인의 효과) 상속인이 단순승인을 한 때에는 제한 없이 피상속인의 권리의무를 승계한다. <개정 1990.1.13.>

제1026조(법정단순승인) 다음 각호의 사유가 있는 경우에는 상속인이 단순승인을 한 것으로 본다. <개정 2002.1.14.>
 1. 상속인이 상속재산에 대한 처분행위를 한 때
 2. 상속인이 제1019조제1항의 기간내에 한정승인 또는 포기를 하

지 아니한 때

3. 상속인이 한정승인 또는 포기를 한 후에 상속재산을 은닉하거나 부정소비하거나 고의로 재산목록에 기입하지 아니한 때

[2002.1.14. 법률 제6591호에 의하여 1998.8.27. 헌법재판소에서 헌법불합치 결정된 제2호를 개정함]

제1027조(법정단순승인의 예외) 상속인이 상속을 포기함으로 인하여 차순위 상속인이 상속을 승인한 때에는 전조 제3호의 사유는 상속의 승인으로 보지 아니한다.

제3관 한정승인

제1028조(한정승인의 효과) 상속인은 상속으로 인하여 취득할 재산의 한도에서 피상속인의 채무와 유증을 변제할 것을 조건으로 상속을 승인할 수 있다. <개정 1990.1.13.>

제1029조(공동상속인의 한정승인) 상속인이 수인인 때에는 각 상속인은 그 상속분에 응하여 취득할 재산의 한도에서 그 상속분에 의한 피상속인의 채무와 유증을 변제할 것을 조건으로 상속을 승인할 수 있다.

제1030조(한정승인의 방식) ①상속인이 한정승인을 함에는 제1019조제1항 또는 제3항의 기간 내에 상속재산의 목록을 첨부하여 법원에 한정승인의 신고를 하여야 한다. <개정 2005.3.31.>
②제1019조제3항의 규정에 의하여 한정승인을 한 경우 상속재산 중 이미 처분한 재산이 있는 때에는 그 목록과 가액을 함께 제출하여야 한다. <신설 2005.3.31.>

제1031조(한정승인과 재산상 권리의무의 불소멸) 상속인이 한정승인을 한 때에는 피상속인에 대한 상속인의 재산상 권리의무는 소멸하지 아니한다.

제1032조(채권자에 대한 공고, 최고) ①한정승인자는 한정승인을 한 날로부터 5일내에 일반상속채권자와 유증받은 자에 대하여 한정승인의 사실과 일정한 기간 내에 그 채권 또는 수증을 신고할 것을 공고하여야 한다. 그 기간은 2월 이상이어야 한다.

②제88조제2항, 제3항과 제89조의 규정은 전항의 경우에 준용한다.

제1033조(최고기간 중의 변제거절) 한정승인자는 전조제1항의 기간만료전에는 상속채권의 변제를 거절할 수 있다.

제1034조(배당변제) ①한정승인자는 제1032조제1항의 기간만료후에 상속재산으로서 그 기간 내에 신고한 채권자와 한정승인자가 알고 있는 채권자에 대하여 각 채권액의 비율로 변제하여야 한다. 그러나 우선권있는 채권자의 권리를 해하지 못한다.

②제1019조제3항의 규정에 의하여 한정승인을 한 경우에는 그 상속인은 상속재산 중에서 남아있는 상속재산과 함께 이미 처분한 재산의 가액을 합하여 제1항의 변제를 하여야 한다. 다만, 한정승인을 하기 전에 상속채권자나 유증받은 자에 대하여 변제한 가액은 이미 처분한 재산의 가액에서 제외한다. <신설 2005.3.31.>

제1035조(변제기전의 채무 등의 변제) ①한정승인자는 변제기에 이르지 아니한 채권에 대하여도 전조의 규정에 의하여 변제하여야 한다.

②조건있는 채권이나 존속기간의 불확정한 채권은 법원의 선임한 감정인의 평가에 의하여 변제하여야 한다.

제1036조(수증자에의 변제) 한정승인자는 전2조의 규정에 의하여 상속채권자에 대한 변제를 완료한 후가 아니면 유증받은 자에게 변제하지 못한다.

제1037조(상속재산의 경매) 전3조의 규정에 의한 변제를 하기 위하여 상속재산의 전부나 일부를 매각할 필요가 있는 때에는 민사집행법에 의하여 경매하여야 한다. <개정 1997.12.13., 2001.12.29.>

제1038조(부당변제 등으로 인한 책임) ①한정승인자가 제1032조의 규정에 의한 공고나 최고를 해태하거나 제1033조 내지 제1036조의 규정에 위반하여 어느 상속채권자나 유증받은 자에게 변제함으로 인하여 다른 상속채권자나 유증받은 자에 대하여 변제할 수 없게 된 때에는 한정승인자는 그 손해를 배상하여야 한다. 제1019조제3항의 규정에 의하여 한정승인을 한 경우 그 이전에 상속채무가 상속재산을 초과함을 알지 못한 데 과실이 있는 상속인이 상속채권자나 유증받은 자에게 변제한 때에도 또한 같다. <개정 2005.3.31.>
②제1항 전단의 경우에 변제를 받지 못한 상속채권자나 유증받은 자는 그 사정을 알고 변제를 받은 상속채권자나 유증받은 자에 대하여 구상권을 행사할 수 있다. 제1019조제3항의 규정에 의하여 한정승인을 한 경우 그 이전에 상속채무가 상속재산을 초과함을 알고 변제받은 상속채권자나 유증받은 자가 있는 때에도 또한 같다. <개정 2005.3.31.>
③제766조의 규정은 제1항 및 제2항의 경우에 준용한다. <개정 2005.3.31.>
[제목개정 2005.3.31.]

제1039조(신고하지 않은 채권자 등) 제1032조제1항의 기간내에 신고하지 아니한 상속채권자 및 유증받은 자로서 한정승인자가 알지 못한 자는 상속재산의 잔여가 있는 경우에 한하여 그 변제를 받을 수 있다. 그러나 상속재산에 대하여 특별담보권있는 때에는 그러하지 아니하다.

제1040조(공동상속재산과 그 관리인의 선임) ①상속인이 수인인 경우에는 법원은 각 상속인 기타 이해관계인의 청구에 의하여 공동상속인 중에서 상속재산관리인을 선임할 수 있다.

②법원이 선임한 관리인은 공동상속인을 대표하여 상속재산의 관리와 채무의 변제에 관한 모든 행위를 할 권리의무가 있다.

③제1022조, 제1032조 내지 전조의 규정은 전항의 관리인에 준용한다. 그러나 제1032조의 규정에 의하여 공고할 5일의 기간은 관리인이 그 선임을 안 날로부터 기산한다.

제4관 포기

제1041조(포기의 방식) 상속인이 상속을 포기할 때에는 제1019조제1항의 기간내에 가정법원에 포기의 신고를 하여야 한다. <개정 1990.1.13.>

제1042조(포기의 소급효) 상속의 포기는 상속개시된 때에 소급하여 그 효력이 있다.

제1043조(포기한 상속재산의 귀속) 상속인이 수인인 경우에 어느 상속인이 상속을 포기한 때에는 그 상속분은 다른 상속인의 상속분의 비율로 그 상속인에게 귀속된다.

제1044조(포기한 상속재산의 관리계속의무) ①상속을 포기한 자는 그 포기로 인하여 상속인이 된 자가 상속재산을 관리할 수 있을 때까지 그 재산의 관리를 계속하여야 한다.

②제1022조와 제1023조의 규정은 전항의 재산관리에 준용한다.

제5절 재산의 분리

제1045조(상속재산의 분리청구권) ①상속채권자나 유증받은 자 또는 상속인의 채권자는 상속개시된 날로부터 3월내에 상속재산과 상속인의 고유재산의 분리를 법원에 청구할 수 있다.

②상속인이 상속의 승인이나 포기를 하지 아니한 동안은 전항의 기간 경과후에도 재산의 분리를 법원에 청구할 수 있다. <개정 1990.1.13.>

제1046조(분리명령과 채권자 등에 대한 공고, 최고) ①법원이 전조의 청구에 의하여 재산의 분리를 명한 때에는 그 청구자는 5일 내에 일반상속채권자와 유증받은 자에 대하여 재산분리의 명령있은 사실과 일정한 기간내에 그 채권 또는 수증을 신고할 것을 공고하여야 한다. 그 기간은 2월 이상이어야 한다.
②제88조제2항, 제3항과 제89조의 규정은 전항의 경우에 준용한다.

제1047조(분리후의 상속재산의 관리)
①법원이 재산의 분리를 명한 때에는 상속재산의 관리에 관하여 필요한 처분을 명할 수 있다.
②법원이 재산관리인을 선임한 경우에는 제24조 내지 제26조의 규정을 준용한다.

제1048조(분리후의 상속인의 관리의무) ①상속인이 단순승인을 한 후에도 재산분리의 명령이 있는 때에는 상속재산에 대하여 자기의 고유재산과 동일한 주의로 관리하여야 한다.
②제683조 내지 제685조 및 제688조제1항, 제2항의 규정은 전항의 재산관리에 준용한다.

제1049조(재산분리의 대항요건) 재산의 분리는 상속재산인 부동산에 관하여는 이를 등기하지 아니하면 제삼자에게 대항하지 못한다.

제1050조(재산분리와 권리의무의 불소멸) 재산분리의 명령이 있는 때에는 피상속인에 대한 상속인의 재산상 권리의무는 소멸하지 아니한다.

제1051조(변제의 거절과 배당변제) ①상속인은 제1045조 및 제1046조의 기간만료전에는 상속채권자와 유증받은 자에 대하여 변제를 거절할 수 있다.
②전항의 기간만료후에 상속인은 상속재산으로써 재산분리의 청구

또는 그 기간내에 신고한 상속채권자, 유증받은 자와 상속인이 알고 있는 상속채권자, 유증받은 자에 대하여 각 채권액 또는 수증액의 비율로 변제하여야 한다. 그러나 우선권있는 채권자의 권리를 해하지 못한다.

③제1035조 내지 제1038조의 규정은 전항의 경우에 준용한다.

제1052조(고유재산으로부터의 변제) ①전조의 규정에 의한 상속채권자와 유증받은 자는 상속재산으로써 전액의 변제를 받을 수 없는 경우에 한하여 상속인의 고유재산으로부터 그 변제를 받을 수 있다.

②전항의 경우에 상속인의 채권자는 상속인의 고유재산으로부터 우선변제를 받을 권리가 있다.

제6절 상속인의 부존재

제1053조(상속인없는 재산의 관리인) ①상속인의 존부가 분명하지 아니한 때에는 법원은 제777조의 규정에 의한 피상속인의 친족 기타 이해관계인 또는 검사의 청구에 의하여 상속재산관리인을 선임하고 지체없이 이를 공고하여야 한다. <개정 1990.1.13.>

②제24조 내지 제26조의 규정은 전항의 재산관리인에 준용한다.

제1054조(재산목록제시와 상황보고) 관리인은 상속채권자나 유증받은 자의 청구가 있는 때에는 언제든지 상속재산의 목록을 제시하고 그 상황을 보고하여야 한다.

제1055조(상속인의 존재가 분명하여진 경우) ①관리인의 임무는 그 상속인이 상속의 승인을 한 때에 종료한다.

②전항의 경우에는 관리인은 지체없이 그 상속인에 대하여 관리의 계산을 하여야 한다.

제1056조(상속인없는 재산의 청산) ①제1053조제1항의 공고있은 날로부터 3월내에 상속인의 존부를 알 수 없는 때에는 관리인은 지체없이 일반상속채권자와 유증받은 자에 대하여 일정한 기간 내에 그 채권 또는 수증을 신고할 것을 공고하여야 한다. 그 기간은 2월 이상이어야 한다.

②제88조제2항, 제3항, 제89조, 제1033조 내지 제1039조의 규정은 전항의 경우에 준용한다.

제1057조(상속인수색의 공고) 제1056조제1항의 기간이 경과하여도 상속인의 존부를 알 수 없는 때에는 법원은 관리인의 청구에 의하여 상속인이 있으면 일정한 기간내에 그 권리를 주장할 것을 공고하여야 한다. 그 기간은 1년 이상이어야 한다. <개정 2005.3.31.>

제1057조의2(특별연고자에 대한 분여) ①제1057조의 기간내에 상속권을 주장하는 자가 없는 때에는 가정법원은 피상속인과 생계를 같이 하고 있던 자, 피상속인의 요양간호를 한 자 기타 피상속인과 특별한 연고가 있던 자의 청구에 의하여 상속재산의 전부 또는 일부를 분여할 수 있다. <개정 2005.3.31.>

②제1항의 청구는 제1057조의 기간의 만료후 2월 이내에 하여야 한다. <개정 2005.3.31.>

[본조신설 1990.1.13.]

제1058조(상속재산의 국가귀속) ①제1057조의2의 규정에 의하여 분여(分與)되지 아니한 때에는 상속재산은 국가에 귀속한다. <개정 2005.3.31.>

②제1055조제2항의 규정은 제1항의 경우에 준용한다. <개정 2005.3.31.>

제1059조(국가귀속재산에 대한 변제청구의 금지) 전조제1항의 경우에는 상속재산으로 변제를 받지 못한 상속채권자나 유증을 받은 자가 있는 때에도 국가에 대하여 그 변제를 청구하지 못한다.

부록2
가사소송법

가사소송법

[시행 2018.5.1]
[법률 제14961호, 2017.10.31, 일부개정]

제1편 총 칙

제1조(목적) 이 법은 인격의 존엄과 남녀 평등을 기본으로 하고 가정의 평화 및 친족 간에 서로 돕는 미풍양속을 보존하고 발전시키기 위하여 가사(家事)에 관한 소송(訴訟)과 비송(非訟) 및 조정(調停)에 대한 절차의 특례를 규정함을 목적으로 한다.
[전문개정 2010.3.31.]

제2조(가정법원의 관장 사항) ①다음 각 호의 사항(이하 "가사사건"이라 한다)에 대한 심리(審理)와 재판은 가정법원의 전속관할(專屬管轄)로 한다. <개정 2013.4.5., 2013.7.30., 2014.10.15., 2016.12.2., 2017.10.31.>
1. 가사소송사건
  가. 가류(類) 사건
    1) 혼인의 무효
    2) 이혼의 무효
    3) 인지(認知)의 무효
    4) 친생자관계 존부 확인(親生子關係 存否 確認)
    5) 입양의 무효
    6) 파양(罷養)의 무효
  나. 나류(類) 사건
    1) 사실상 혼인관계 존부 확인
    2) 혼인의 취소
    3) 이혼의 취소
    4) 재판상 이혼
    5) 아버지의 결정

6) 친생부인(親生否認)

7) 인지의 취소

8) 인지에 대한 이의(異議)

9) 인지청구

10) 입양의 취소

11) 파양의 취소

12) 재판상 파양

13) 친양자(親養子) 입양의 취소

14) 친양자의 파양

다. 다류(類) 사건

1) 약혼 해제(解除) 또는 사실혼관계 부당 파기(破棄)로 인한 손해배상청구(제3자에 대한 청구를 포함한다) 및 원상회복의 청구

2) 혼인의 무효·취소, 이혼의 무효·취소 또는 이혼을 원인으로 하는 손해배상청구(제3자에 대한 청구를 포함한다) 및 원상회복의 청구

3) 입양의 무효·취소, 파양의 무효·취소 또는 파양을 원인으로 하는 손해배상청구(제3자에 대한 청구를 포함한다) 및 원상회복의 청구

4) 「민법」 제839조의3에 따른 재산분할청구권 보전을 위한 사해행위(詐害行爲) 취소 및 원상회복의 청구

2. 가사비송사건

가. 라류(類) 사건

1) 「민법」 제9조제1항, 제11조, 제14조의3제2항 및 제959조의20에 따른 성년후견 개시의 심판과 그 종료의 심판

1)의2 「민법」 제10조제2항 및 제3항에 따른 취소할 수 없는 피성년후견인의 법률행위의 범위 결정 및 그 변경

1)의3 「민법」 제12조제1항, 제14조, 제14조의3제1항 및 제959조의20에 따른 한정후견 개시의 심판과 그 종료의 심판

1)의4 「민법」 제13조제1항부터 제3항까지의 규정에 따른 피한

정후견인이 한정후견인의 동의를 받아야 하는 행위의 범위 결정과 그 변경 및 한정후견인의 동의를 갈음하는 허가

1)의5 「민법」 제14조의2, 제14조의3 및 제959조의20에 따른 특정후견의 심판과 그 종료의 심판

2) 「민법」 제22조부터 제26조까지의 규정에 따른 부재자 재산의 관리에 관한 처분

2)의2 「민법」 제909조의2제5항에 따라 친권자 또는 미성년후견인의 임무를 대행할 사람(이하 "임무대행자"라 한다)의 같은 법 제25조에 따른 권한을 넘는 행위의 허가

3) 「민법」 제27조부터 제29조까지의 규정에 따른 실종의 선고와 그 취소

4) 「민법」 제781조제4항에 따른 성(姓)과 본(本)의 창설 허가

5) 「민법」 제781조제5항에 따른 자녀의 종전 성과 본의 계속 사용허가

6) 「민법」 제781조제6항에 따른 자녀의 성과 본의 변경허가

7) 「민법」 제829조제2항 단서에 따른 부부재산약정의 변경에 대한 허가

7)의2 「민법」 제854조의2에 따른 친생부인의 허가

7)의3 「민법」 제855조의2제1항 및 제2항에 따른 인지의 허가

8) 「민법」 제867조에 따른 미성년자의 입양에 대한 허가

8)의2 「민법」 제873조제2항에 따라 준용되는 같은 법 제867조에 따른 피성년후견인이 입양을 하거나 양자가 되는 것에 대한 허가

9) 「민법」 제871조제2항에 따른 부모의 동의를 갈음하는 심판

10) 삭제 <2013.7.30.>

11) 「민법」 제906조제1항 단서에 따른 양자의 친족 또는 이해관계인의 파양청구에 대한 허가

12) 「민법」 제908조의2에 따른 친양자 입양의 허가

13) 「민법」 제909조제2항 단서에 따른 친권 행사 방법의 결정

13)의2 「민법」 제909조의2제1항부터 제5항까지(같은 법 제927

조의2제1항 각 호 외의 부분 본문에 따라 준용되는 경우를 포함한다)에 따른 친권자의 지정, 미성년후견인의 선임 및 임무대행자의 선임

13)의3 「민법」 제909조의2제6항에 따른 후견의 종료 및 친권자의 지정

14) 「민법」 제915조 및 제945조(같은 법 제948조에 따라 위 각 조항이 준용되는 경우를 포함한다)에 따른 감화(感化) 또는 교정기관에 위탁하는 것에 대한 허가

15) 「민법」 제918조(같은 법 제956조에 따라 준용되는 경우를 포함한다)에 따른 재산관리인의 선임(選任) 또는 개임(改任)과 재산관리에 관한 처분

16) 「민법」 제921조(「민법」 제949조의3에 따라 준용되는 경우를 포함한다)에 따른 특별대리인의 선임

17) 「민법」 제927조에 따른 친권자의 법률행위 대리권 및 재산관리권의 사퇴(辭退) 또는 회복에 대한 허가

17)의2 「민법」 제927조의2제2항에 따른 친권자의 지정

17)의3 「민법」 제931조제2항에 따른 후견의 종료 및 친권자의 지정

18) 「민법」 제932조, 제936조제1항부터 제3항까지, 제940조, 제959조의3 및 제959조의9에 따른 미성년후견인·성년후견인·한정후견인·특정후견인의 선임 또는 변경

18)의2 「민법」 제938조제2항부터 제4항까지의 규정에 따른 성년후견인의 법정대리권의 범위 결정과 그 변경 및 성년후견인이 피성년후견인의 신상에 관하여 결정할 수 있는 권한의 범위 결정과 그 변경

18)의3 「민법」 제940조의7에 따라 준용되는 제940조와 제940조의3, 제940조의4, 제959조의5 및 제959조의10에 따른 미성년후견감독인·성년후견감독인·한정후견감독인·특정후견감독인의 선임 또는 변경

19) 「민법」 제939조(「민법」 제940조의7, 제959조의3제2항, 제

959조의5제2항, 제959조의9제2항, 제959조의10제2항에 따라 준용되는 경우 및 제959조의16제3항에 따라 준용되는 제940조의7에 따라 다시 준용되는 경우를 포함한다)에 따른 미성년후견인·성년후견인·한정후견인·특정후견인·미성년후견감독인·성년후견감독인·한정후견감독인·특정후견감독인·임의후견감독인의 사임에 대한 허가

20) 「민법」 제941조제1항 단서(같은 법 제948조에 따라 준용되는 경우를 포함한다)에 따른 후견인의 재산 목록 작성을 위한 기간의 연장허가

21) 「민법」 제947조의2제2항(「민법」 제959조의6에 따라 준용되는 경우를 포함한다)에 따른 피성년후견인 또는 피한정후견인의 격리에 대한 허가 및 「민법」 제947조의2제4항(「민법」 제940조의7, 제959조의5제2항 및 제959조의6에 따라 준용되는 경우를 포함한다)에 따른 피미성년후견인, 피성년후견인 또는 피한정후견인에 대한 의료행위의 동의에 대한 허가

21)의2 「민법」 제947조의2제5항(「민법」 제940조의7, 제959조의5제2항 및 제959조의6에 따라 준용되는 경우를 포함한다)에 따른 피미성년후견인, 피성년후견인 또는 피한정후견인이 거주하는 건물 또는 그 대지에 대한 매도 등에 대한 허가

21)의3 「민법」 제949조의2(「민법」 제940조의7, 제959조의5제2항, 제959조의6, 제959조의10제2항, 제959조의12에 따라 준용되는 경우 및 제959조의16제3항에 따라 준용되는 제940조의7에 따라 다시 준용되는 경우를 포함한다)에 따른 여러 명의 성년후견인·한정후견인·특정후견인·성년후견감독인·한정후견감독인·특정후견감독인·임의후견감독인의 권한 행사에 관한 결정과 그 변경 또는 취소 및 성년후견인·한정후견인·특정후견인·성년후견감독인·한정후견감독인·특정후견감독인·임의후견감독인의 의사표시를 갈음하는 재판

21)의4 「민법」 제950조제2항(「민법」 제948조 및 제959조의6에 따라 준용되는 경우를 포함한다)에 따른 미성년후견감독인·성년후견감독인·한정후견감독인의 동의를 갈음하는 허가

22) 「민법」 제954조(「민법」 제948조, 제959조의6 및 제959조의12에 따라 준용되는 경우를 포함한다)에 따른 피미성년후견인, 피성년후견인, 피한정후견인 또는 피특정후견인의 재산상황에 대한 조사 및 그 재산관리 등 후견임무 수행에 관하여 필요한 처분명령

22)의2 「민법」 제909조의2제5항에 따라 준용되는 같은 법 제954조에 따른 미성년자의 재산상황에 대한 조사 및 그 재산관리 등 임무대행자의 임무 수행에 관하여 필요한 처분명령

23) 「민법」 제955조(「민법」 제940조의7, 제948조, 제959조의5제2항, 제959조의6, 제959조의10제2항, 제959조의12에 따라 준용되는 경우 및 제959조의16제3항에 따라 준용되는 제940조의7에 따라 다시 준용되는 경우를 포함한다)에 따른 미성년후견인·성년후견인·한정후견인·특정후견인·미성년후견감독인·성년후견감독인·한정후견감독인·특정후견감독인·임의후견감독인에 대한 보수(報酬)의 수여

24) 「민법」 제957조제1항 단서(「민법」 제959조의7 및 제959조의13에 따라 준용되는 경우를 포함한다)에 따른 후견 종료 시 관리계산기간의 연장허가

24)의2 「민법」 제959조의4에 따른 한정후견인에게 대리권을 수여하는 심판과 그 범위 변경 및 한정후견인이 피한정후견인의 신상에 관하여 결정할 수 있는 권한의 범위 결정과 그 변경

24)의3 「민법」 제959조의8에 따른 피특정후견인의 후원을 위하여 필요한 처분명령

24)의4 「민법」 제959조의11에 따른 특정후견인에게 대리권을 수여하는 심판

24)의5 「민법」 제959조의16제3항에 따라 준용되는 제940조의
7에 따라 다시 준용되는 제940조 및 제959조의15제1항·제
3항·제4항에 따른 임의후견감독인의 선임 또는 변경
24)의6 「민법」 제959조의16제2항에 따른 임의후견감독인에 대
한 감독사무에 관한 보고 요구, 임의후견인의 사무 또는
본인의 재산상황에 대한 조사명령 또는 임의후견감독인의
직무에 관하여 필요한 처분명령
24)의7 「민법」 제959조의17제2항에 따른 임의후견인의 해임
24)의8 「민법」 제959조의18제2항에 따른 후견계약 종료의 허가
25) 삭제 <2013.4.5.>
26) 삭제 <2013.4.5.>
27) 삭제 <2013.4.5.>
28) 삭제 <2013.4.5.>
29) 삭제 <2013.4.5.>
30) 「민법」 제1019조제1항 단서에 따른 상속의 승인 또는 포
기를 위한 기간의 연장허가
31) 「민법」 제1023조(같은 법 제1044조에 따라 준용되는 경우
를 포함한다)에 따른 상속재산 보존을 위한 처분
32) 「민법」 제1024조제2항, 제1030조 및 제1041조에 따른 상
속의 한정승인신고 또는 포기신고의 수리(受理)와 한정승
인 취소신고 또는 포기 취소신고의 수리
33) 「민법」 제1035조제2항(같은 법 제1040조제3항, 제1051조
제3항 및 제1056조제2항에 따라 준용되는 경우를 포함한
다) 및 제1113조제2항에 따른 감정인(鑑定人)의 선임
34) 「민법」 제1040조제1항에 따른 공동상속재산을 위한 관리
인의 선임
35) 「민법」 제1045조에 따른 상속재산의 분리
36) 「민법」 제1047조에 따른 상속재산 분리 후의 상속재산 관
리에 관한 처분
37) 「민법」 제1053조에 따른 관리인의 선임 및 그 공고와 재

산관리에 관한 처분

38) 「민법」 제1057조에 따른 상속인 수색(搜索)의 공고
39) 「민법」 제1057조의2에 따른 상속재산의 분여(分與)
40) 「민법」 제1070조제2항에 따른 유언의 검인(檢認)
41) 「민법」 제1091조에 따른 유언의 증서 또는 녹음(錄音)의 검인
42) 「민법」 제1092조에 따른 유언증서의 개봉
43) 「민법」 제1096조에 따른 유언집행자의 선임 및 그 임무에 관한 처분
44) 「민법」 제1097조제2항에 따른 유언집행자의 승낙 또는 사퇴를 위한 통지의 수리
45) 「민법」 제1104조제1항에 따른 유언집행자에 대한 보수의 결정
46) 「민법」 제1105조에 따른 유언집행자의 사퇴에 대한 허가
47) 「민법」 제1106조에 따른 유언집행자의 해임
48) 「민법」 제1111조에 따른 부담(負擔) 있는 유언의 취소

나. 마류(類) 사건
1) 「민법」 제826조 및 제833조에 따른 부부의 동거·부양·협조 또는 생활비용의 부담에 관한 처분
2) 「민법」 제829조제3항에 따른 재산관리자의 변경 또는 공유재산(共有財産)의 분할을 위한 처분
3) 「민법」 제837조 및 제837조의2(같은 법 제843조에 따라 위 각 조항이 준용되는 경우 및 혼인의 취소 또는 인지를 원인으로 하는 경우를 포함한다)에 따른 자녀의 양육에 관한 처분과 그 변경, 면접교섭권(面接交涉權)의 처분 또는 제한·배제·변경
4) 「민법」 제839조의2제2항(같은 법 제843조에 따라 준용되는 경우 및 혼인의 취소를 원인으로 하는 경우를 포함한다)에 따른 재산 분할에 관한 처분
5) 「민법」 제909조제4항 및 제6항(혼인의 취소를 원인으로 하

는 경우를 포함한다)에 따른 친권자의 지정과 변경

6) 「민법」 제922조의2에 따른 친권자의 동의를 갈음하는 재판

7) 「민법」 제924조, 제924조의2, 제925조 및 제926조에 따른 친권의 상실, 일시 정지, 일부 제한 및 그 실권 회복의 선고 또는 법률행위의 대리권과 재산관리권의 상실 및 그 실권 회복의 선고

8) 「민법」 제976조부터 제978조까지의 규정에 따른 부양(扶養)에 관한 처분

9) 「민법」 제1008조의2제2항 및 제4항에 따른 기여분(寄與分)의 결정

10) 「민법」 제1013조제2항에 따른 상속재산의 분할에 관한 처분

②가정법원은 다른 법률이나 대법원규칙에서 가정법원의 권한으로 정한 사항에 대하여도 심리·재판한다.

③제2항의 사건에 관한 절차는 법률이나 대법원규칙으로 따로 정하는 경우를 제외하고는 라류 가사비송사건의 절차에 따른다.

[전문개정 2010.3.31.]

제3조(지방법원과 가정법원 사이의 관할의 지정) ①사건이 가정법원과 지방법원 중 어느 법원의 관할에 속하는지 명백하지 아니한 경우에는 관계 법원의 공통되는 고등법원이 관할법원을 지정한다.

②제1항의 관할법원 지정에 관하여는 「민사소송법」 제28조를 준용한다.

③제1항에 따라 가정법원의 관할로 정하여진 사건은 이 법에서 정하는 절차에 따라 처리하고, 지방법원의 관할로 정하여진 사건은 민사소송 절차에 따라 처리한다.

[전문개정 2010.3.31.]

제4조(제척 · 기피 및 회피) 법원 직원의 제척·기피 및 회피에 관한 「민사소송법」의 규정 중 법관에 관한 사항은 조정장(調停長)과 조정위원에 준용하고, 법원사무관등에 관한 사항은 가사조사관(家事調査官)에 준용한다.

[전문개정 2010.3.31.]

제5조(수수료) 이 법에 따른 소(訴)의 제기, 심판의 청구, 조정의 신청이나 그 밖의 재판과 처분의 신청에는 대법원규칙으로 정하는 바에 따라 수수료를 내야 한다.
[전문개정 2010.3.31.]

제6조(가사조사관) ①가사조사관은 재판장, 조정장 또는 조정담당 판사의 명을 받아 사실을 조사한다.
②가사조사관의 사실조사 방법과 절차에 관한 사항은 대법원규칙 으로 정한다.
[전문개정 2010.3.31.]

제7조(본인 출석주의) ①가정법원, 조정위원회 또는 조정담당판사 의 변론기일, 심리기일 또는 조정기일에 소환을 받은 당사자 및 이 해관계인은 본인 또는 법정대리인이 출석하여야 한다. 다만, 특별 한 사정이 있을 때에는 재판장, 조정장 또는 조정담당판사의 허가 를 받아 대리인을 출석하게 할 수 있고 보조인을 동반할 수 있다.
②변호사 아닌 자가 대리인 또는 보조인이 되려면 미리 재판장, 조정장 또는 조정담당판사의 허가를 받아야 한다.
③재판장, 조정장 또는 조정담당판사는 언제든지 제1항 및 제2항 의 허가를 취소할 수 있고, 본인이 법정대리인 또는 대리인과 함 께 출석할 것을 명할 수 있다.
[전문개정 2010.3.31.]

제8조(사실조사의 촉탁) 재판장, 조정장, 조정담당판사 또는 가사 조사관은 사실조사를 위하여 필요한 경우에는 경찰 등 행정기관이 나 그 밖에 상당하다고 인정되는 단체 또는 개인에게 사실의 조사 를 촉탁하고 필요한 사항을 보고하도록 요구할 수 있다.
[전문개정 2010.3.31.]

제9조(가족관계등록부 기록 등의 촉탁) 가정법원은 대법원규칙으로 정하는 판결 또는 심판이 확정되거나 효력을 발생한 경우에는 대법원규칙으로 정하는 바에 따라 지체 없이 가족관계등록 사무를 처리하는 사람에게 가족관계등록부에 등록할 것을 촉탁하거나 후견등기 사무를 처리하는 사람에게 후견등기부에 등기할 것을 촉탁하여야 한다. <개정 2013.4.5.>

[전문개정 2010.3.31.]

[제목개정 2013.4.5.]

제10조(보도 금지) 가정법원에서 처리 중이거나 처리한 사건에 관하여는 성명·연령·직업 및 용모 등을 볼 때 본인이 누구인지 미루어 짐작할 수 있는 정도의 사실이나 사진을 신문, 잡지, 그 밖의 출판물에 게재하거나 방송할 수 없다.

[전문개정 2010.3.31.]

제10조의2(기록의 열람 등) ①당사자나 이해관계를 소명한 제3자는 다음 각 호의 사항을 법원서기관, 법원사무관, 법원주사 또는 법원주사보(이하 "법원사무관등"이라 한다)에게 신청할 수 있다.

1. 재판서의 정본(正本)·등본·초본의 발급

2. 소송에 관한 사항의 증명서 발급

②당사자나 이해관계를 소명한 제3자는 재판장의 허가를 받아 다음 각 호의 사항을 법원사무관등에게 신청할 수 있다.

1. 조서(調書)의 정본·등본·초본의 발급

2. 기록의 열람·복사

③제1항제1호, 제2항제1호의 신청에 따라 발급되는 재판서·조서의 정본·등본·초본에는 그 취지를 적고 법원사무관등이 기명날인하여야 한다.

④제1항 또는 제2항에 따른 신청을 할 때에는 대법원규칙으로 정하는 수수료를 내야 한다.

[전문개정 2013.4.5.]

제11조(위임 규정) 가사사건의 재판과 조정의 절차에 관하여 필요한 사항은 대법원규칙으로 정한다.
[전문개정 2010.3.31.]

제2편 가사소송

제12조(적용 법률) 가사소송 절차에 관하여는 이 법에 특별한 규정이 있는 경우를 제외하고는 「민사소송법」에 따른다. 다만, 가류 및 나류 가사소송사건에 관하여는 「민사소송법」 제147조제2항, 제149조, 제150조제1항, 제284조제1항, 제285조, 제349조, 제350조, 제410조의 규정 및 같은 법 제220조 중 청구의 인낙(認諾)에 관한 규정과 같은 법 제288조 중 자백에 관한 규정은 적용하지 아니한다.
[전문개정 2010.3.31.]

제13조(관할) ①가사소송은 이 법에 특별한 규정이 있는 경우를 제외하고는 피고의 보통재판적(普通裁判籍)이 있는 곳의 가정법원이 관할한다.
②당사자 또는 관계인의 주소, 거소(居所) 또는 마지막 주소에 따라 관할이 정하여지는 경우에 그 주소, 거소 또는 마지막 주소가 국내에 없거나 이를 알 수 없을 때에는 대법원이 있는 곳의 가정법원이 관할한다.
③가정법원은 소송의 전부 또는 일부에 대하여 관할권이 없음을 인정한 경우에는 결정(決定)으로 관할법원에 이송하여야 한다.
④가정법원은 그 관할에 속하는 가사소송사건에 관하여 현저한 손해 또는 지연을 피하기 위하여 필요한 경우에는 직권으로 또는 당사자의 신청에 의하여 다른 관할가정법원에 이송할 수 있다.
⑤이송결정과 이송신청의 기각결정에 대하여는 즉시항고를 할 수 있다.
[전문개정 2010.3.31.]

제14조(관련 사건의 병합) ①여러 개의 가사소송사건 또는 가사소송사건과 가사비송사건의 청구의 원인이 동일한 사실관계에 기초하거나 1개의 청구의 당부(當否)가 다른 청구의 당부의 전제가 되는 경우에는 이를 1개의 소로 제기할 수 있다.

②제1항의 사건의 관할법원이 다를 때에는 가사소송사건 중 1개의 청구에 대한 관할권이 있는 가정법원에 소를 제기할 수 있다.

③가류 또는 나류 가사소송사건의 소의 제기가 있고, 그 사건과 제1항의 관계에 있는 다류 가사소송사건 또는 가사비송사건이 각각 다른 가정법원에 계속(係屬)된 경우에는 가류 또는 나류 가사소송사건의 수소법원(受訴法院)은 직권으로 또는 당사자의 신청에 의하여 결정으로 다류 가사소송사건 또는 가사비송사건을 병합할 수 있다.

④제1항이나 제3항에 따라 병합된 여러 개의 청구에 관하여는 1개의 판결로 재판한다.

[전문개정 2010.3.31.]

제15조(당사자의 추가 · 경정) ①「민사소송법」 제68조 또는 제260조에 따라 필수적 공동소송인을 추가하거나 피고를 경정(更正)하는 것은 사실심(事實審)의 변론종결 시까지 할 수 있다.

②제1항에 따라 피고를 경정한 경우에는 신분에 관한 사항에 한정하여 처음의 소가 제기된 때에 경정된 피고와의 사이에 소가 제기된 것으로 본다.

[전문개정 2010.3.31.]

제16조(소송 절차의 승계) ①가류 또는 나류 가사소송사건의 원고가 사망이나 그 밖의 사유(소송 능력을 상실한 경우는 제외한다)로 소송 절차를 계속하여 진행할 수 없게 된 때에는 다른 제소권자(提訴權者)가 소송 절차를 승계할 수 있다.

②제1항의 승계신청은 승계 사유가 생긴 때부터 6개월 이내에 하여야 한다.

③제2항의 기간 내에 승계신청이 없을 때에는 소가 취하된 것으로 본다.
[전문개정 2010.3.31.]

제17조(직권조사) 가정법원이 가류 또는 나류 가사소송사건을 심리할 때에는 직권으로 사실조사 및 필요한 증거조사를 하여야 하며, 언제든지 당사자 또는 법정대리인을 신문할 수 있다.
[전문개정 2010.3.31.]

제18조(소송비용 부담의 특칙) 검사가 소송 당사자로서 패소한 경우 그 소송비용은 국고에서 부담한다.
[전문개정 2010.3.31.]

제19조(항소) ①가정법원의 판결에 대하여 불복하는 경우에는 판결정본이 송달된 날부터 14일 이내에 항소할 수 있다. 다만, 판결정본 송달 전에도 항소할 수 있다.
②항소법원의 소송 절차에는 제1심의 소송 절차에 관한 규정을 준용한다.
③항소법원은 항소가 이유 있는 경우에도 제1심 판결을 취소하거나 변경하는 것이 사회정의와 형평의 이념에 맞지 아니하거나 가정의 평화와 미풍양속을 유지하기에 적합하지 아니하다고 인정하는 경우에는 항소를 기각할 수 있다.
[전문개정 2010.3.31.]

제20조(상고) 항소법원의 판결에 대하여 불복하는 경우에는 판결정본이 송달된 날부터 14일 이내에 대법원에 상고할 수 있다. 다만, 판결정본 송달 전에도 상고할 수 있다.
[전문개정 2010.3.31.]

제21조(기판력의 주관적 범위에 관한 특칙) ①가류 또는 나류 가사소송사건의 청구를 인용(認容)한 확정판결은 제3자에게도 효력이 있다.

②제1항의 청구를 배척한 판결이 확정된 경우에는 다른 제소권자는 사실심의 변론종결 전에 참가하지 못한 데 대하여 정당한 사유가 있지 아니하면 다시 소를 제기할 수 없다.

[전문개정 2010.3.31.]

제22조(관할) 혼인의 무효나 취소, 이혼의 무효나 취소 및 재판상 이혼의 소는 다음 각 호의 구분에 따른 가정법원의 전속관할로 한다.

1. 부부가 같은 가정법원의 관할 구역 내에 보통재판적이 있을 때에는 그 가정법원

2. 부부가 마지막으로 같은 주소지를 가졌던 가정법원의 관할 구역 내에 부부 중 어느 한쪽의 보통재판적이 있을 때에는 그 가정법원

3. 제1호와 제2호에 해당되지 아니하는 경우로서 부부 중 어느 한쪽이 다른 한쪽을 상대로 하는 경우에는 상대방의 보통재판적이 있는 곳의 가정법원, 부부 모두를 상대로 하는 경우에는 부부 중 어느 한쪽의 보통재판적이 있는 곳의 가정법원

4. 부부 중 어느 한쪽이 사망한 경우에는 생존한 다른 한쪽의 보통재판적이 있는 곳의 가정법원

5. 부부가 모두 사망한 경우에는 부부 중 어느 한쪽의 마지막 주소지의 가정법원

[전문개정 2010.3.31.]

제23조(혼인무효 및 이혼무효의 소의 제기권자) 당사자, 법정대리인 또는 4촌 이내의 친족은 언제든지 혼인무효나 이혼무효의 소를 제기할 수 있다.

[전문개정 2010.3.31.]

제24조(혼인무효·취소 및 이혼무효·취소의 소의 상대방) ①부부 중 어느 한쪽이 혼인의 무효나 취소 또는 이혼무효의 소를 제기할 때에는 배우자를 상대방으로 한다.

②제3자가 제1항에 규정된 소를 제기할 때에는 부부를 상대방으로 하고, 부부 중 어느 한쪽이 사망한 경우에는 그 생존자를 상대방으로 한다.

③제1항과 제2항에 따라 상대방이 될 사람이 사망한 경우에는 검사를 상대방으로 한다.

④이혼취소의 소에 관하여는 제1항과 제3항을 준용한다.

[전문개정 2010.3.31.]

제25조(친권자 지정 등에 관한 협의권고) ①가정법원은 미성년자인 자녀가 있는 부부의 혼인의 취소나 재판상 이혼의 청구를 심리할 때에는 그 청구가 인용될 경우를 대비하여 부모에게 다음 각호의 사항에 관하여 미리 협의하도록 권고하여야 한다.

1. 미성년자인 자녀의 친권자로 지정될 사람

2. 미성년자인 자녀에 대한 양육과 면접교섭권

②가정법원이 혼인무효의 청구를 심리하여 그 청구가 인용되는 경우에 남편과 부자관계가 존속되는 미성년자인 자녀가 있는 경우에도 제1항과 같다.

[전문개정 2010.3.31.]

<h2 style="text-align:center">제1절 친생자관계</h2>

제26조(관할) ①친생부인, 인지의 무효나 취소 또는 「민법」 제845조에 따른 아버지를 정하는 소는 자녀의 보통재판적이 있는 곳의 가정법원의 전속관할로 하고, 자녀가 사망한 경우에는 자녀의 마지막 주소지의 가정법원의 전속관할로 한다.

②인지에 대한 이의(異議)의 소, 인지청구의 소 또는 「민법」 제865조에 따른 친생자관계 존부 확인의 소는 상대방(상대방이 여러 명

일 때에는 그중 1명)의 보통재판적이 있는 곳의 가정법원의 전속관할로 하고, 상대방이 모두 사망한 경우에는 그중 1명의 마지막 주소지의 가정법원의 전속관할로 한다.
[전문개정 2010.3.31.]

제27조(아버지를 정하는 소의 당사자) ①「민법」 제845조에 따른 아버지를 정하는 소는 자녀, 어머니, 어머니의 배우자 또는 어머니의 전(前) 배우자가 제기할 수 있다.
②자녀가 제기하는 경우에는 어머니, 어머니의 배우자 및 어머니의 전 배우자를 상대방으로 하고, 어머니가 제기하는 경우에는 그 배우자 및 전 배우자를 상대방으로 한다.
③어머니의 배우자가 제기하는 경우에는 어머니 및 어머니의 전 배우자를 상대방으로 하고, 어머니의 전 배우자가 제기하는 경우에는 어머니 및 어머니의 배우자를 상대방으로 한다.
④제2항과 제3항의 경우에 상대방이 될 사람 중에 사망한 사람이 있을 때에는 생존자를 상대방으로 하고, 생존자가 없을 때에는 검사를 상대방으로 하여 소를 제기할 수 있다.
[전문개정 2010.3.31.]

제28조(준용규정) 인지무효의 소에는 제23조 및 제24조를 준용하고, 인지취소의 소, 인지에 대한 이의의 소 또는 친생자관계 존부 확인의 소에는 제24조를 준용하며, 인지청구의 소에는 제25조제1항을 준용한다.
[전문개정 2010.3.31.]

제29조(혈액형 등의 수검 명령) ①가정법원은 당사자 또는 관계인 사이의 혈족관계의 유무를 확정할 필요가 있는 경우에 다른 증거 조사에 의하여 심증(心證)을 얻지 못한 때에는 검사를 받을 사람의 건강과 인격의 존엄을 해치지 아니하는 범위에서, 당사자 또는 관계인에게 혈액채취에 의한 혈액형의 검사 등 유전인자의 검사나 그 밖에 적당하다고 인정되는 방법에 의한 검사를 받을 것을 명할 수 있다.

②제1항의 명령을 할 때에는 제67조에 규정된 제재(制裁)를 고지하여야 한다.
[전문개정 2010.3.31.]

제2절 입양·친양자 입양관계

제30조(관할) 다음 각 호의 소는 양부모 중 1명의 보통재판적이 있는 곳의 가정법원의 전속관할로 하고, 양부모가 모두 사망한 경우에는 그중 1명의 마지막 주소지의 가정법원의 전속관할로 한다.
1. 입양의 무효
2. 입양 또는 친양자 입양의 취소
3. 파양
4. 친양자의 파양
5. 파양의 무효나 취소
[전문개정 2010.3.31.]

제31조(준용규정) 입양무효 및 파양무효의 소에 관하여는 제23조 및 제24조를 준용하고, 입양·친양자 입양의 취소, 친양자의 파양 및 파양취소의 소에 관하여는 제24조를 준용한다.
[전문개정 2010.3.31.]

제32조 삭제 <2005.3.31.>
제33조 삭제 <2005.3.31.>

제3편 가사비송

제34조(준용 법률) 가사비송 절차에 관하여는 이 법에 특별한 규정이 없으면 「비송사건절차법」 제1편을 준용한다. 다만, 「비송사건절차법」 제15조는 준용하지 아니한다.
[전문개정 2010.3.31.]

제35조(관할) ①이 법과 대법원규칙으로 관할법원을 정하지 아니한 가사비송사건은 대법원이 있는 곳의 가정법원이 관할한다.

②가사비송사건에 관하여는 제13조제2항부터 제5항까지의 규정을 준용한다.

[전문개정 2010.3.31.]

제36조(청구의 방식)

①가사비송사건의 청구는 가정법원에 심판청구를 함으로써 한다.

②심판의 청구는 서면 또는 구술로 할 수 있다.

③심판청구서에는 다음 각 호의 사항을 적고 청구인이나 대리인이 기명날인하거나 서명하여야 한다. <개정 2016.1.19.>

1. 당사자의 등록기준지, 주소, 성명, 생년월일, 대리인이 청구할 때에는 대리인의 주소와 성명
2. 청구 취지와 청구 원인
3. 청구 연월일
4. 가정법원의 표시

④구술로 심판청구를 할 때에는 가정법원의 법원사무관등의 앞에서 진술하여야 한다.

⑤제4항의 경우에 법원사무관등은 제3항 각 호의 사항을 적은 조서를 작성하고 기명날인하여야 한다.

[전문개정 2010.3.31.]

제37조(이해관계인의 참가) ①심판청구에 관하여 이해관계가 있는 자는 재판장의 허가를 받아 절차에 참가할 수 있다.

②재판장은 상당하다고 인정하는 경우에는 심판청구에 관하여 이해관계가 있는 자를 절차에 참가하게 할 수 있다.

[전문개정 2010.3.31.]

제37조의2(절차의 구조) ①가정법원은 가사비송사건의 절차에 소요되는 비용을 지출할 자금능력이 없거나 그 비용을 지출하면 생

활에 현저한 지장이 있는 사람에 대하여 그 사람의 신청에 따라 또는 직권으로 절차구조(節次救助)를 할 수 있다. 다만, 신청인이 부당한 목적으로 심판청구를 하는 것이 명백한 경우에는 그러하지 아니하다.

②제1항의 절차구조에 관하여는 「민사소송법」 제128조제2항부터 제4항까지, 제129조부터 제133조까지를 준용한다. 다만, 「민사소송법」 제132조 및 제133조 단서는 마류 가사비송사건에 한정하여 준용한다.
[본조신설 2013.4.5.]

제38조(증거 조사) 가정법원은 필요하다고 인정할 경우에는 당사자 또는 법정대리인을 당사자 신문(訊問) 방식으로 심문(審問)할 수 있고, 그 밖의 관계인을 증인 신문 방식으로 심문할 수 있다.
[전문개정 2010.3.31.]

제39조(재판의 방식) ①가사비송사건에 대한 제1심 종국재판(終局裁判)은 심판으로써 한다. 다만, 절차상의 이유로 종국재판을 하여야 하는 경우에는 그러하지 아니하다.

②심판서에는 다음 각 호의 사항을 적고 심판한 법관이 기명날인하여야 한다. 심판한 법관이 기명날인하는 데 지장이 있는 경우에는 다른 법관이 그 사유를 적고 기명날인하여야 한다.

1. 당사자와 법정대리인
2. 주문(主文)
3. 이유
4. 법원

③라류 가사비송사건의 심판서에는 이유를 적지 아니할 수 있다.

④심판에 관하여는 「민사소송법」 중 결정에 관한 규정을 준용한다.
[전문개정 2010.3.31.]

제40조(심판의 효력발생 시기) 심판의 효력은 심판을 받을 사람이 심판을 고지받음으로써 발생한다. 다만, 제43조에 따라 즉시항고를

할 수 있는 심판은 확정되어야 효력이 있다.
[전문개정 2010.3.31.]

제41조(심판의 집행력) 금전의 지급, 물건의 인도(引渡), 등기, 그 밖에 의무의 이행을 명하는 심판은 집행권원(執行權原)이 된다.
[전문개정 2010.3.31.]

제42조(가집행) ①재산상의 청구 또는 유아(幼兒)의 인도에 관한 심판으로서 즉시항고의 대상이 되는 심판에는 담보를 제공하게 하지 아니하고 가집행할 수 있음을 명하여야 한다.
②가정법원은 직권으로 또는 당사자의 신청에 의하여 이행의 목적인 재산에 상당한 금액을 담보로 제공하고 가집행을 면제받을 수 있음을 명할 수 있다.
③판결로 유아의 인도를 명하는 경우에도 제1항을 준용한다.
[전문개정 2010.3.31.]

제43조(불복) ①심판에 대하여는 대법원규칙으로 따로 정하는 경우에 한정하여 즉시항고만을 할 수 있다.
②항고법원의 재판 절차에는 제1심의 재판 절차에 관한 규정을 준용한다.
③항고법원은 항고가 이유 있다고 인정하는 경우에는 원심판을 취소하고 스스로 적당한 결정을 하여야 한다. 다만, 항고법원이 스스로 결정하기에 적당하지 아니하다고 인정하는 경우에는 사건을 원심법원에 환송하여야 한다.
④항고법원의 결정에 대하여는 재판에 영향을 미친 헌법, 법률, 명령 또는 규칙 위반이 있음을 이유로 하는 경우에 한정하여 대법원에 재항고할 수 있다.
⑤즉시항고는 대법원규칙으로 정하는 날부터 14일 이내에 하여야 한다.
[전문개정 2010.3.31.]

제44조(관할 등) ①라류 가사비송사건은 다음 각 호의 가정법원이 관할한다. <개정 2013.4.5., 2017.10.31.>

1. 다음 각 목의 어느 하나에 해당하는 사건은 사건 본인의 주소
   지의 가정법원
   가. 삭제 <2013.4.5.>
   나. 실종에 관한 사건
   다. 성(姓)과 본(本)의 창설에 관한 사건
   라. 자녀의 종전 성과 본의 계속 사용에 관한 사건
   마. 자녀의 성과 본의 변경에 관한 사건
1의2. 미성년후견·성년후견·한정후견·특정후견 및 임의후견에 관한
   사건은 각 피후견인(피후견인이 될 사람을 포함한다)의 주소지의
   가정법원. 다만, 성년후견·한정후견 개시의 심판, 특정후견의 심
   판, 미성년후견인·임의후견감독인 선임 심판이 각각 확정된 이후
   의 후견에 관한 사건은 후견개시 등의 심판을 한 가정법원(항고
   법원이 후견개시 등의 심판을 한 경우에는 그 제1심 법원인 가
   정법원)
2. 부재자의 재산관리에 관한 사건은 부재자의 마지막 주소지 또
   는 부재자의 재산이 있는 곳의 가정법원
3. 부부 사이의 재산약정의 변경에 관한 사건, 공동의 자녀에 대
   한 친권 행사방법의 결정사건은 제22조제1호부터 제3호까지의
   가정법원
3의2. 친생부인의 허가 및 인지의 허가에 관한 사건은 자녀의 주
   소지의 가정법원
4. 입양, 친양자 입양 또는 파양에 관한 사건은 양자·친양자의 주
   소지 또는 양자·친양자가 될 사람의 주소지의 가정법원
5. 친권에 관한 사건(부부 사이의 공동의 자녀에 대한 친권 행사
   방법의 결정사건은 제외한다)은 미성년자인 자녀의 주소지의
   가정법원
6. 상속에 관한 사건은 상속 개시지(開始地)의 가정법원
7. 유언에 관한 사건은 상속 개시지의 가정법원. 다만, 「민법」 제

1070조제2항에 따른 유언의 검인(檢認) 사건은 상속 개시지 또는 유언자 주소지의 가정법원

8. 제1호부터 제7호까지에 해당되지 아니하는 사건은 대법원규칙으로 정하는 가정법원

②가정법원은 피후견인의 이익을 위하여 필요한 경우에는 직권 또는 후견인, 후견감독인, 피후견인, 피후견인의 배우자·4촌 이내의 친족, 검사, 지방자치단체의 장의 신청에 따른 결정으로 제1항제1호의2 단서의 관할 가정법원을 피후견인의 주소지의 가정법원으로 변경할 수 있다. <신설 2017.10.31.>

③변경신청을 기각하는 결정에 대하여는 신청인이, 변경결정에 대하여는 후견인, 후견감독인, 피후견인이 즉시항고를 할 수 있다. 변경결정의 즉시항고의 경우에는 집행정지의 효력이 있다. <신설 2017.10.31.>

[전문개정 2010.3.31.]

[제목개정 2017.10.31.]

제45조(심리 방법) 라류 가사비송사건의 심판은 이 법과 다른 법률 또는 대법원규칙에 특별한 규정이 있는 경우를 제외하고는 사건관계인을 심문하지 아니하고 할 수 있다. <개정 2013.4.5.>

[전문개정 2010.3.31.]

제45조의2(정신상태의 감정 등) ①가정법원은 성년후견 개시 또는 한정후견 개시의 심판을 할 경우에는 피성년후견인이 될 사람이나 피한정후견인이 될 사람의 정신상태에 관하여 의사에게 감정을 시켜야 한다. 다만, 피성년후견인이 될 사람이나 피한정후견인이 될 사람의 정신상태를 판단할 만한 다른 충분한 자료가 있는 경우에는 그러하지 아니하다.

②가정법원은 특정후견의 심판을 할 경우에는 의사나 그 밖에 전문지식이 있는 사람의 의견을 들어야 한다. 이 경우 의견을 말로 진술하게 하거나 진단서 또는 이에 준하는 서면으로 제출하게 할 수 있다.

[본조신설 2013.4.5.]

제45조의3(성년후견ㆍ한정후견ㆍ특정후견 관련 심판에서의 진술 청취) ①가정법원은 다음 각 호의 어느 하나에 해당하는 심판을 하는 경우에는 해당 호에서 정한 사람의 진술을 들어야 한다. 다만, 피성년후견인(피성년후견인이 될 사람을 포함한다)이나 피임의후견인(피임의후견인이 될 사람을 포함한다)이 의식불명, 그 밖의 사유로 자신의 의사를 표명할 수 없는 경우에는 그러하지 아니하다.

1. 성년후견 개시의 심판, 한정후견 개시의 심판 및 특정후견의 심판을 하는 경우에는 피성년후견인이 될 사람, 피한정후견인이 될 사람 또는 피특정후견인이 될 사람. 다만, 후견계약이 등기되어 있는 경우에는 피임의후견인과 임의후견인

2. 성년후견·한정후견·특정후견 종료의 심판을 하는 경우에는 피성년후견인과 성년후견인, 피한정후견인과 한정후견인 또는 피특정후견인과 특정후견인

3. 성년후견인·한정후견인·특정후견인의 선임 심판을 하는 경우에는 피성년후견인(피성년후견인이 될 사람을 포함한다)과 성년후견인이 될 사람, 피한정후견인(피한정후견인이 될 사람을 포함한다)과 한정후견인이 될 사람, 피특정후견인(피특정후견인이 될 사람을 포함한다)과 특정후견인이 될 사람

4. 성년후견감독인·한정후견감독인·특정후견감독인의 선임 심판을 하는 경우에는 피성년후견인(피성년후견인이 될 사람을 포함한다)과 성년후견감독인이 될 사람, 피한정후견인(피한정후견인이 될 사람을 포함한다)과 한정후견감독인이 될 사람, 피특정후견인(피특정후견인이 될 사람을 포함한다)과 특정후견감독인이 될 사람

5. 성년후견인·한정후견인·특정후견인의 변경 심판을 하는 경우에는 피성년후견인과 그 변경이 청구된 성년후견인 및 성년후견인이 될 사람, 피한정후견인과 그 변경이 청구된 한정후견인 및 한정후견인이 될 사람, 피특정후견인과 그 변경이 청구된 특정후견인 및 특정후견인이 될 사람

6. 성년후견감독인·한정후견감독인·특정후견감독인의 변경 심판을 하는 경우에는 피성년후견인과 그 변경이 청구된 성년후견감독

인 및 성년후견감독인이 될 사람, 피한정후견인과 그 변경이 청구된 한정후견감독인 및 한정후견감독인이 될 사람, 피특정후견인과 그 변경이 청구된 특정후견감독인 및 특정후견감독인이 될 사람

7. 취소할 수 없는 피성년후견인의 법률행위의 범위 결정과 그 변경 또는 성년후견인·한정후견인의 대리권의 범위 결정과 그 변경 심판을 하는 경우에는 피성년후견인(피성년후견인이 될 사람을 포함한다) 또는 피한정후견인(피한정후견인이 될 사람을 포함한다)

8. 성년후견인·한정후견인이 피성년후견인·피한정후견인의 신상에 관하여 결정할 수 있는 권한의 범위 결정과 그 변경 또는 피성년후견인·피한정후견인의 격리에 대한 허가 심판을 하는 경우에는 피성년후견인(피성년후견인이 될 사람을 포함한다) 또는 피한정후견인(피한정후견인이 될 사람을 포함한다)

9. 피미성년후견인·피성년후견인·피한정후견인에 대한 의료행위의 동의에 대한 허가 심판을 하는 경우에는 피미성년후견인(피미성년후견인이 될 사람을 포함한다), 피성년후견인(피성년후견인이 될 사람을 포함한다) 또는 피한정후견인(피한정후견인이 될 사람을 포함한다)

10. 피한정후견인이 한정후견인의 동의를 받아야 하는 행위의 범위 결정과 그 변경 심판을 하는 경우에는 피한정후견인(피한정후견인이 될 사람을 포함한다)

11. 한정후견인의 동의를 갈음하는 허가 심판을 하는 경우에는 피한정후견인과 한정후견인

12. 피미성년후견인, 피성년후견인 또는 피한정후견인이 거주하는 건물이나 그 대지에 대한 매도 등에 대한 허가 심판을 하는 경우에는 피미성년후견인, 피성년후견인 또는 피한정후견인

13. 특정후견인에게 대리권을 수여하는 심판을 하는 경우에는 피특정후견인(피특정후견인이 될 사람을 포함한다)

②가정법원이 제1항제1호 또는 제2호에 따라 진술을 듣는 경우에는 피성년후견인(피성년후견인이 될 사람을 포함한다), 피한정후견인(피

한정후견인이 될 사람을 포함한다) 또는 피특정후견인(피특정후견인
이 될 사람을 포함한다)을 심문하여야 한다. 다만, 그 사람이 자신의
의사를 밝힐 수 없거나 출석을 거부하는 등 심문할 수 없는 특별한
사정이 있는 때에는 그러하지 아니하다.
③제2항의 심문을 위하여 검증이 필요한 경우에는 「민사소송법」 제
365조 및 제366조제1항·제3항을 준용한다.
[본조신설 2013.4.5.]

제45조의4(후견사무의 감독) ①가정법원은 전문성과 공정성을 갖
추었다고 인정할 수 있는 사람에게 성년후견사무·한정후견사무·특
정후견사무의 실태 또는 피성년후견인·피한정후견인·피특정후견인
의 재산상황을 조사하게 하거나 임시로 재산관리를 하게 할 수 있
다. 이 경우 가정법원은 법원사무관등이나 가사조사관에게 사무의
실태나 재산상황을 조사하게 하거나 임시로 재산관리를 하게 할
수 있다.
②가정법원은 제1항에 따라 사무의 실태나 재산상황을 조사하거나
임시로 재산관리를 하는 사람에게 피성년후견인·피한정후견인·피특
정후견인의 재산 중에서 상당한 보수를 지급할 수 있다. 다만, 법
원사무관등이나 가사조사관과 같은 법원 소속 공무원에 대하여는
별도의 보수를 지급하지 아니한다.
③제1항에 따라 임시로 재산관리를 하는 사람에 대하여는 「민법」
제681조, 제684조, 제685조 및 제688조를 준용한다.
[본조신설 2013.4.5.]

제45조의5(진단결과 등의 청취) 가정법원은 임의후견감독인을 선
임할 경우에는 피임의후견인이 될 사람의 정신상태에 관하여 의사
나 그 밖에 전문지식이 있는 사람의 의견을 들어야 한다. 이 경우
의견을 말로 진술하게 하거나 진단서 또는 이에 준하는 서면으로
제출하게 할 수 있다.
[본조신설 2013.4.5.]

제45조의6(임의후견 관련 심판에서의 진술 청취) ①가정법원은 다음 각 호의 어느 하나에 해당하는 심판을 하는 경우에는 해당 호에서 정한 사람의 진술을 들어야 한다. 다만, 피임의후견인(피임의후견인이 될 사람을 포함한다)이 의식불명, 그 밖의 사유로 그 의사를 표명할 수 없는 경우에는 그러하지 아니하다.

1. 임의후견감독인의 선임 심판을 하는 경우에는 피임의후견인이 될 사람, 임의후견감독인이 될 사람 및 임의후견인이 될 사람
2. 임의후견감독인의 변경 심판을 하는 경우에는 피임의후견인, 임의후견인, 그 변경이 청구된 임의후견감독인 및 임의후견감독인이 될 사람
3. 임의후견인의 해임 심판을 하는 경우에는 피임의후견인 및 그 해임이 청구된 임의후견인
4. 후견계약의 종료에 관한 허가 심판을 하는 경우에는 피임의후견인 및 임의후견인

②가정법원은 제1항제1호 또는 제4호의 심판을 하는 경우에는 피임의후견인(피임의후견인이 될 사람을 포함한다)을 심문하여야 한다. 다만, 그 사람이 자신의 의사를 밝힐 수 없거나 출석을 거부하는 등 심문할 수 없는 특별한 사정이 있는 때에는 그러하지 아니하다.
③제2항의 심문을 위하여 검증이 필요한 경우에는 「민사소송법」 제365조 및 제366조제1항·제3항을 준용한다.
[본조신설 2013.4.5.]

제45조의7(임의후견감독사무의 실태 조사) 가정법원은 법원사무관 등이나 가사조사관에게 임의후견감독사무의 실태를 조사하게 할 수 있다.
[본조신설 2013.4.5.]

제45조의8(친생부인의 허가 및 인지의 허가 관련 심판에서의 진술 청취) ①가정법원은 다음 각 호의 어느 하나에 해당하는 심판을 하는 경우에는 어머니의 전 배우자와 그 성년후견인(성년후견인이

있는 경우에 한정한다)에게 의견을 진술할 기회를 줄 수 있다.

1. 「민법」 제854조의2에 따른 친생부인의 허가 심판

2. 「민법」 제855조의2제1항 및 제2항에 따른 인지의 허가 심판

②제1항의 진술을 들을 때에는 심문하는 방법 외에도 가사조사관을 통한 조사나 서면조회 등의 방법으로 진술을 들을 수 있다.

[본조신설 2017.10.31.]

[종전 제45조의8은 제45조의9로 이동]

<2017.10.31.>]

제45조의9(입양허가의 절차) ①가정법원은 입양의 허가 심판을 하는 경우에 다음 각 호의 사람의 의견을 들어야 한다. 다만, 그 사람이 의식불명, 그 밖의 사유로 자신의 의사를 표명할 수 없는 경우에는 그러하지 아니하다.

1. 양자가 될 사람(양자가 될 사람이 13세 이상인 경우만 해당한다)

2. 양자가 될 사람의 법정대리인 및 후견인

3. 양자가 될 사람의 부모(「민법」 제870조에 따라 부모의 동의가 필요한 경우를 말한다)

4. 양자가 될 사람의 부모의 후견인

5. 양부모가 될 사람

6. 양부모가 될 사람의 성년후견인

②가정법원은 양자가 될 사람의 복리를 위하여 필요하다고 인정하는 경우 다음 각 호의 구분에 따라 해당 자료를 제공할 것을 요청할 수 있다. 이 경우 자료 제공을 요청받은 기관은 정당한 사유가 없으면 이에 따라야 한다.

1. 양부모가 될 사람의 주소지 및 가족관계 등을 확인하기 위한 범위: 시장·군수·구청장에 대하여 주민등록표 등본·초본

2. 양부모가 될 사람의 소득을 확인하기 위한 범위: 국세청장에 대하여 근로소득자료 및 사업소득자료

3. 양부모가 될 사람의 범죄경력을 확인하기 위한 범위: 경찰청장에 대하여 범죄경력자료

4. 양부모가 될 사람이 양육능력과 관련된 질병이나 심신장애를 가지고 있는지 확인하기 위하여 특히 필요하다고 인정되는 범위: 「의료법」에 따른 의료기관의 장 또는 「국민건강보험법」에 따른 국민건강보험공단의 장에 대하여 진료기록자료

[본조신설 2013.7.30.]
[제45조의8에서 이동 <2017.10.31.>]

제46조(관할) 마류 가사비송사건은 상대방의 보통재판적이 있는 곳의 가정법원이 관할한다. <개정 2014.10.15.>
[전문개정 2010.3.31.]

제47조(공동소송에 관한 규정의 준용) 마류 가사비송사건의 청구인 또는 상대방이 여러 명일 때에는 「민사소송법」 중 공동소송에 관한 규정을 준용한다.
[전문개정 2010.3.31.]

제48조(심리 방법) 마류 가사비송사건의 심판은 특별한 사정이 없으면 사건관계인을 심문하여 하여야 한다.
[전문개정 2010.3.31.]

제48조의2(재산 명시) ①가정법원은 재산분할, 부양료 및 미성년자인 자녀의 양육비 청구사건을 위하여 특히 필요하다고 인정하는 경우에는 직권으로 또는 당사자의 신청에 의하여 당사자에게 재산상태를 구체적으로 밝힌 재산목록을 제출하도록 명할 수 있다.
②제1항의 재산 명시 절차, 방법 등에 대하여 필요한 사항은 대법원규칙으로 정한다.
[전문개정 2010.3.31.]

제48조의3(재산조회) ①가정법원은 제48조의2의 재산 명시 절차에 따라 제출된 재산목록만으로는 재산분할, 부양료 및 미성년자인 자녀의 양육비 청구사건의 해결이 곤란하다고 인정할 경우에 직권으로

또는 당사자의 신청에 의하여 당사자 명의의 재산에 관하여 조회할 수 있다.

②제1항의 재산조회에 관하여는 그 성질에 반하지 아니하는 범위에서 「민사집행법」 제74조를 준용한다.

③재산조회를 할 공공기관, 금융기관, 단체 등의 범위 및 조회절차, 당사자가 내야 할 비용, 조회결과의 관리에 관한 사항, 과태료의 부과절차 등은 대법원규칙으로 정한다.

④누구든지 재산조회의 결과를 심판 외의 목적으로 사용하여서는 아니 된다.

[전문개정 2010.3.31.]

제4편 가사조정

제49조(준용법률) 가사조정에 관하여는 이 법에 특별한 규정이 있는 경우를 제외하고는 「민사조정법」을 준용한다. 다만, 「민사조정법」 제18조 및 제23조는 준용하지 아니한다.

[전문개정 2010.3.31.]

제50조(조정 전치주의) ①나류 및 다류 가사소송사건과 마류 가사비송사건에 대하여 가정법원에 소를 제기하거나 심판을 청구하려는 사람은 먼저 조정을 신청하여야 한다.

②제1항의 사건에 관하여 조정을 신청하지 아니하고 소를 제기하거나 심판을 청구한 경우에는 가정법원은 그 사건을 조정에 회부하여야 한다. 다만, 공시송달의 방법이 아니면 당사자의 어느 한쪽 또는 양쪽을 소환할 수 없거나 그 사건을 조정에 회부하더라도 조정이 성립될 수 없다고 인정하는 경우에는 그러하지 아니하다.

[전문개정 2010.3.31.]

제51조(관할) ①가사조정사건은 그에 상응하는 가사소송사건이나 가사비송사건을 관할하는 가정법원 또는 당사자가 합의로 정한 가정법원이 관할한다.

②가사조정사건에 관하여는 제13조제3항부터 제5항까지의 규정을 준용한다.

[전문개정 2010.3.31.]

제52조(조정기관) ①가사조정사건은 조정장 1명과 2명 이상의 조정위원으로 구성된 조정위원회가 처리한다.

②조정담당판사는 상당한 이유가 있는 경우에는 당사자가 반대의 의사를 명백하게 표시하지 아니하면 단독으로 조정할 수 있다.

[전문개정 2010.3.31.]

제53조(조정장 등 및 조정위원의 지정) ①조정장이나 조정담당판사는 가정법원장 또는 가정법원지원장이 그 관할법원의 판사 중에서 지정한다.

②조정위원회를 구성하는 조정위원은 학식과 덕망이 있는 사람으로서 매년 미리 가정법원장이나 가정법원지원장이 위촉한 사람 또는 당사자가 합의하여 선정한 사람 중에서 각 사건마다 조정장이 지정한다.

[전문개정 2010.3.31.]

제54조(조정위원) 조정위원은 조정위원회에서 하는 조정에 관여할 뿐 아니라 가정법원, 조정위원회 또는 조정담당판사의 촉탁에 따라 다른 조정사건에 관하여 전문적 지식에 따른 의견을 진술하거나 분쟁의 해결을 위하여 사건 관계인의 의견을 듣는다.

[전문개정 2010.3.31.]

제55조(조정의 신청) 조정의 신청에 관하여는 제36조제2항부터 제5항까지의 규정을 준용한다.

[전문개정 2010.3.31.]

제56조(사실의 사전 조사) 조정장이나 조정담당판사는 특별한 사정이 없으면 조정을 하기 전에 기한을 정하여 가사조사관에게 사건에 관한 사실을 조사하게 하여야 한다.
[전문개정 2010.3.31.]

제57조(관련 사건의 병합신청) ①조정의 목적인 청구와 제14조에 규정된 관련 관계에 있는 나류, 다류 및 마류 가사사건의 청구는 병합하여 조정신청할 수 있다.
②당사자 간의 분쟁을 일시에 해결하기 위하여 필요하면 당사자는 조정위원회 또는 조정담당판사의 허가를 받아 조정의 목적인 청구와 관련 있는 민사사건의 청구를 병합하여 조정신청할 수 있다.
[전문개정 2010.3.31.]

제58조(조정의 원칙) ①조정위원회는 조정을 할 때 당사자의 이익뿐 아니라 조정으로 인하여 영향받게 되는 모든 이해관계인의 이익을 고려하고 분쟁을 평화적·종국적(終局的)으로 해결할 수 있는 방안을 마련하여 당사자를 설득하여야 한다.
②자녀의 친권을 행사할 사람의 지정과 변경, 양육 방법의 결정 등 미성년자인 자녀의 이해(利害)에 직접적인 관련이 있는 사항을 조정할 때에는 미성년자인 자녀의 복지를 우선적으로 고려하여야 한다.
[전문개정 2010.3.31.]

제59조(조정의 성립) ①조정은 당사자 사이에 합의된 사항을 조서에 적음으로써 성립한다.
②조정이나 확정된 조정을 갈음하는 결정은 재판상 화해와 동일한 효력이 있다. 다만, 당사자가 임의로 처분할 수 없는 사항에 대하여는 그러하지 아니하다.
[전문개정 2010.3.31.]

제60조(이의신청 등에 의한 소송으로의 이행) 제57조제2항에 따라 조정신청된 민사사건의 청구에 관하여는 「민사조정법」 제36조를 준용한다. 이 경우 가정법원은 결정으로 그 민사사건을 관할법원에 이송하여야 한다.
[전문개정 2010.3.31.]

제61조(조정장 등의 의견 첨부) 조정의 목적인 가사사건의 청구에 관하여 「민사조정법」 제36조에 따라 소가 제기된 것으로 의제(擬制)되거나, 제50조제2항에 따라 조정에 회부된 사건을 다시 가정법원에 회부할 때에는 조정장이나 조정담당판사는 의견을 첨부하여 기록을 관할가정법원에 보내야 한다.
[전문개정 2010.3.31.]

제5편 이행의 확보

제62조(사전처분) ①가사사건의 소의 제기, 심판청구 또는 조정의 신청이 있는 경우에 가정법원, 조정위원회 또는 조정담당판사는 사건을 해결하기 위하여 특히 필요하다고 인정하면 직권으로 또는 당사자의 신청에 의하여 상대방이나 그 밖의 관계인에게 현상(現狀)을 변경하거나 물건을 처분하는 행위의 금지를 명할 수 있고, 사건에 관련된 재산의 보존을 위한 처분, 관계인의 감호(監護)와 양육을 위한 처분 등 적당하다고 인정되는 처분을 할 수 있다.
②제1항의 처분을 할 때에는 제67조제1항에 따른 제재를 고지하여야 한다.
③급박한 경우에는 재판장이나 조정장은 단독으로 제1항의 처분을 할 수 있다.
④제1항과 제3항의 처분에 대하여는 즉시항고를 할 수 있다.
⑤제1항의 처분은 집행력을 갖지 아니한다.
[전문개정 2010.3.31.]

제63조(가압류, 가처분) ①가정법원은 제62조에도 불구하고 가사소송사건 또는 마류 가사비송사건을 본안(本案) 사건으로 하여 가압류 또는 가처분을 할 수 있다. 이 경우 「민사집행법」 제276조부터 제312조까지의 규정을 준용한다.

②제1항의 재판은 담보를 제공하게 하지 아니하고 할 수 있다.

③「민사집행법」 제287조를 준용하는 경우 이 법에 따른 조정신청이 있으면 본안의 제소가 있는 것으로 본다.

[전문개정 2010.3.31.]

제63조의2(양육비 직접지급명령) ①가정법원은 양육비를 정기적으로 지급할 의무가 있는 사람(이하 "양육비채무자"라 한다)이 정당한 사유 없이 2회 이상 양육비를 지급하지 아니한 경우에 정기금 양육비 채권에 관한 집행권원을 가진 채권자(이하 "양육비채권자"라 한다)의 신청에 따라 양육비채무자에 대하여 정기적 급여채무를 부담하는 소득세원천징수의무자(이하 "소득세원천징수의무자"라 한다)에게 양육비채무자의 급여에서 정기적으로 양육비를 공제하여 양육비채권자에게 직접 지급하도록 명할 수 있다.

②제1항에 따른 지급명령(이하 "양육비 직접지급명령"이라 한다)은 「민사집행법」에 따라 압류명령과 전부명령을 동시에 명한 것과 같은 효력이 있고, 위 지급명령에 관하여는 압류명령과 전부명령에 관한 「민사집행법」을 준용한다. 다만, 「민사집행법」 제40조제1항과 관계없이 해당 양육비 채권 중 기한이 되지 아니한 것에 대하여도 양육비 직접지급명령을 할 수 있다.

③가정법원은 양육비 직접지급명령의 목적을 달성하지 못할 우려가 있다고 인정할 만한 사정이 있는 경우에는 양육비채권자의 신청에 의하여 양육비 직접지급명령을 취소할 수 있다. 이 경우 양육비 직접지급명령은 장래에 향하여 그 효력을 잃는다.

④가정법원은 제1항과 제3항의 명령을 양육비채무자와 소득세원천징수의무자에게 송달하여야 한다.

⑤제1항과 제3항의 신청에 관한 재판에 대하여는 즉시항고를 할

수 있다.

⑥소득세원천징수의무자는 양육비채무자의 직장 변경 등 주된 소득원의 변경사유가 발생한 경우에는 그 사유가 발생한 날부터 1주일 이내에 가정법원에 변경사실을 통지하여야 한다.

[전문개정 2010.3.31.]

제63조의3(담보제공명령 등) ①가정법원은 양육비를 정기금으로 지급하게 하는 경우에 그 이행을 확보하기 위하여 양육비채무자에게 상당한 담보의 제공을 명할 수 있다.

②가정법원은 양육비채무자가 정당한 사유 없이 그 이행을 하지 아니하는 경우에는 양육비채권자의 신청에 의하여 양육비채무자에게 상당한 담보의 제공을 명할 수 있다.

③제2항의 결정에 대하여는 즉시항고를 할 수 있다.

④제1항이나 제2항에 따라 양육비채무자가 담보를 제공하여야 할 기간 이내에 담보를 제공하지 아니하는 경우에는 가정법원은 양육비채권자의 신청에 의하여 양육비의 전부 또는 일부를 일시금으로 지급하도록 명할 수 있다.

⑤제2항과 제4항의 명령에 관하여는 제64조제2항을 준용한다.

⑥제1항과 제2항의 담보에 관하여는 그 성질에 반하지 아니하는 범위에서 「민사소송법」 제120조제1항, 제122조, 제123조, 제125조 및 제126조를 준용한다.

[전문개정 2010.3.31.]

제64조(이행 명령) ①가정법원은 판결, 심판, 조정조서, 조정을 갈음하는 결정 또는 양육비부담조서에 의하여 다음 각 호의 어느 하나에 해당하는 의무를 이행하여야 할 사람이 정당한 이유 없이 그 의무를 이행하지 아니하는 경우에는 당사자의 신청에 의하여 일정한 기간 내에 그 의무를 이행할 것을 명할 수 있다.

1. 금전의 지급 등 재산상의 의무
2. 유아의 인도 의무

3. 자녀와의 면접교섭 허용 의무

②제1항의 명령을 할 때에는 특별한 사정이 없으면 미리 당사자를 심문하고 그 의무를 이행하도록 권고하여야 하며, 제67조제1항 및 제68조에 규정된 제재를 고지하여야 한다.

[전문개정 2010.3.31.]

제65조(금전의 임치) ①판결, 심판, 조정조서 또는 조정을 갈음하는 결정에 의하여 금전을 지급할 의무가 있는 자는 권리자를 위하여 가정법원에 그 금전을 임치(任置)할 것을 신청할 수 있다.

②가정법원은 제1항의 임치신청이 의무를 이행하기에 적합하다고 인정하는 경우에는 허가하여야 한다. 이 경우 그 허가에 대하여는 불복하지 못한다.

③제2항의 허가가 있는 경우 그 금전을 임치하면 임치된 금액의 범위에서 의무자(義務者)의 의무가 이행된 것으로 본다.

[전문개정 2010.3.31.]

제6편 벌칙

제66조(불출석에 대한 제재) 가정법원, 조정위원회 또는 조정담당판사의 소환을 받은 사람이 정당한 이유 없이 출석하지 아니하면 가정법원, 조정위원회 또는 조정담당판사는 결정으로 50만원 이하의 과태료를 부과할 수 있고 구인(拘引)할 수 있다.

[전문개정 2010.3.31.]

제67조(의무 불이행에 대한 제재) ①당사자 또는 관계인이 정당한 이유 없이 제29조, 제63조의2제1항, 제63조의3제1항·제2항 또는 제64조의 명령이나 제62조의 처분을 위반한 경우에는 가정법원, 조정위원회 또는 조정담당판사는 직권으로 또는 권리자의 신청에 의하여 결정으로 1천만원 이하의 과태료를 부과할 수 있다.

②제29조에 따른 수검 명령을 받은 사람이 제1항에 따른 제재를

받고도 정당한 이유 없이 다시 수검 명령을 위반한 경우에는 가정법원은 결정으로 30일의 범위에서 그 의무를 이행할 때까지 위반자에 대한 감치(監置)를 명할 수 있다.
③제2항의 결정에 대하여는 즉시항고를 할 수 있다.
[전문개정 2010.3.31.]

제67조의2(제출명령 위반에 대한 제재) 가정법원은 제3자가 정당한 사유 없이 제45조의3제3항 또는 제45조의6제3항에 따라 준용되는 「민사소송법」 제366조제1항의 제출명령에 따르지 아니한 경우에는 결정으로 200만원 이하의 과태료를 부과한다. 이 결정에 대하여는 즉시항고를 할 수 있다. <개정 2013.7.30.>
[본조신설 2013.4.5.]
[종전 제67조의2는 제67조의3으로 이동 <2013.4.5.>]

제67조의3(재산목록 제출 거부 등에 대한 제재) 제48조의2제1항에 따른 명령을 받은 사람이 정당한 사유 없이 재산목록의 제출을 거부하거나 거짓 재산목록을 제출하면 1천만원 이하의 과태료를 부과한다.
[전문개정 2010.3.31.]
[제67조의2에서 이동 , 종전 제67조의3은 제67조의4로 이동 <2013.4.5.>]

제67조의4(거짓 자료 제출 등에 대한 제재) 제48조의3제2항에 따라 준용되는 「민사집행법」 제74조제1항 및 제3항의 조회를 받은 기관·단체의 장이 정당한 사유 없이 거짓 자료를 제출하거나 자료를 제출할 것을 거부하면 1천만원 이하의 과태료를 부과한다.
[전문개정 2010.3.31.]
[제67조의3에서 이동 <2013.4.5.>]

제68조(특별한 의무 불이행에 대한 제재) ①제63조의3제4항 또는 제64조의 명령을 받은 사람이 다음 각 호의 어느 하나에 해당하면 가정법원은 권리자의 신청에 의하여 결정으로 30일의 범위에서 그

의무를 이행할 때까지 의무자에 대한 감치를 명할 수 있다.

1. 금전의 정기적 지급을 명령받은 사람이 정당한 이유 없이 3기(期) 이상 그 의무를 이행하지 아니한 경우
2. 유아의 인도를 명령받은 사람이 제67조제1항에 따른 제재를 받고도 30일 이내에 정당한 이유 없이 그 의무를 이행하지 아니한 경우
3. 양육비의 일시금 지급명령을 받은 사람이 30일 이내에 정당한 사유 없이 그 의무를 이행하지 아니한 경우

②제1항의 결정에 대하여는 즉시항고를 할 수 있다.

[전문개정 2010.3.31.]

제69조(과태료 사건의 절차) 「비송사건절차법」 제248조 및 제250조 중 검사에 관한 규정은 제66조, 제67조제1항 및 제67조의2부터 제67조의4까지의 규정에 따른 과태료 재판에 적용하지 아니한다.

[개정 2013.4.5.]

[전문개정 2010.3.31.]

제70조(감치를 명하는 재판 절차) 제67조제2항 및 제68조에 규정된 감치를 명하는 재판 절차와 그 밖에 필요한 사항은 대법원규칙으로 정한다.

[전문개정 2010.3.31.]

제71조(비밀누설죄) ①조정위원이거나 조정위원이었던 사람이 정당한 이유 없이 합의의 과정이나 조정장·조정위원의 의견 및 그 의견별 조정위원의 숫자를 누설하면 30만원 이하의 벌금에 처한다.

②조정위원이거나 조정위원이었던 사람이 정당한 이유 없이 그 직무수행 중에 알게 된 다른 자의 비밀을 누설하면 2년 이하의 징역 또는 100만원 이하의 벌금에 처한다.

③제2항의 죄에 대하여 공소를 제기하려면 고소가 있어야 한다.

[전문개정 2010.3.31.]

제72조(보도 금지 위반죄) 제10조에 따른 보도 금지 규정을 위반한 사람은 2년 이하의 금고 또는 100만원 이하의 벌금에 처한다.
[전문개정 2010.3.31.]

제73조(재산조회 결과 등의 목적 외 사용죄) 제48조의2에 따른 재산목록, 제48조의3에 따른 재산조회 결과를 심판 외의 목적으로 사용한 사람은 2년 이하의 징역 또는 500만원 이하의 벌금에 처한다.
[전문개정 2010.3.31.]

부칙
<제14961호, 2017.10.31.>

제1조(시행일) 이 법은 공포 후 3개월이 경과한 날부터 시행한다. 다만, 제44조제1항제1호의2 단서 및 같은 조 제2항·제3항의 개정규정은 공포 후 6개월이 경과한 날부터 시행한다.

제2조(후견개시 등의 심판 확정 이후의 후견에 관한 사건의 관할에 관한 적용례) 제44조제1항제1호의2의 개정규정은 같은 개정규정 시행 당시 가정법원에 계속 중인 사건에 대하여도 적용한다. 다만, 종전의 규정에 따라 발생한 효력에는 영향을 미치지 아니한다.

▣ 편저 김 종 석 ▣

▌대한실무법률편찬연구회 회장

▌저서 : 소법전
계약서작성 처음부터 끝까지(공저)
이것도 모르면 대부업체 이용하지마세요
민법지식법전
불법행위와 손해배상
산업재해 이렇게 해결하라
근로자인 당신 이것만이라도 꼭 알아 둡시다.
계약서 작성방법, 여기 다 있습니다.
생활법률백과

이혼Q&A로 알아보는 이혼개시부터결정까지
이혼, 알고 생각하고 결정하자

초판 1쇄 2020년 5월 10일 인쇄
초판 1쇄 2020년 5월 15일 발행

편 저   김종석
발행인   김현호
발행처   법문북스
공급처   법률미디어
주소   서울 구로구 경인로 54길4(구로동 636-62)
전화   02)2636-2911~2,   팩스 02)2636-3012
홈페이지   www.lawb.co.kr

등록일자   1979년 8월 27일
등록번호   제5-22호
ISBN   978-89-7535-840-1 (13360)
정가   18,000원

대한민국 법률서적 최고의 인터넷 서점으로
법률서적과 그 외 서적도 제공하는

각종법률서적 신간서적도 보시고
정보도 얻으시고
**홈페이지 이벤트를 통해서
상품도 받아갈 수 있는**

핵심 법률서적 종합 사이트
www.lawb.co.kr

(모든 법률서적 특별공급)

대표전화 (02) 2636 - 2911

혼인의 자유와 마찬가지로 이혼의 자유 또한 인간의 기본권에 속하는 것으로 보장되고 있습니다. 우리 민법에서는 이혼을 하는 방법으로 크게 협의이혼과 재판상 이혼을 두고 있습니다. 부부가 이혼에 합의한 경우에는 협의이혼을 할 수 있고, 합의가 이루어지지 않은 경우에는 법원에 재판상 이혼을 청구할 수 있습니다.

우리나라는 협의이혼제도를 가지고 있는 소수의 국가입니다. 당사자 합의로 원만하게 관계를 정리할 수 있다는 장점 때문에 이혼의 80% 이상이 협의이혼을 통해 이루어지고 있습니다.

13360

ISBN 978-89-7535-840-1

18,000원